Philosopher's Stone Series

哲人石丛书

立足当代科学前沿

彰显当代科技名家

绍介当代科学思潮

激扬科技创新精神

策 划

哲人石科学人文出版中心

当代科普名著系列

Understanding Ignorance
The Surprising Impact of What We Don't Know

无知有解
未知事物的奇妙影响

[美] 丹尼尔·R. 德尼科拉 著

潘 涛 译

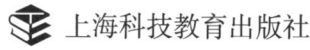

对本书的评价

◇

这是一部引人入胜、思想深邃的著作，我们不应该对这个话题一无所知。

——邓肯·普里查德（Duncan Pritchard），
加利福尼亚大学欧文分校哲学教授

◇

我们需要知道什么？作为哲学家或普通人，我们的认知义务是什么？在这本重要著作中，作者描绘了各种无知——应受谴责的无知、情境无知、政治无知等——并探讨了它们的来源、后果和伦理意义。对于关注认知义务范围（我们的基本道德责任）的认识论者和善于反思的人来说，这本条理清晰、言之有据的跨学科著作应该是必读书。

——阿梅莉·罗蒂（Amélie Rorty），
美国哲学家

◇

这是一本令人愉快的读物，涉及多个领域的各种历史和新兴研究范畴……文笔通俗易懂，以一种有趣且令人信服的方式探讨了许多非常重要的话题。

——《圣母大学哲学评论》（*Notre Dame Philosophical Reviews*）杂志

◇

本书对有知与无知之间的相互关系，以及两者所涉及的行为体，进行了生动、广泛而系统的研究，令人耳目一新。

——《精选》（*Choice*）杂志

内容提要

如今已是信息时代,但我们依旧孤陋寡闻。无知正在成为一种趋势:不学无术却引以为傲的风气大行其道;阴谋论和伪科学甚嚣尘上;人们轻易接受假新闻和反复出现的谬误,并形成了坚定的信念。从某种程度上说,我们都生活在无知中。未知事物究竟会带来怎样的影响?在本书中,哲学家德尼科拉探讨了无知,展现了无知的丰富性、持久性以及带来的后果。

本书旨在理解无知,乍一看有些自相矛盾——未知事物怎么会变得已知,同时仍然是未知的?德尼科拉认为,无知不只是一种缺乏或虚空,它与知识有着动态而复杂的相互作用。他采用广泛的哲学方法,使用住所、边界、限度和视界作为隐喻,探究了不同形式的无知,并描述了滋长各种无知的文化。

无知既不纯粹也不简单,既是指责和祸害,又是辩解和护身符。本书对无知进行了深入研究,不仅思考了无知的来源、类型和影响,剖析了无知与知识的相互关系,而且探索了无知的德性——在某些情况下,无知在道德上是有益的,甚至可能是美德的伴生物。

本书获得美国出版商协会颁发的"2018年哲学领域专业与学术卓越奖"。

作者简介

丹尼尔·R. 德尼科拉（Daniel R. DeNicola），美国哲学家、教育家，1973年获哈佛大学博士学位，曾任葛底斯堡学院教务长（1996—2006年）、哲学系主任（2015—2018年），现为哲学荣休教授，著有《学会繁盛——博雅教育的哲学探索》(Learning to Flourish: A Philosophical Exploration of Liberal Education, 2012)，《无知有解——未知事物的奇妙影响》(Understanding Ignorance: The Surprising Impact of What We Don't Know, 2017)，《道德哲学现代导论》(Moral Philosophy, A Contemporary Introduction, 2018)。

献给我的老师和学生,
他们在知与不知的互动中,
给予我快乐的生活。

CONTENTS 目 录

目 录

001— 序言

005— **第一篇　无知的意象**
007— 第一章　无知的影响
020— 第二章　设想无知

037— **第二篇　作为住所的无知**
039— 第三章　居于无知
057— 第四章　天真与无知

075— **第三篇　作为边界的无知**
077— 第五章　描绘我们的无知
092— 第六章　被建构的无知
111— 第七章　无知的伦理
131— 第八章　无知的德性与劣性

153— **第四篇　作为限度的无知**
155— 第九章　可知之限度
177— 第十章　管理无知

199— 第五篇　作为视界的无知

201— 第十一章　无知的视界

219— 后记　无知与认识论

234— 注释

254— 参考文献

264— 无知咋整？（译后记）

序 言

有那么几年,我偶尔为一年级的大学生讲授"秘密与谎言"研讨课。在讨论关于寻求信息、掩盖信息、揭示信息的伦理期间,我开始关注认识论的论题,即我们在认知共同体内交换知与不知。关于无知的多面特性的早期思想,归并在《无知之暗示》(Intimations of Ignorance)中,那是我2009年在葛底斯堡学院的一次讲演。那年以后,我又组织了一个高级研讨班,探讨那个论题。我本来打算在《学会繁盛》(Learning to Flourish,2012年)一书中讨论无知,但不久就意识到,无知的内涵太庞大、太复杂、太丰富,只能作为该书的次要内容。无知需要一个透彻的讨论。直到2015年,感谢葛底斯堡学院的学术休假,我完成了本书初稿。

我的许多智识"外债",当然反映在参考文献中,但有些最为重要的则不然。我所在的系——一个典范的认知共同体,不断给予我鼓励:感谢我的同事史蒂夫·金贝尔(Steve Gimbel)、加里·马伦(Gary Mullen)、莉萨·波特米斯(Lisa Portmess)、克里·沃尔特斯(Kerry Walters)、弗农·西斯尼(Vernon Cisney)、保罗·卡里克(Paul Carrick)、加里·西奥科(Gary Ciocco)——应对我的全神贯注,感谢他们深思熟虑的回应。在英国兰卡斯特大学(2012年我在那里访学),我与教员、博士生有无数有益的谈话。他们都是一流的。我要特别感谢尼尔·曼森(Neil Manson),他在一次难忘的餐叙中,和我讨论"认知约束"。跟上述机构中参加我的研究讨论会的许多人交流,使我获益良多。还有些人,我们只有简短交流,虽然他们当时不知道,却证明也很重要。我记得围绕无知,与导师伊斯雷尔·谢弗勒(Israel Scheffler)和约翰·罗尔斯(John Rawls)几近遗忘的交流,带有新的共鸣;他们虽已不在人世,我仍然怀有深深的敬意。感谢凯瑟琳·埃尔金(Catherine Elgin)和阿梅莉·罗蒂(Amélie Rorty)对我课题的热情;蒂莫西·威廉森(Timothy Williamson)及时回复我不定时的电邮咨询;珍妮弗·洛格(Jennifer Logue)和泰森·刘易斯(Tyson Lewis)因其会议论文激发的讨论。麻省理工学院出版社安排的匿名评审者帮助我改进了本书——甚至他们曾意见相左。其中一位,迈克尔·麦克福尔(Michael McFall),感谢您同意暴露身份,让我了解您对正文的许多有见地的评注。出版社的编辑团队很优秀,特别是克里斯·艾耶(Chris Eyer)和朱迪斯·费尔德曼(Judith Feldmann),若没有资深组稿编辑菲利普·劳克林(Philip Laughlin)的鼎力支持,本书则不可能呈现。

幸运的是,我拥有妻子逊妮(Sunni)一如既往的爱心支持。我经常让她迁就作为听众;她对读者需求有很好的编辑感;她对摇摇欲坠的书堆的宽容。Grazie, luce del sole della mia vita。(意大利语:谢谢你,你是我生命的阳光。)*

致谢:

第二篇的篇首引语,引自艾布·卡西姆·沙比(Abū al-Qāsim al-Shābbī)**的一首诗"The Outcry",阿提夫·阿尔沙伊尔(Atef Alshaer)译,经泰勒弗朗西斯(Taylor & Francis)出版集团惠允,在此引用。它出现在阿尔沙伊尔的文章《诗与阿拉伯之春》(Poetry and the Arab

---

* 本书作者有意大利血统。——译者

** 艾布·卡西姆·沙比(1909—1934),突尼斯诗人。——译者

Spring)第 5 页,该文章收录在拉尔比·萨迪基(Larbi Sadiki)主编的《劳特里奇阿拉伯之春手册》[*Routledge Handbook of the Arab Spring: Rethinking Democratization* (New York：Routledge, 2014)]第 392—407 页。

四个决定影响了本书的写作。我选择:(1)力求以一种全面的研究,考察无知的众多方面;(2)整合许多学科当代研究的多个视角;(3)用无知的四个空间隐喻——住所、边界、限度、视界——构建讨论;(4)写就一个相当非专业、偶尔粗线条的文本。(即便如此,我仍有可能挑战某些读者的耐心。)无知的公众重要性和多学科特性,使我触及认识论者之外、哲学家之外(我希望,是**之外**而非**没有**)的读者,因为那些论题和结论还是具有哲学相关性。

本书关于无知,但也例证了无知。我要是知道无知在哪里,知道如何无知,就会把它写得更好些。然而,**无知**既是指责,又是理由。对于前者,我只能提供后者——希望它也例证了理解。

丹尼尔·R. 德尼科拉
2017 年于葛底斯堡

第一篇

无知的意象

如果让我随心所欲,我想写的话题就是无知在多大程度上以我们不知的方式塑造了我们的生活。简言之,人们倾向于做他们所知的事情,而不愿做一无所知的事情。这样,无知深深开凿了我们在人生中所走的道路。

——戴维·邓宁(David Dunning)

第一章

无知的影响

> 知识是一个大课题。无知这一课题更大,而且更有意思。*
>
> ——斯图尔特·法尔斯坦(Stuart Firestein)

无知比比皆是。无知无处不在,而怀疑这一事实就冒着成为另一个典型无知的风险。有一个我们熟知的比喻:我们的无知(无论是个体无知还是集体无知)是广袤无垠的大海;我们的知识只是不安全的小岛。甚至海岸线都是不确定的——人类史和心理学研究都表明,我们知道的甚至比我们以为知道的还要少。我们的无知如此之广,确实超出了我们的估计。

无知没完没了。无知持续存在。哎呀,我们会被其表面的脆弱蒙蔽,正如奥斯卡·王尔德(Oscar Wilde)那句被广为引用的俏皮话:"无知就像诱人的异果,一碰它,花就谢了。"[1] ** 它在学识的最轻微触碰

---

*《无知——它怎样驱动科学》(Ignorance: How It Drives Science),法尔斯坦著,马百亮等译,上海辞书出版社2015年版,1页。——译者

** 语出王尔德写的喜剧《不可儿戏》(The Importance of Being Earnest)第一幕,余光中译作:"懵懂无知就像娇嫩的奇瓜异果一样,只要一碰,就失去光彩了。"——译者

下、便会枯萎、消逝不见。但是，撇开它的瞬息而逝，无知并非濒于灭绝。它的花纤弱易损，可它的物种却坚实如野葛。尽管普世的义务教育得到了普及，尽管学习的新工具和知识取得了巨大进展，尽管我们存储、接入、分享大量信息的能力突飞猛进，无知依然盛行。

人们想知道**为什么**会这样。无知盛行，是因为我们太无知吗？我们是否知识匮乏——缺少正确知识（right knowledge）——难以扭转无知之潮？也许，它的持续存在是我们堕落状态之反映、意志薄弱之耻或认知懒惰之罪。无知难道就像这个世界的肮脏，顽强阻止了我们彻底消除它们的那些最勤奋的努力，永远与我们相伴相随？或者更糟的是，更多的学识实际上增加了我们的无知，就像试图擦去一个污点，却只会使它进一步扩散？我们越知道，就越是知道我们不知道。这一想法已经成为陈词滥调。我们真的是自己无知的创造者吗？此种沉思，就像一切质疑一样，表达了理解无知的欲望，然而讽刺的是，它只能在无知内部产生，且源于无知。无知既是此种问题之源，又是其目标。

如此这般描绘，在我们未知（unknowing）的黑暗中，存在着一个神秘而又崇高的事业。自古以来，它就征服了一些人，使他们堕入怀疑论（skepticism）：知识遥不可及，学问到头来皆是一场空。另一些人，像14世纪《未知之云》（*The Cloud of Unknowing*）一书的匿名作者，变成了勇敢的投降者，抛弃知识的伪装，寻求神秘的超验。但是，我们这些坚决认可人类拥有真知卓识（genuine knowledge）的能力的人，甚至那些把知识或理解奉为最高财富（善）的人，仍然可能被我们无法克服、永不消失的巨大无知所包围。

无知蹂躏一切。我们每一个人——无论多么睿智、多么渊博，都为无知所困扰。诚然，个体无知和集体无知每天都要为此付出可怕的代价。早间的新闻带来以下消息：朋友死于无法治愈的疾病；教会因为不知情而让恋童癖者照顾儿童，导致骇人听闻的犯罪；受骗的、毫无戒心的受害者在虚假投资计划中财务破产并感到愤怒绝望;政客的秘密被揭穿,令其不知情的无辜家人和朋友感到羞耻和伤心;国家因其公众不知道他们的选票是否被公平计算而陷入动荡;那些在自然灾害中失去亲人的人的痛苦情绪和未知命运,或许是永久性的。无知,让我们负重累累:当我们忘记开锁的密码或口令,无知令人恼怒;当同行知悉我们不知道那些该知道的事情,无知令人丢脸;当某人无故消失,或者我们被告知朋友的死因永远不可知时,无知萦绕心头,使人苦恼。

几乎我们所有的痛苦都与无知有关;无知使我们的错误和愚昧成为可能。无知会威胁我们所珍视的一切。无知难道不是我们的悲惨困境、巨大灾难和深奥谜题?

公众无知

有种说法:我们生活在"信息时代"的"知识社会"。确实,我们携带的小型设备,让我们接入人类知识的方方面面,与全球的人们(几乎即时地)分享信息。但是,我们的时代也被称为"无知时代"(Age of Ignorance)。有思想的观察者谴责了当代的"无知文化"(culture of ignorance)——特别是(但不限于)在美国。这一矛盾令人不安和困惑。无知似乎仍在大行其道。

无知最令人担忧的类型,是**公众无知**(public ignorance),我指的是,**对我们共同生活的重要事项的存在广泛、应受谴责的无知**。功能上的文盲和数盲就是例子。这种无知,如果不是借口的话,曾经被解释为缺少教育机会;而将这些解释用于那些教育资源丰富的国家,却又说不通。此外,功能性文盲率在如今的美国可能比在殖民地时期的新英格兰地区更高。[2] 奇高的文盲率和数盲率,无疑是一种公众耻辱。这是可补救的无知(remediable ignorance)。需要的是学习——但事实是即使在受过多年学校教育的人中,这种无知依然盛行。

在年轻学生中,由于学校教育还不完整,缺少基础知识并不令人惊奇。显示这种情况的证据滑稽而又悲哀(想象一下学生出现滑稽的错误时,拥有知识的老师大笑的样子)。但是,当这些人是完成学业的成年人,我们的诧异则变成震惊,而不再觉得好笑。严重的历史误解、愚蠢的时代错误、耸人听闻的地理错误、对数量和文字的迟钝,正如令人沮丧的调查经常告知我们的那样,这一切都四处泛滥。[3]

政治无知(political ignorance)特别令人困扰,尤其是在高度民主的社会。暴君及其他威权制度的倡导者,一直欣赏无知宪政的优点。18世纪哲学家爱尔维修(Claude Adrien Helvétius)观察到:"一些政客把无知视为维持王权统治的好东西,视为其王冠的支持者和他个人的卫兵。人们的无知,确实对神职有利。"[4] 相反,民主——至少在理论上——依靠开明公民群体的支撑。遗憾的是,美国的政治无知问题现在如此严重,以致一个有条理的公民群体的理想显得离奇古怪。

事态远比不知道自己国会议员的名字要严重:美国国家宪法中心进行的一项调查显示,1/3 的受访者不能说出宪法第一修正案的权利,剩下的大多数受访者只能说出言论自由;42% 的受访者认为,宪法明确表述了"美国的第一语言是英语";25% 的受访者认为,宪法将基督教确立为正式的国教。在第二次调查中,41% 的受访者不知道政府有三个分支;62% 的受访者叫不出它们的名称;33% 的受访者甚至不能分辨出一个分支。[5]

面对这样惨淡的调查结果,面对政治无知的棘手程度,一些学者认为有必要修正民主理论作为回应。有的学者认为,资本主义实际上**更喜欢**普遍的无知而不是知情的公民消费者。一位理论家指出,如果对政治事务的普遍无知如今成为"新常态",当务之急就是建立更小、更加地方化、更加无关紧要的政府[6](我注意到,就好比政府在范围和机构方面的缩减,会同步缩减我们的公众利益和生活的现实问题)。

语言,我们最强的交流媒介,是另一个公众无知的领域。在美国,许许多多的人因不能掌握第二语言(尽管他们接受了多年的教育)而感到窘迫和不满。这种无能,以令人不安的频率,与对"外国"言语的敌意相伴。这一切能够体现在一个最近广为报道的事件当中。佛蒙特州一位学习拉丁语的八年级学生提出,她所在的州应该有一个具有历史意义的拉丁语格言,以与英语格言相配,一位国会议员赞成提交她的提议。她提交的格言是:Stella quarta decima fulgeat("让第十四颗星闪亮")——暗指佛蒙特州加入联邦的地位。当她的想法出现在社交媒体上,大批的蒙昧无知者反击道:"我认为佛蒙特州是美国人的而不是拉丁人的,不是吗?拉丁语地区有没有美国格言?""滚蛋!这里是美国,不是墨西哥,不是拉丁美洲。他们有必要学习我们的语言……""绝对不行!!!废话连篇,他们有自己的国家。"可悲的是,这些都是典型的愤怒帖子。[7] 在某些底线之下,无知无法认识自身。

虚假信念构建了无知之网,进而与其他虚假信念和错误行为相结合。2014 年的一项调查,使用了 2000 多名美国人作为全国样本,调查了公民关于美国对乌克兰冲突的合适回应的观点。[8] 该研究还要求受访者指出乌克兰在世界地图上的定位。尽管大约 1/6 的人正确指出了乌克兰的方位,但是仍有一半人回答的位置距离乌克兰 1800 英里*之遥。许多人把乌克兰置于亚洲或非洲,有些人甚至把乌克兰说成在拉丁美洲或加拿大。更糟糕的是,调查得出的相关性更加令人震惊:受访者对乌克兰的位置了解越少,就越可能敦促美国干预冲突。

各种各样的无知,与自大或偏执结合时,尤其危险。正如歌德(Goethe)评论的那样:"没有什么比行动中的无知更可怕的了。"真正

---

*1 英里约为 1.6 千米。——译者

骇人听闻的是:2012年,威斯康星州的六名锡克教教徒被一名男子射杀,他误以为他们是穆斯林——这是自"9·11"事件以来,数百起针对美国锡克教徒的仇恨犯罪中的一起。[9]

无知文化

然而,与讨厌的公众无知相比,无知文化更加有过之。在无知文化中,骇人听闻的无知不仅泛滥,而且被夸耀,甚至被歌颂。无知成了一种意识形态立场。[10]

美国人生活中顽固的反智主义(anti-intellectualism)倾向有据可查。对"书本学习"的蔑视,对现行秩序观点的扭曲怀疑论,相信"常识"胜过专家,对城市生活和价值观的怀疑——这一切都刻画了美国人公众生活中的民粹主义。无论哪些有思想的怀疑论会激励这种观念,它都被那些以其无知而任性骄傲的人所扭曲。有的时候,此种态度可能是阶级嫉妒变为怨恨的问题,是知识分子的眼中钉,但这通常只是出于宗教或政治理由所采取的防御姿态。("我不是科学家",政客们如是说,他们希望避免公开承认气候变化或进化论——似乎这种轻松的无知的托词是可原谅、可称赞的。)

鄙视公认的知识,往往被称为对"真正的真相"的个人的特别洞见而获得支持——阴谋论的内幕知识,只有动议者可获的信息,或只向个体"揭示"的真相。但是,这些所谓的精明者对深奥知识的声称仅仅是精心伪装的无知形式。如今,它们数量众多。它们不是慈祥的怪人;它们塑造了公众话语。作为一个国家,我们不得不花费大量时间、精力和资本,与固执无知(willful ignorance)战斗:"接种疫苗会导致自闭症。""地球有4004年的历史,尼安德特人与恐龙一起漫步。""我国的严冬否证了全球变暖。""奥巴马(Obama)总统是穆斯林。""桑迪·胡克小学枪击案从未发生。""大规模的选民欺诈使得希拉里·克林顿(Hillary Clinton)赢得了大多数选民支持。"此类声称表明了拒绝知情和否认错误的可能性。支持者声称他们有"相信权"(right to believe)——这是一种对其信仰不负责任的愚蠢说法。许多人只是否认有任何证据表明他们对政策、实践和人们的珍爱信仰是错误的。目前,对这一现象有一个互联网俚语:derp。*这种无知大行其道之时,不仅难以解决社会问题,甚至难以承认它们是问题。谁会为真相哭泣?

尽管无知与愚昧及无理性的含义截然不同,但在此类情形下,人们却很难把它们区分开来。**无知**(ignorance),在通常意义上,是缺乏知识。[11] **愚昧**(stupidity),是精神愚钝,表示无法学习,或始终对学习缺乏兴趣。[12]尽管愚昧肯定是一个影响因素,但将普遍存在的愚昧作为这种无知文化唯一的、简单的解释,是廉价的还原主义和不公平的轻视。**无理性**(unreason),指的是任何形式的非理性(irrationality),诸如故意的自毁行为、肯定自相矛盾的信念。无知是可以补救的;但愚昧无可救药。一个人可以无知但不是愚蠢的或非理性的,尽管愚昧肯定会在一个令人深刻的阵地上产生无知。非理性并非不知,而是出于有知而反其道而行之——尽管固执无知确实是非理性的。

如今的无知文化纷繁而复杂。它不仅仅是普遍的、应受谴责的无知;它涉及对主流信息来源的不信任,以及对形成信念的合理性因素的排斥。它抛弃了自从启蒙运动以来为我们服务的制度以及来之不易的知识标准,而正是这些制度和标准创造了我们今天的生活条件。盲目而又奇怪的是,个体会既拒斥科学知识又使用科学知识产生的技术。证据和结论被有选择地接受,通常是为了符合某些颠扑不破的意识形态承诺。这种无知文化不重视专业知识的价值和权威,而倾向于分享

---

*通常用于形容某种愚蠢或荒谬的言论或行为。——译者

意见。这种空洞的"相信权"（我将在第七章中讨论这一主张）与被听取权（right to be heard）有关。我们不禁要问，用斯科特·亚当斯（Scott Adams）的卡通人物呆伯特（Dilbert）的话："无知何时成了一种观点？"[13]

社会批评家指出了这种无知文化许多可能的促成条件：极端主义宗教和党派政治意识形态的束缚；制度和理想（包括真理和理性）的后现代解构；新闻和娱乐混为一谈以及媒体试图提供"公正"报道的误导；虚拟现实（virtual reality）的引诱；纯粹科学因"赞助"研究和利润动机所致的腐败；"理性中心的沉默"[14]；许多其他有创意、有创造力的候选者。如今，"用户偏好"这一技术能够继续维持我们的无知。不管信念是什么，我们都可以享受惬意的信息茧房（informational cocoon），在信息茧房里，我们只会听到自己喜欢的新闻、观点、音乐和声音。有可能挑战我们观点的思想，永远不会触及我们。不管其原因如何，无知文化反映了意志战胜理性、可信客观性概念的丧失以及民主认识论的剧变。诚然，它的参与者会否认无知与其有关。但是，当你破坏知识的概念时，也破坏了无知的概念。

有知战胜无知

也许这一评估过于苛刻和专横。一般来说，当我说某人无知时，这是一种侮辱。我隐含地声称一种优越性：我知道他们不知道的东西，并且我知道他们不知道。人们常常用无知和愚昧来贬低那些少数群体或不受欢迎的群体。[15]说"某人无知"可以是口头上的认知羞辱，也可以是一种微妙的权力宣示。因此，是的，当某人断言他人无知时，知者（knower）有时的傲慢应该是一个警示性的形象。

无知（ignorance）一词的严厉性来自其负面价值，尤其是在西方的历史文化中。毫无疑问，西方文化的经典流派接受了这样的观点：知识是好的,无知是需要修补的缺陷。苏格拉底(Socrates)和柏拉图(Plato)的极端观点是:每一个劣性和所有的社会罪恶最终都源于无知。几百年来,教育(对知识的正式追寻)已经从单纯的私人利益演变为公众利益,从精英特权演变为人权。作为个体——特别是作为学生、父母和教育工作者——以及作为一个社会,我们在教育方面投入了大量资金。学习或探究的目的难道不是为了消除无知之灾吗?因此,论证的责任通常落在无知的倡导者身上;知识的倡导者则具有正面的推定并且只承担反驳的责任。

诚然,我们经常会遇到"无知是福"(ignorance is bliss)的陈词滥调;但它通常是与语境相关的俏皮话,而不是作为一种充实生活的严肃的通用药方。然而,同样正确的是,特别是考虑到我们这个后现代世界的状况,我们有时会怀疑学识是否真的能带来幸福;担心某些知识是否危险;或者对我们已知知识的确定性心怀疑惧。如果人人都知道一切(一种公认不可能的完美),生活会是最好的吗?我说过,无知比比皆是、源源不断、蹂躏一切;无知是我们生活中一种不祥的、占支配地位的存在——但是,它是否有时候也有正面价值?我们将看到,这些怀疑反映了不同流派的西方思想。可是无论如何,我们忽视无知都是危险的。

用无知来对其进行命名是好的。承认自己的无知和犯错的可能性,是通向开明头脑的第一步。它在认知上是健康的:它使我们为学习做好准备,引导我们的好奇心,并将我们带入现实世界。追求真理需要智识勇气。发现真理往往艰难。接受真理则是难上加难。

理解无知

本书试图**理解**无知——乍一看,这是一个从自相矛盾想法中产生的不切实际的探索。自称写了一本关于无知的书,既散发出机智的讽刺，又招引嘲讽。无知的定义岂不是**超出了我的知识范围**？难道我不是在讨论我一无所知的东西——或者，也许是我一无所知的**一切**？未知如何成为已知，而又仍然是未知？难道任何理解无知的尝试都不能改变它或者成功摧毁它吗？这就好比为了明察秋毫，我打算用灯光照亮我的影子。

但我们将看到，这不过是一个肤浅的悖论，尽管它指出了一个真正而又深刻的问题，即我们能不能够了解自己的无知。确实存在着一个点，在这一点上，理解的可能性结束了，人们充其量只能得到暗示。尽管如此，我认为在到达那一点之前，我们可以了解到关于我们无知的许多东西。我相信，无知不仅仅是一种空虚或缺乏，而且与知识有着动态的、复杂的互动。要详细说明什么是需要知道或需要学习的，也必须理解什么是**不**知道或**不**需要学习的。任何适当的知识理论或教育哲学都必须纳入对无知的理解。就这些领域而言，它带来了理论视角的改变，一旦被吸收就会发生变革。

无知既不是一个纯粹概念，也不是一个简单概念；无知具有多元化的结构和多种形式。无知的房子里还有许多小房间。无知既是指控又是辩护。无知的实际意义，从无足轻重到至关重要，从温和到致命，从可宽恕到不可容忍。无知既可能是灾难，也可能是避难所，还可能是价值，甚至是德性的伴侣。或者我会这么说，简而言之，无知是一个美妙多姿的东西。

无知研究

奇怪的是，直至最近，通常的做法是让无知的无知（ignorance of ignorance）不受干扰：对无知的全面研究相对罕见，甚至那些对于了解什么是"知"有着浓厚兴趣的哲学家也是如此。

15 世纪一个才华横溢的日耳曼人,库萨的尼古拉(Nicholas of Cusa),认为认识无知是我们可获得的最基本、最重要的东西。作为一个哲学家、神学家、数学家、天文学家和法理学家,他以其学识和成就著称,但他仍将无知作为其杰作《论有学识的无知》(*On Learned Ignorance*)的主题——这是为数不多关注此问题的著作之一。在这部著作开头,他解释道:"我们追求知识的自然欲望并非没有目的,它的首要目标就是我们自己的无知。如果能够充分满足这一自然欲望,我们将获得有学识的无知。事实上,对于最狂热的学者来说,没有什么比在他特有的无知中学习更有效的了;一个人对自己的无知了解得越透彻,他的学识也就越多。"[16]* 他引用了苏格拉底的标志性例子:苏格拉底声称只知自己一无所知——一种具有讽刺意味的自省,这使苏格拉底获得有智慧的声誉。

然而,尼古拉的目标远高于自省本身。他认为真知(true knowledge)远远超出了仅仅承认自己的无知:他试图揭示人类认识的限度,将其解释为极小与极大(Infinite)的对比,并证明了认识我们自己的无知对培育学习生活的意义。对尼古拉来说,认识无知是认识人类状况的基础。我同意。

可是,几百年来,对无知的严肃研究寥寥无几。很少有学者追随尼古拉的雄心。19 世纪苏格兰哲学家詹姆斯·弗雷德里克·费里尔(James Frederick Ferrier)是一个重要的例外,他在《形而上学概要》(*Institutes of Metaphysic*)里将无知视为中心。费里尔非常清楚对这一主题的忽视:"(我们)对知识的性质进行过许多研究;对于无知的性质却没有进行任何探究。"[17] 与关于知识的大量文献——关于学习和教育

---

*《论有学识的无知》,库萨的尼古拉著,尹大贻等译,商务印书馆 1988 年版,4—5 页。译文有改动。——译者

的文本、知识社会学和社会史的研究、认识论的分析著作、关于科学方法及其自我校正的论述等——相比,关于无知的文献少之又少。

这种稀缺的一个原因是从事认识论(epistemology)的西方哲学家的传统偏见——使用以简短形式定义的"知识论"(theory of knowledge)。这种分析的重点是知识的来源、结构和辩护,以及知识与纯粹信仰的区别。确定性(certainty)在日渐衰弱的怀疑论(skepticism)面前似乎是唯一的安全标准,然而,无知很少被直接提及。真正值得注意的是,在认识论书籍的索引中也很少出现**无知**一词。所以,无知没有什么特别的吸引力;无知不过是一个否定词,一种缺乏。从形式语言上来说,无知不过是命题"主体 S 知道命题 p"(S knows that p)的否定。有人假设,通过将知识理论化,人们会捕捉到所有与知识缺乏的相关东西。

然而,在过去几年里,无知这个概念引起了学术界的极大兴趣:好几部关于无知的专著和选集出版了,它们来自许多学科,包括社会学、人类学、心理学、经济学、教育学、环境学、科学元勘、女性研究,以及哲学。[18]该术语越来越频繁地出现在社会科学和人文学科会议论文的题目当中。尽管这些研究中的概念框架差异很大,范围、目标和严谨程度也有所不同,但它们是有前途、开创性的研究,反映了该课题的自然广泛性以及多学科性质。在形成我自己的思想时,我也从中受益匪浅,将在本书中借鉴所有这些进路(approaches)。

在最近的文献里,我看到的最宏大的提议是应该将无知界定为一个系统研究的新兴领域:被命名为**比较无知学**(agnotology)的一个新兴学科。[19]一些对学科前景不大乐观的学者将对无知研究的论题称为**无知学**(agnoiology)。[20]当然,人们不能对用法进行立法,但是如果我在下文没有采纳这些术语,并不是因为我完全拒斥这种思想。两者都是启发式的,并且特殊领域的概念是有启发性的,因为我们确实需要加快进行无知研究。相反,这是因为我最终偏爱支持这样一种立场:把无知与知识整合在一起并探索它们的相互作用。

  我的进路大体上是哲学进路。在接下来的篇幅中,希望能吸引你加入对我们无所知的复杂性和影响的探索。为了便于讨论,我使用四个空间意象或隐喻:(1)作为住所或状态的无知;(2)作为边界的无知;(3)作为限度的无知;(4)作为视界的无知。尽管此种处理是整合性的,包括伦理论题和实践论题,可它既非详尽无遗,也非严密系统。遗憾的是,它也没有为我们当前的无知文化提供一个解决方案。虽然这项研究具备对主流认识论的蕴涵,但并不是认识论的专门著作;我将留待后记中对这些蕴涵进行总结。

第二章

设想无知

> 剥夺任何东西，如果这个东西与想要它的人的本质是一致的，那就是一种缺陷。但无知是对符合智力本质东西的剥夺：它是对知识的剥夺。因此，无知是一种智力缺陷、不完美、匮乏或缺点。
>
> ——费里尔

本章的目的在于勾勒无知这一概念的轮廓。这项任务不仅仅是查阅词典和综述它的常用用法，因为它将揭示那些有争议的、微妙的论题，这一过程需要做哲学工作，并在这些问题上采取明确的立场。此种分析无可避免地会衍推论证。勾画之初，精确性不如唤起性那么重要；本书将继续精雕细琢。不过，首先要处理的是此概念的古怪之处。

尽管无知无处不在且十分重要，但每当我们试图对它进行认真思考或深入探讨，特别是关于我们自己的无知时，立刻就会陷入泥潭。两个概念上的奇特性，会让这件事变得充满挫折、讽刺，甚至徒劳无功。总之，这表明试图理解无知是不可能的，探求这个论题本身也是愚蠢的。

第一个担心是无知概念本身的否定性，第二个担心是理解我们自己无知时的隐含悖论,这两者并不像最初看上去那么复杂,明智的做法是从一开始就直面它们。正如你可能猜到的,我的结论是:这两种担心都不应该阻碍我们。

否定概念

负面概念(privatives),即否定概念,是指缺少、缺乏或损失某些东西的那些概念。使用它们归功于我们的抽象思维能力,它们在哲学意义上是复杂的和具有欺骗性的。**无知**(ignorance)是一种否定,**其核心**是缺少知识或理解(尽管我认为不仅如此)。因此,我们有必要考察缺失、匮乏、缺损、否定立场或属性。谈论缺失(absence)似乎要把它转换成一种在场(presence),就像谈论空无(nothing)似乎要把它转换成存在某物(something)。乍一看,这只是语言学的伎俩,一个对所有名词都一视同仁的语法错觉。然而,这一伎俩会让粗心的人陷入形而上学的泥潭。

传统的担心是一种物化的谬误:它错在将仅仅是否定的东西视为真实的实体。在某些语境下,这种错误已经到了愚蠢的地步。例如,如果我说"我在办公室没看见一个人",那么问"无人"是坐着还是站着的就是荒谬的。如果我戏弄一个孩子说:"你可以吃甜甜圈,不过要把它的洞留下。"这种物化是有意的、好笑的,就像刘易斯·卡罗尔(Lewis Carroll)的戏谑胡言。我也会利用这种谬误来迷惑或者愉悦别人。

但是可能需要一个更加严肃的转换,我的小笑话会引起人们的沉思:甜甜圈的洞到底是什么,这个洞与那个洞有何不同,洞消失又是什么意思。有理由认为,如果洞是非物质的,它就是真实的实体:我们感知洞;我们可以定位、计数和测量洞;我们经常创造和使用洞;我们可以对实际的洞与可能的洞进行区分,但它们是一种否定、一种空无。什么是本体论上的真,什么是真正的洞,是很难辨别的。[1]

此外,还存在着一系列令人困惑的否定概念,从具有物理轨迹的,到十分抽象的:我们谈论的人行道的缝隙、瑞士奶酪中的小孔、泵中的真空、家庭医生的短缺,或者维生素 D 的缺乏。许多的这种否定现象可以被交替解释为缺失某种属性或缺乏某种特定事态;例如,不一致性可能被认为是一种否定属性(缺少一致性)或者否定状态(缺少呈现一致性的状态)。否定概念甚至表现为在因果关系上起作用,例如一个潜水员的死因被断定是缺氧、粮食歉收是因为降水量不足,或者法定人数不足迫使会议取消。我们在推理中对它们的归因和普遍使用不一定是妄言。

此外,从现象学的视角来看,我们有时确实会把缺失(absence)当作一种在场(presence),例如当心爱的人去世,我们能够意识到那是一把空椅子,又不只是一把多余的椅子;或者,一位拥有超凡魅力的领袖突然去世,人们怅然若失,追随者无所适从。在此类情况中,呈现给我们的并非泛泛的缺失,而是十分具体的缺失。援引让-保罗·萨特(Jean-Paul Sartre)的例子:当他与皮埃尔(Pierre)约定在咖啡馆见面迟到时,萨特看到的是皮埃尔缺席,而不是威灵顿(Wellington)或瓦雷里(Valéry)缺席。[2]

无知具有何种否定性?基本的分析认识论会说,"萨沙不知道 p"意味着命题"萨沙知道 p"为假(false)。换言之,无知不过是逻辑上的否定。无知发生在缺乏真知的必要条件之时。这很快把注意力引向了声称知识为真(true)需要什么的实质性问题——这在几百年里一直是认识论中的主导方向和争论的话题。(有人可能会问:如果我们还不知道什么是知识,那又怎样推断它缺少了什么?)

这种传统观点既有狭义蕴涵,也有广义蕴涵:它主张,除了关于知识命题的否定之外,**无知**没有任何概念内容;然而,基于这个原因,即使是保龄球也是无知的,因为命题"保龄球知道 p"为假。创新认识论者威廉姆森,把知识解释为**知道的心理状态**。*状态要么呈现(人们知道),要么不呈现(人们不知道)。当拥有知道的心理状态,人们便会声称知识为真。³ 那么,什么是无知? 对威廉姆森而言,无知就是知之状态(state of knowing)的缺失,于是,木棍、石头、保龄球都是无知的,因为它们不拥有知之状态。⁴

我的观点是,称保龄球无知(形而上学可能性除外)是一个**范畴错误**(category mistake);即,它把某个范畴的对象归为,在逻辑上对该范畴的对象不合适的东西。这类似于称一个观点是紫色的,或称一个石头居高临下。我们不主张这种毫无意义的(尽管为真)的语言,不仅仅是因为语言学约定。其中涉及的不仅仅是语言习惯;事实上,我认为,**无知意味着学习的能力**,这在概念上很重要。于是,把这个术语用于不具有此种能力的事物,乃是范畴错误。而且,无知,**不知**(not-knowing),可以被确证为一种特别的心理状态,或更准确地说,是一簇相关的状态。⁵ 这意味着,这个概念具有可辨识的内容;它不仅仅是缺失或否定;它的否定性可能是实质性的。我赞同文学批评家肖莎娜·费尔曼(Shoshana Felman)的结论:"无知不再是知识的简单**对立**:它本身是一个根本的状况,是知识**结构**的一个组成部分。"⁶

简言之,无知概念所拥有的否定性,不是空无。研究无知的企图并非呈现是徒劳的。是的,我们应该谨慎地给出否定概念的现实类型。但是,如果我们理解知识并确定其充要条件,就会自动理解关于无知的所有知识,这样想是错误的。难道以为单单通过了解降雨,就能认识关于干旱的一切?

---

*《知识及其限度》(Knowlegdge and Its Limits),威廉姆森著,刘占峰等译,人民出版社 2013 年版,25 页。——译者

诚然,我们赋予诸肯定概念和确认以直觉上的首位;它们相关的否定概念和否认似乎完全寄生于其上。但是,不是所有的概念对立都是固定的,许多概念会被逆转,如同图形-背景反转(figure-ground reversal)。可以把静默视为缺乏声音,或者把声音视为缺乏静默,这取决于语境,取决于我们的欲望和目的。同样的道理,对于无知和有知也成立。

悖论

无知的概念还有另一个复杂的奇特性。前文提到过这样的悖论:**我怎么能知道我不知道的东西? 难道任何理解无知的尝试都不能改变它,任何成功的尝试都不能摧毁它吗?** 无知似乎必然让人无法理解。无知是晦暗的,是未知事物的空白标签;作为能指(signifier),它只不过指向我们不了解的东西。随着我们知悉无知,难道无知不会在我们眼前消失?

当然,这一悖论中存在一个基本的混淆:认识无知这个**概念**,与认识**我们不了解的东西**之间的混淆。要认识到,理解前者(唉!)不会战胜后者。但是,此种澄清并不能完全解决问题。要认识无知,我们希望不仅仅是定义的澄清:我们希望认识未知事物(what-we-do-not-know)的形状、变种、数量,及其对生活的影响。*

问题在于,关于这些未知事物,我们究竟能够知悉多少。可以通过一些策略来取得进展,例如区分特殊与一般,援用话语的元层次,以及从本质上通过更精确识别我们所指的特定无知来解析不同类型的无知。可以考察不同认识者的视角和认知事件(epistemic events)在时间

---

*本书副标题。——译者

上的关系。所有这些方法在后面都会用到,不过眼下,以下两个特别说明可能会有所帮助。

首先,**无知**不仅指**不知的状态**;无知还指**我们不知道什么**。在这一方面,**无知**具有哲学家所称的**意向性**(intentionality):它指向了一个对象。无知就是对**某事物**无所知。[7]无知的对象,如同有知的对象,在范围上可以有很大的不同。人们无知的东西,可以从特定的、细微的事实到整个知识领域。这意味着,个体可能同时是有知的(knowledgeable)和无知的——但涉及不同的问题。此外,**无知**还可泛指**我们不知道的一切**,就像以下陈述:"我的无知广袤无边。"在此种用法中,暗指对象是综合的,又是不具体的或无法描述的。那个表观悖论利用了这些用法的模糊性。**知晓** X,仅仅消灭了对 X 的**无知**——我们其他的无知依然如故。[8]

因此,我们可以获得关于无知的知识;不限于澄清定义。正如人们可以就含混性*做出精确的断言一样,故也可以就无知做出不会自相矛盾的认知断言(例如"无知比比皆是")。正如我希望展示的那样,我们可以学到关于无知的许多重要的、具体的东西,以及无知与有知的关系。

其次,重要的是明确我们头脑中是**谁的**无知,因为确认有知和无知的可能性随视角而变。我在试图描述自己的无知时遇到的限制,与我在讨论别人的无知时遇到的限制不同(尽管很明显,我自己的无知总是在起作用)。当**我谈论你的**无知或**别人的**无知(做出第二人称或第三人称归因)时,我可能完全知道你或他们所不知道的东西。但当讨论我自己的无知时(第一人称归因),我的认知约束(epistemic

---

* 参看《含混性》(*Vagueness*),威廉姆森著,苏庆辉译,中国人民大学出版社2019年版。——译者

constraints)更为严格,我可以肯定的相当有限。此外,人们会将无知归因于个体、群体、大规模人群,甚至整个人类。在扩大范围的过程中,引入了个体无知、共享无知、集体无知和分布式无知等有趣的概念。当我们笼统地提到普遍的人类无知,则指向了**没有人**知道的东西。假如把自己包括在这些复数所指(plural referents)的关系项中(我必定包括在"整个人类"中),我就再次感到了第一人称视角的认知约束。

多年前,我听了德高望重的康德学者威廉·亨利·维尔克迈斯特(William Henry Werkmeister)宣读一篇论文,其题目"Der unbekannte Kant"巧妙地一语双关,他翻译为《无人知道的康德》(The Kant Nobody Knows)。他刚一开头,听众中一位爱打趣的人立刻发问,"无人"是否包括发言者自己。这使得"Werkie"(他的昵称)面临两个选择,要么承认连他都不知道这个康德,要么做出一个更加可能但略微令人不快的回答——这个康德除了Werkie本人之外**无人**知道。或者,**在场的人**除了他**无人**知道这个康德。但在他做出痛苦的选择前,听众中的另一个机智的人又问,是否"无人"也包括伊曼纽尔·康德(Immanuel Kant)本人。甚至不等Werkie展开文题,问题接踵而至:"**你如何知道无人**知道这个康德?"于是,他和大家一起大笑,并很快开始宣读。此刻这小小的玩笑,得自无知的第一人称、第二人称、第三人称以及泛指的归因不同的认知约束。人称的转换,还体现了声称自己有知或无知,与声称知道他人有知或无知之间的区别。[9]

以下这点非常重要:正如从无知的视角提出问题的一般方式一样,断言或主张来源于有知(或推定有知)的视角。因此,无知的所有归因都必定以推定有知的视角做出:**无知需用有知来识别**。所有真诚的认知主张(为真或为假的断言),甚至那些关于无知的主张,都表明人们对有知的假定,且以真值为标准。[10]所有理解无知的尝试,必然将从(以为是)已知出发。断言"无知比比皆是",就是断言我知道它如此——

至少我相信(我知道)它如此。这在某种层面上解释了,为什么无知不能认识自身:它不具有认知手段。我强调这个基本点是因为我们将(在第二篇)看到,它有麻烦的蕴涵。

我们有能力学习,故对无知的评述也受时间参照物影响。用当下的知识评述人们过去的无知,显然比评述当下的无知能讲得更多。"我以为他值得信赖,但不知道他的背叛。"可悲的是,这个判断只能是后见之明。

这三个要素——**何人**对**何物**以及**何时**无知——用于建构认知空间(epistemic space),为理解无知开拓了空间,还为无知的结构提供了三条轴线。

小结:我们最初遇到的悖论并没有使一开始的无知研究脱轨。无知研究也并没有因为概念上的空洞或逻辑上的不可能这样的暗讽而被取消资格。有目的地研究无知,以获得关于我们缺乏知识的实质性洞见,其可能性确实是现实且诱人的。值得注意的是,不管我们向认识无知行进多远,一旦超出自己的知识语境——特别是谈论自己目前的无知或者谈论无人所知时——我们的领会必然是不够明晰或间接的。除此之外,我们最宝贵的洞见,只有暗示。

无知的语言

无知的词源直截了当: ignorance(**无知**)最终回溯至拉丁文 ignorantia(核心含义一样);它由 ig-(无)与 gnarus(知)组合而成。然而,在拉丁文里它同时具有两个动词语义: ignoro(意思是**不知道**)和 ignosco(意思是**忽略**、**拒绝承认**、**无视**,甚或**宽恕**)。有趣的是,英文没有保留这些不同的表述。[11] 在现代用法中——几个世纪以前——英文动词 to ignore 有后者的含义,却没有前者的含义。例如,当我无视令人讨厌的宠物或某人的坏习气时,这并不意味着我对它们一无所知。相反,有人可能会说,在某种程度上,我必须明白某些烦恼和错误是显而易见的,以便忽略它们。然而,奇怪的是,在英语中却没有意思是**对某物无知**的同源的及物动词。英语里名词和动词的语义早已分道扬镳。[12]

我已经接受将标准释义作为最初的释义:**无知**意味着**缺少知识或认识**,尽管我也意识到了这并不是完全的或最终的释义。[13] 上文中我曾说过,无知既不是愚昧,也不是非理性,尽管它们在实践中可理解地纠缠在一起。也不应该将无知和失误混为一谈。**失误**是一种否定的规范性概念,它将一个行为、判断或归因标记为与某些认知标准(准确性、有效度、真值等)或行为标准(效率、有效性、优雅等)相关的失败。人们"制造"或者"犯"一个错,或是因为疏忽,或是因为被转嫁。相反,无知不需要采取行动。[14] 虽然如此,还存在着一种关系:无知是导致失误的常见原因——尽管还存在许许多多其他的原因,诸如过度自信、粗心大意或受到干扰。而且,当我们犯错时,总是不知道我们错了,以为那些失误是无意的。("故意失误",在更深的意义上根本不是失误:它们是欺诈。)不管是好是坏,我们一旦犯错,很可能对错误一无所知。[15]

无知同样是一个规范性概念吗?无知在概念上是否定的,在规范性上也是否定的吗?无知实质上是坏的吗?通常的用法表明,确实是这样的。的确,"马克斯(Max)是无知的"这个平白归因在我们听起来是刺耳的;这个对马克斯能力或性格的判断似乎是嘲笑的和武断的。然而,请注意,随着归因的对象变得狭隘、具体时,这句话也会渐渐变得不那么刺耳。想象一下这一递进:"马克斯是无知的""马克斯对诗歌一无所知""马克斯对桑塔亚纳(Santayana)的诗一无所知""马克斯对桑塔亚纳那首诗的初稿一无所知"。最后一句肯定比第一句的责难要弱——如果它是责难的话。现在,想想另一组归因:"弗雷德(Fred)不知道他妻子的风流、母亲的遗愿、儿子的密码、女儿的下落、邻居的奇特生活、妹妹的真正双亲、堂兄的银行账户,也不知道爱犬的命运。"可怜的弗雷德?糟糕的弗雷德?也许吧。但我们要听到那么多肥皂剧的剧情,要知道那么多细节吗?我们要判断的是弗雷德或他的无知是好是坏,好坏到了什么程度。这些不同的共鸣暗示了关于我们对某些事情的期望甚至义务的隐含推定,以及我们不知道的时候的感觉是该受责备、可原谅、可辩护——甚至是更可取的。

无知确实指缺少,但它并未推定缺少是坏事情。如果它是一个"否定概念",那只是在逻辑意义上,并非在规范意义上如此。那种不负责任的陈词滥调"无知是福",只在某些时刻、地点成立。"知道得太多",则大有深意。不过,我在前文承认,我们的缺省假设是无知在规范意义上是否定的。"认知预设"(epistemic presets)是:获得知识是通过消除无知而取得的有价值的成就;知识具有内在价值;无知使人虚弱。

然而,把这种否定规范性的缺省(default)构建到**无知**本身的定义中,会回避一些重要的问题。我不希望在一开始就排除以下的可能性:特定的无知类型或实例,可能是有用的,在认识论上是有价值的,或在道德上是善的。仔细审查这一推定并梳理这些问题是手头任务的一部分,所以我们必须保留这个概念中性的、描述性的意义。接下来,我会将对不知(not knowing)的贬低视为规范语境和蕴涵的问题,而不是定义的问题。我们可能会在不知道和无所知的事物中发现价值,但要声称这一点,就需要接受任何提倡无知的人、任何声称无所知更可取的人所承担的解释和辩护的责任。

知之道与不知之道

不知(being ignorant of)似乎是**知**(knowing)的对立面,但哲学家区

分了三种知的方式:**知道某事实;知道怎样做;通过直接亲知而知道**。[16]**知道某事实**指的是在命题("S 知道 p")中可表达的事实知识（factual knowledge），诸如知道"今天是星期六""铍的原子序数是 4""约翰·斯图尔特·穆勒（John Stuart Mill）的圣子是伯特兰·罗素（Bertrand Russell）"。这种形式的知,需要分类学上相关的词汇、概念、命题、事实和约定的保留和有目的检索。对于可以给出命题形式的事实,它还限制了知识的范围。相反,**不知道某事实**,乃是无知的常规情况。这种表述需要某人不知道的东西（由 p 代表),是一个可以表述为命题的特定事实。但是,规范和命题形式对于很多类型的无知来说是不可能的:例如,不懂三角学的人,不单单是不知道一个事实（乃至一组事实)。命题知识（propositional knowledge）只是一种知识形式;它过于局限,具有很强的排他性。

知道怎样做（knowing how）指的是技能,诸如知道如何跳绳、如何演奏管风琴。这种形式的知,通常需要通过实践获得的能力、技能和本事。**不知道怎样做**,是一种无知吗？这个问题不易回答,因为回答直觉上取决于我们心目中有的那种技能。对一项活动的认知能力相对较低时,我们不大可能说:不知就构成无知。例如,我们不倾向于认为,不会跳绳或吹口哨的人是不知道跳绳或吹口哨;她只不过是**缺乏技能**。然而,知道如何演奏管风琴则更为复杂。它需要很难的辅助技能（诸如知道如何用脚灵巧地踩踏板),以及难懂的命题知识（诸如管风琴主音栓的含义,伴唱键盘、强弱音键盘、大键盘和独奏键盘之间的区别)。在此种情况下,**不知道怎样做**似乎衍推无知。总之,当指的是一种复杂技能,其中衍推了重要的认知（**知道某事实**）元素,我们把无知一词用于**不知道怎样做**。在此情况下,某人既**缺乏技能**,又**不知道**某种相关知识。当然,单单获得命题知识不会使人拥有技能。

然而，我应该承认，有些哲学家认为，**知道怎样做**（knowing how）完全可归结或翻译为**知道某事实**（knowing that）。如果这种简化成功，就意味着技能不过是知道某些事实，诚然，这些事实可能是复杂的，涉及对语境和细微动作的敏感性。先发制人地说：我不相信这种投射会成功。[17]然而，一个更加合理的建议是，跳绳、吹口哨、风琴演奏，以及其他任何技能，总是涉及**默会**知识（tacit knowledge），即出色的跳绳者、吹口哨者、风琴演奏者必须心知肚明但无法言说的东西。到底什么是默会知识？有人可能会把它解释为**知道某事实**的一种类型，在这种认识中，人们无法表述相关的命题，甚至可能无法认识到它。或者，默会知识可被解释成**知道怎样做**（knowing how）的认知基础结构，原则上不可简化为命题知识——诸如我们辨识熟悉面孔的本事。在这两种解释（我后面将会更多谈论默会知识）下，不拥有相关默会知识会构成一种真正的无知情况——甚至对于在认知内容中貌似低级的活动而言也是如此。

第三种形式的知，指的是无中介的体验，比如"知道菠萝的味道"，或者"认识佐里安（Zorian）先生"，此种知识，需要直接接触或直接感受的体验和记忆。某人可能**知道**佐里安先生，也可能**知道关于**他的许多事实，但这不等于**认识**他。同理，你知道关于菠萝的许多事实，甚至亲眼见过菠萝、读过关于菠萝味道的描述，但如果从来没有尝过，你（在这一意义上）就不"知道菠萝的味道"。[18]我们会说你对那味道**一无所知**吗？我们的感官靠亲知（by acquaintance）提供知识，但我们能说盲人对颜色一无所知吗？也许吧，但我们的不情愿，更多的是因为这个词的严厉性及其与愚昧纠缠不休的关联。

尽管很难概括靠亲知得来的知识，但我们使用这个标签取决于那种缺失体验的特性和语境。**靠直接亲知不知道**的归因，有时候被解释为**不知道某物是什么样子**，即不知道**感受性**（qualia）；[19]它逐渐变成**从**

未体验过，于是变成**天真的**——天真（我们将在第四章叙述）是一种跟无知相关但不等同于无知的状态。

当第一种形式的知和第三种形式的知结合，连同认知辩护（epistemic justification），置于一个宽泛、融贯的认知语境下，**理解**（understanding）是我们经常使用的一个术语。例如，"理解马丁·海德格尔（Martin Heidegger）的思想"，涉及**知道某事实**（knowing that）和**靠直接亲知而知道**的各种文本的许多元素；但它仍然需要更多。而且，我可能知道海德格尔，知道关于他的许多事情，但还是不理解他。要理解某事物，意味着拥有比仅仅"具有该事物的知识"在认识论上更加深入的洞见，但它也衍推此种知识。[20] 如果我对 X 一无所知，那么我不了解 X；如果我了解 X，那么我并非对 X 一无所知。但是，尽管**不理解**（not understanding）可能是无知，它还可能是缺少想象力或同理心，或者是缺乏体验的结果。若我抱怨，我不理解某些文化下的人怎么会吃狗肉，则我的问题可能不在于缺少知识；人们无法肯定，更多的知识会让我理解。

就知识是其中一个必要部件的特质或状态而言，还有其他若干术语。例如，**智慧**（wisdom）预设了相关知识；无知会对获得智慧造成阻碍。**专长**需要专业化知识，且往往需要高超的技能。对 X 一无所知的人中，不可能有真正的 X 专家。作为一个**有教养的**人，也有类似的认知动力（cognitive dynamic），需要相关的知识和社交技能。古希腊人有一个词 amousos（字面意思是"没有缪斯"），意思是"无教养的"，特指"不合调的""不优雅的""粗鄙的"和"愚昧的"。欣赏音乐（在广义的希腊艺术和人文学科意义上），被认为是成就高贵灵魂的关键。它提出了一个有趣的概念，即无知是**没有教养的**，缺乏一定的知识和宝贵的技能，以及这些知识和技能所带来的理解和品格。[21] 这个概念表明，无知像有知一样，塑造和反映一个人的品格。

尽管不同的学习方式是必要的，但是所有这些形式的**不知道**和**不理解**都可以通过**学习**予以消除或消灭。学习的范围，与可矫正无知的范围一样广泛。我们学习意大利词 falegname 的意思时，用"木匠"这个词的意思知识（至少是信息）代替了无知。然而，比尔（Bill）在学习跳绳时，是否正在矫正他的无知是值得质疑的。同样要考虑的是：珍妮（Jenny）搬进一间新房时，养成了把钥匙放在房间里的挂钩上的习惯。她确实学到了什么——一种新的行为模式——但她的学习并不能取代人们通常认为的无知。我们不会说，珍妮事先对这一便利习惯一无所知。我们通常认为无知需要的是认知缺陷（cognitive deficiency），即缺少知识或理解，但这并不是珍妮之前的状况。因此，如果无知不是缺少技能或特定体验，则也不是缺少特定的行为模式或习惯——尽管我们确实可以学到这些东西。

我刚才匆匆描绘了这个概念图景，但"画笔"有些简略，所以，接下来做个小结。我们至少区分了三种**不知之道**：**不知道**；**缺技能**；**不亲知**（即**不知道它是什么样子**）。**无知**并不意味着**完全**缺乏能力、技能、经验或特定行为，也不是一个错误的问题。相反，无知主要指**缺乏知识**（即使知识与技能紧密相连），以及从而导致的缺乏**理解**。在可能和实际的情况下，只有通过**学习**、**了解**或**理解**才能消除无知。

这并非意味着所有的无知都是可消除的或可矫正的。无论是从实践角度还是理论角度来看，知识都是有限度的。在实践层面，学习可能是偶然的或有意的；当是有意的学习时，所需要的努力从容易、即时到困难、长久，逐渐变成在实际上不可能，在这一过程中具有显著的个体差异和群体差异。此外，知识也有理论上的局限性。在第四篇，我们将讨论这些限度，但现在它足以表明，一般的无知或对某一特定问题的无知，即使在理论上也不总是可消除的。

无知的隐喻

我们许多的无知意象从自然地剥夺视觉作为知识来源和光作为媒介的权利而演变来；大多数的无知意象是规范意义上的否定。无知者（the ignorant）"处于黑暗之中"，是"盲目的""愚昧的""未开化的"。这些意象，绘自知识及其益处逃离我们的那些情形：我们"处于迷雾之中""茫然无措"。

对"视而不见"（oblivious）的描述很有趣。它的现代含义是"不知道或不在意某事"或者"不知道与自己处境相关的某事"。这曾经被认为是错误的用法。其原意是"健忘的"或"产生健忘"，源于拉丁文 oblivion（"健忘"）。这个拉丁语本身是隐喻性的，尽管其中涉及的隐喻还有争论：《韦氏第三版国际英语词典》（*Webster's Third International Dictionary*）说，它的词根部分（ob + levis）的字面意思是"抚平"；《牛津英语词典》指出，它最终源自词根 lividus，即一种深黑色或紫黑色。在这两种情况下，如果我们曾经知道一些事情，但却忘记了，它就被消除或淡忘，我们不再知道它。因此，我们对所遗忘的事情一无所知。

但是，这引发了一个具有挑战性的问题：我们已经忘记的事情与我们从未学过的事情有相同的认知地位？这两件事我都不知道，但是在认知上似乎有所不同：重新学习不同于首次学习。再者，还有一个潜在的可能性，那就是我们已经忘记的事情有朝一日可能被记起。柏拉图有一个著名的教诲：所有学习都是回忆。他构建了一个精致的神话来解释为什么我们所有人都忘记了出生之前所知道的一切。[22] 对他而言，不知就是不记得，是忘记了。撇开这一教义的诗性美不谈，在探索诸多形式的无知中，区分"曾经知道"和"尚未知道"是有意义的。

我把本书视为一个延伸性、探索性的随笔。正如前文所述，我选择围绕四个无知意象、四个空间隐喻（第二篇至第五篇）来组织它。空间语言在关于知识的话语中很常见：我们谈论知识的"域"或"场"，研究或专业的"领域"，学科的"边界"，等等。四个指导意象是：作为**住所**的无知；作为**边界**的无知；作为**限度**的无知；作为**视界**的无知。它们包含了很多想法，体现了我们体验无知的各种方式；它们揭示了无知的架构，并指出了人类生存状况的不同方面。

第二篇

作为住所的无知

啊，人啊，我怎么能看到你们住在无知的地方呢？

——艾布·卡西姆·沙比

第三章

居于无知

> 现在我相信我能听到哲学家们的抗议,认为它只能是痛苦生活在愚蠢、幻想、欺骗和无知中,但它不是——它是人类。
>
> ——德西德里乌斯·伊拉斯谟(Desiderius Erasmus)*

我们都很熟悉无知:它是我们的原生状态。我们在无知和需要中开始我们的生活。与其他生物相比,人类很大程度上是在"未完成"的状态下出生的,如果没有长辈的保护和养育,甚至无法生存。正如卢梭(Rousseau)所言:"我们生来软弱,我们需要力量;我们生来赤贫,我们需要帮助;我们生来愚昧,我们需要理解。我们出生时所缺乏的和在成熟方面所需要的,全靠教育赐予。"[1] ** 幸运的是,我们也是非常敏锐的学习者。通过人类发展、社会化和教育等过程,我们迅速发现并构建了

---

* 德西德里乌斯·伊拉斯谟(1466—1536),中世纪尼德兰(约当今荷兰、比利时、卢森堡及法国东北部)人文主义思想家和神学家。著有《愚人颂》(*The Praise of Folly*)等。——译者

** 参看《爱弥儿》(*Emile*),卢梭著,李平沤译,商务印书馆 2017 年版,8 页。——译者

生活、行动和存在的世界。学习的必要性最为基本:不仅是为了茁壮成长,更是为了生存下去,我们必须摆脱在出生的时候就笼罩在我们身上的严重无知。难怪我们害怕无知。

但是,恐惧并不是唯一可能的反应。无知是我们的第一住所,我们可以怀旧地回忆起它。知识带来成本,我们被知识永远改变了。当我们怀着好奇或同情,想想居于无知或类似的状态下会是什么样子时,我们的思想会指向不同的方向。事实上,我们的想象会有很大的分歧:我们的"无知住所"可能像地狱和天堂一样遥远。

作为地狱或天堂的无知

无知之境,可能被形容为黑暗而可怕的地方。无知是一片沼泽,孕育着迷信、困惑和恐惧,滋生着错误和偏见。这是我们为了生存而必须逃离的恐怖。只有人与人之间的关心和互动、理性和适当教育才可以消除这种瘴气,照亮道路,把我们从这个困境中拉到知识和理解的大地,助我们找到真理的基石。在启蒙运动中,这种英雄主义的观点催生了科学的"新学问"和社会改革,从而建立了更加包容和广泛的学校教育。正如学习将我们从个体无知中解放出来,普及教育和科学进步也将使我们从集体无知中得以解放。

在这样的叙述中,无知绝不仅仅是一个中立的地方,一个纯粹的场所;这是困境、窘况、陷阱。这些是带电的意象,它们悬疑的负电唤起了一种正电的可能性:一种去向更好地方的逃避。

这种对比鲜明的景象,明亮而耀眼。无知可被乐观地想象成一个甜蜜天真的地方,一种我们被那些世俗和让人厌倦的东西玷污之前的状况或时间。在这样的地方,没有忧虑、紧皱的双眉;没有被知识的重担和毒素榨干的空虚、萎靡的灵魂。相反,它有的是纯洁、清新、善良。这是一个珍贵的地方——金色的山谷,神奇的花园,天堂。它也不可避免成为脆弱、危险的地方,它预示了悲剧,致命的堕落,对天真的掠夺。无所事事的好奇心和对知识的无休止、无情的追逐,正在诱惑着我们。我们必须保护这种无知的天真,因为知识是不可磨灭的。有言在先,正如格伦·麦克多诺(Glen MacDonough)描述的玩偶国:"一旦越过边界,就一去不复返了。"[2] 你将只剩下失落感和悔恨,灼热的怀旧感,以及纯洁而渴望的放逐。最好是在无知中安居乐业,保护天真的奴隶。

这些对比鲜明、戏剧化的无知景象,具有神话般的深刻性。它们真的代表了两个不同的地方吗?它们到底有什么不同,或者可能仍是同一个地方?居于无知是什么感觉——不仅仅是回顾它、渴望它,或者畏惧它——而是**住在其内**?人们怎样以及为何离开这样的住所?为了探索这些困境和天堂,我不可避免要重新审视西方遗产中两个最古老和最熟悉的无知之境:柏拉图洞穴和伊甸园。这一章是深穴探险;下一章,我们将耕种花园。

在柏拉图洞穴中

最令人难忘的无知意象出现在可能是所有哲学中最著名的一段:柏拉图在《理想国》(*Republic*)中的洞穴寓言。[3] 回忆一下那个场景:人类居住在黑暗的地下洞穴中,腿脚和脖子都被束缚,不能移动,甚至无法转动头部。他们没有其他的生命记忆,因为从小就被这样囚禁。在他们前面,只能看到自己不认识的物体投射的移动的阴影,我们知道这些阴影是他们身后闪烁的火焰照出来的。除了那些阴影,他们一无所知,只能听到他们从未见过的看守人的声音。他们以这样一种蒙昧的状态,过着日子。*

---

*《理想国》,柏拉图著,郭斌和、张竹明译,商务印书馆1986年版,275页。——译者

这个无知的住所不仅是一个黑暗的洞穴，它更是一个监狱，一个禁闭室。当我们想象这种困境时，很可能会强烈感觉到一种认知幽闭恐惧症（epistemic claustrophobia），没有任意意义上的自由，以及由被剥夺的日常生活而产生的麻木和绝望。自由（freedom）最初是一种移动我们身体的能力。除了作为满足我们需求的基本能力之外，身体的移动（包括改变住所）引导我们进入新的体验，它允许学习并产生观点。但是，拘于如此严重无知的境况下，经验世界受到了严格限制。柏拉图认为，这样的困境比监禁更糟糕，比奴役更恶劣，更像是死亡。他引用《奥德赛》（*Odyssey*）里的话："做一个贫穷主人的卑微仆人，受苦受难，也比像他们那样生活和信仰要好"*——荷马（Homer）在这里的参照物，是住在地狱里的死者。⁴ 正如柏拉图所认为的，当我们没有机会去理解任何东西，去实现任何有价值的东西，或者去体验任何美丽的东西时，我们感到深深的悲伤。**无知的恐怖，在于无能为力**。⁵

当然，这种对他们困境的说明并不是那些囚徒自己愿意或能够提供的。他们没有，也不能理解自己的处境，因为他们所有的人生经历都不过是变幻的阴影和回声。柏拉图说："囚徒们在任何时候都只会相信真相只有阴影。"** 事实上，他们不会怀疑自己看到的东西只是阴影，甚至没有阴影的概念。他们把时间花在阴影预测（shadow-prediction）的琐碎游戏上，不知道自己背后的看守者、火或游行的物体。他们虽然都是极端的穴居者，但并不会感到幽闭恐惧症或禁闭。他们被关在黑暗洞穴的实际情况、摆脱困境的可能性，以及事实上可能是一个升至明亮的奇异世界的概念，皆是未知的、未受怀疑的。生活就是它呈现的样

---

*参看《理想国》，柏拉图著，郭斌和、张竹明译，商务印书馆1986年版，278页。译文有改动。——译者

**同上，276页。——译者

子,就是它一直是的样子;他们做他们所做的,感受他们所感受的,因为他们什么别的都不知道。他们是无知的。但**我们知道**……这很可怕。因为柏拉图通过他的叙述,赋予了我们对他们处境的专有知识,我们知道他们之不知,我们可以确认他们的无知。

当然,这个洞穴是虚构的。我们战栗着,感激地让我们自己和我们的生活,都远离那个奇幻的地方和其中"奇特的囚徒"*。我们深深地呼吸着阳光普照世界的空气。但随后,柏拉图近乎不假思索、直言不讳地说:"我们和他们一样。"**

识别无知

我们像这些穴居者吗?这个阴暗的洞穴莫非是子宫的意象,我们由此将未知(unknowing)置于阳光之下?但是我们不是迅速克服了这种原始的遗忘——还是,我们仍然生活在一个如此极度无知的地方?为了想明白这一点,我想要把柏拉图的方法反过来:不去描述我们如何知道真相,而是考察我们**如何识别无知**。

显然,没有人天生受过教育;每个受过教育的人,在任何特定的时刻,都对许多事情一无所知。通常,很容易相当准确地指出我们的无知。尽管你获得了关于一个主题(比如汽车)的可观知识,但你不知道一个特定的神秘事实——例如 1955 年的辛格(Singer)跑车的标准化油器数量。你只是缺少一些信息。在这种常见的事实无知(factual ignorance)中,如果问题出现了,你能够准确地知道自己缺少了数据。

---

*《理想国》,柏拉图著,郭斌和、张竹明译,商务印书馆 1986 年版,275 页。——译者

**同上。——译者

基于你已经知道的,你完全理解你需要学习的东西,甚至在你学习之前——你知道要"寻找"什么或搜寻什么。你甚至已经知道了答案是什么——例如,"一"或"二",而不是"一百",当然也不是"红色"或"哺乳动物"化油器。

然而,假设你从未听说过辛格汽车。尽管对古董汽车制造商和品牌很熟悉,你可能会惊讶地听说了一个闻所未闻的制造商或品牌。或者,想象一下,你不那么专业,只知道少数几家跑车制造商的名字。无论哪种情况,你都会知道怎样去获取这些新知识,可以事先确定汽车的参数。你会大致掌握了解一家不熟悉的汽车制造商需要做什么;考虑到这种可能性,可以辨识自己还不知道的内容——尽管精度不如第一种情况高。这种事实无知可以通过这样的方式来描绘,因为你拥有其他一般的、相关的知识(在本例中,即关于汽车、汽车制造商、"跑车"的含义等知识)。在这些普通的情况下,我们拥有的知识有助于唤醒并聚焦自己的无知感。

然而,我们的世界是广阔的。知识领域众多,每个人都茫然无知,尽管我们能列一个单子,但每个人都会有所不同。你可能受过非常良好的教育,也许拥有好几个领域的专业知识,然而,当涉及鱼类学、中国瓷器、明信片学或梵语语法时,你就蒙了。这种情况下,我们对未知事物的感觉不那么敏锐;我们不太确定理解这些事情意味着什么。然而,如果我们知道相关术语的含义,熟悉类似或者相关的主题,就会对这种缺失知识(missing knowledge)有一些了解。(例如,如果你懂英语、拉丁语和希腊语语法,比起你从来没有学习过任何语法,你会更清楚地知道学习梵语语法是什么意思。)当然,你可能真的不想了解这些事实或领域;事实上,你可能会忽略它们,避开它们,甚至拒绝被告知要学习它们。或者,你会决定掌握它们或者更多了解它们。在这些情况下,我们也可以确定还没有学到什么,至少在某种程度上是具体的。

所以,让我们停下来修正一下前文提出的一个基本观点:**无知只能从知识的角度来认识和归因,我们所拥有的知识决定了我们认识到的无知的具体程度,并用来描述无知及其重要性**。这就是为什么我们这些柏拉图的读者,能够认识到洞穴是一个极度无知的住所,缺乏真相,由欺骗所维持。

然而,对于完全无知(utter ignorance),词典中用了"ignoration"一词,它的意思更加深刻:柏拉图洞穴里的囚徒**不知道**他们不知道的**是什么**;他们甚至不知道自己不知道。他们居于无知,却无法认识到这一点。因此,无知是一种困境,是一个陷阱——一个被困在里面、住在里面的人无法理解的陷阱。从某种意义上说,他们根本就不在一个住所:他们实际上是无所住者,甚至不知道自己无所住。

幸运的是,这个陷阱,就像中国指拷(Chinese finger puzzle),有一个简单的解决方案:学习。然而,值得注意的是逃离的出现——人如何做到学习他不知道自己不知道的东西?毕竟,那些囚徒没有能力解放自己;更有甚者,他们根本没有逃离的动机,因为即使是这种欲望也会预先假定他们缺乏这种可能性。被奴役,对他们来说很自然,这是他们的生活方式,没有什么比这更好。他们不会视其无知为无知。正如那位有影响的伊斯兰教哲学家安萨里(Al-Ghazzali)所言:"浑然不觉是一种受苦之人自己不能治愈的疾病。"[6]

在柏拉图的叙述中,未开化者必须依靠意外或其他人的有益干预来完成关键的第一步:囚徒因"偶发事件"(phusei)[7]或者一个隐含的他人("其中有一人被解除了桎梏"*)被释放。他获释之后并没有因

---

*《理想国》,柏拉图著,郭斌和、张竹明译,商务印书馆1986年版,276页。——译者

为对外部世界的热切期待,而迅速、有目的地逃离;这本身是一个缓慢、犹豫、渐进、痛苦的学习过程。那个新释放的囚徒并不热衷于启蒙:他"被迫站了起来,转头环视",他"痛苦,眩晕,看不到他以前见过的阴影"。他感到震惊,想要回到他所知的生活中去。柏拉图问:"如果有人用武力把他拖离那里,沿着崎岖陡峭的道路,直到把他拖到阳光下才放他走,他会不会因为被这样对待而感到痛苦和恼怒?"* 在这一点上,"某人"是谁无关紧要(除了不能是另一个囚徒),但很明显,这是一种教育干预:它是求得真相的必要条件,是从外部发起的,并且最初是强迫性的,需要强制克服学习者的抵制。柏拉图承认:"他需要时间来适应,然后才能看到上面的世界。"** 但最终,随着理解的深入,"他会为自己的改变感到高兴,而替伙伴们遗憾"***。他终于了解了阳光普照下的奇异世界,然后,他惊恐地明白了自己在洞穴里的状况。正如我们所闻,他宁愿经历任何事情也不愿回到那个无知住所。

因此,柏拉图将教育家长主义(educational paternalism)的主张合法化,这是一句父母对孩子、老师对学生唠叨的关于各种强迫活动的著名的古老格言:"总有一天你会感激我,因为那时你就会明白。"他的辩护(justification),依赖于知识(单纯的信念)与无知的区别,依赖于学习所能产生的灵魂转型。然而,不管以后感恩的可能性有多大,如果用意外、干预或胁迫才能使某人走上学习之路,那么逃离那种完全无知就不是自我激励的。[8] 这并不令人惊讶。追求一个自己没有也无法想象的目标是合理的吗?一个自我发起的逃离并不是一个合理的决定,甚或

---

* 参看《理想国》,柏拉图著,郭斌和、张竹明译,商务印书馆1986年版,277页。译文有改动。——译者

** 同上。译文有改动。——译者

*** 同上,278页。译文有改动。——译者

可行的选项。

但是,这也只能解释为什么囚徒不设法逃离。是什么解释了他对自由的抗拒、对强迫的需要？一个因素是,一般而言,人类倾向于认知舒适(cognitive comfort),即强化熟悉的事物,而不是与未知的事物相遇。学习可能会扰乱我们的认知舒适;学习**误**置了我们。教育要求我们修改或放弃我们的日常生活、饮食和某些仪式——我们所知的生活——要做到这一点,必须克服一种天然的认知惰性(cognitive inertia)。对于那些居于无知的人来说,无知住所是认知舒适的坚固巢穴。

柏拉图笔下那些蒙昧的洞穴居民,以为自己知道了重要的真相。[9] 当然,**我们**知道,他们的"知识"不配知识之名;这不过是对那些做作意象的毫无意义的熟悉。当被迫扩大其体验,面对虚幻的处境时,他们不知所措、怒气冲冲,甚至痛苦万分。我们理解。对于任何人来说,接受以下启示是痛苦的:我们宝贵的"知识"是假的(false),我们受到了蒙蔽,并直面根本的蕴涵——假设被抛弃,见解被误导,原则被背叛,关系被破坏,生活被改变,世界被解体。假知(false knowledge)会有黏性,因为很难从我们的世界观中去除它和它所暗示的一切——即使我们承认它的假相(falsity)。信念可以成为一个对抗学习的堡垒。隐藏在假知中的无知,被伪装成它所蔑视的学问。

这些考察,会让我们质疑柏拉图洞穴究竟是否是一个**完全**无知的住所。它可能确实是深度无知的发源地,但是囚徒们有关于阴影的信念、做出认知主张,并且似乎相信他们所相信的是真的(true)——不管它们会多么迷惑。事实上,他们的一些信念被经验所确认——一些囚徒擅长识别阴影并记住它们出现的顺序。[10] 也许我们不可能描述一个彻底无知的人类处境,完全无知如此深不可测,以至于没有一根细细的理解之轴能穿透它。人们想知道,在这样的情况下,没有任何知识,没有一个真的信念,如何能生存。人们想知道,完全无知的心理状态是怎样的:白板(tabula rasa)——心智在接收外部印象之前的一个假想的空白板?没有记忆的意识?没有概念化的觉知?产前的心智?分析认识论以下述方式解释完全无知:"S 是完全无知的,当且仅当不存在 p,使得 S 知道 p。"S 什么都不知道,包括 S 什么都不知道这一事实。有些人会说保龄球是**完全**无知的,但如果有人符合这种描述,肯定会是一个奇怪的情况。[11]

把无知归因为一种心理状态意味着学习能力,学习能力又意味着认知能力。无知中蕴藏着获取知识的潜力。此外,无知的归因是一种关系归因;它是由某人对在另一种已知生物中关于缺乏知识的知识的优势做出的。无知和知识,是不能独立存在的概念:它们相互预设。描述绝对和完全的无知,就像描述绝对和完整的知识那样令人费解。一无所知(ignoration)和无所不知(omniscience),只能作为限制性的概念来理解。[12]

我们将在后面重新讨论对抵制学习、偏好无知的问题,但是眼下,我需要回到那个仍未回答的问题:我们是否就像柏拉图笔下的穴居者一样——不仅是在婴儿时期,而是在我们的整个人生都是这样?至少在一个重要的方面,我们似乎是的:我指的是一个令人不安的事实——我们也会被自己不知道自己不知道的事情困扰;我们无法想象这些未知事物(unknowns)会如何剧烈地改变我们的生活和世界观。

从拉姆斯菲尔德到齐泽克的基本类型学

一种明确的无知类型已经成为流行文化中的模因(meme):唐纳德·拉姆斯菲尔德(Donald Rumsfeld)的著名解析。乔治·布什(George W. Bush)总统在任期间的国防部长拉姆斯菲尔德,喜欢与经常向他施压、要求他透露信息的记者发生争执。但在一次新闻发布会上,他进行了一个典型的、具有讽刺意味的回应,这一简洁的发言现在仍被广为引用:"存在着已知的已知;有些事情我们知道我们知道。我们也知道存在着已知的未知;也就是说,我们知道有些事情我们不知道。但是,还存在着未知的未知——那些我们不知道我们不知道的事情。"[13]

为了识别已知的未知(known unknown),我必须能够对我的无知对象(如我前面讲的汽车例子)进行准确的说明。但正是这第三类"未知的未知"(unknown unknowns)的内容,困扰着我们所有的计划——这是拉姆斯菲尔德的痛点。它们似乎使无知成为我们无法逃离的地方。有这样的真相是显而易见的,尽管我们不能说这些真相是**什么**——根据定义,我们甚至都不能提供一个具体的例子。拉姆斯菲尔德关于某些事情"我们不知道我们不知道"的断言是正确的,但**不可实例化**:在逻辑上不可能指定一个实例(除非回溯到自己,到那时它是已知的);任何这样做的尝试都会导致自相矛盾。[14]

然而,我们有充分的理由相信存在未知的未知因素。关于自己生活史的后见之明让我们相信个人的无能为力:生活充满了惊奇,意外、冲击、发现和因果报应。对人类历史的了解足以使我们相信关于集体知识的那个观点:想想每一个时代如何带来事件和发明,那些事件和发明不仅未知,而且在早期无法想象。我们可以概括未知的未知;但仅仅是观察它们很可能包括的事实、概念、关系等,并不能提供任何认知进步,因为我们不能举出一个例子。无论"我们"指的是我们自己、其他人、某个在特定时间存在的群体,还是全人类,"我们"总是而且必然对自己无知的全部内容和程度一无所知。在这方面,我们确实像柏拉图的穴居者。

柏拉图寓言的读者可能会抗议说,我们和囚徒的不同之处在于我们的知识要多得多。就算如此吧;然而我们会把我们的知识和他们的知识进行比较(尽管这被证明是一个十分棘手的问题),但显而易见,我们的知识要多得多——我们的概念更丰富,范围更全面,认知解释网络更深入,活动范围更广,支持的技术更广泛,等等。很明显,我们知道关于他们所不知处境的重要事实。但无法比较的是我们的全部无知,因为**我们没有有效的方法来评估我们无知的程度**,没有办法衡量我们不知道我们不知道的事情。

此种拉姆斯菲尔德式的解析,引入了二阶的话语或**元认知**的视角。当然,这种区分在拉姆斯菲尔德提出的前几年就已广为人知,大多数学者都认为实际上存在着四个类别,而不光是三个:

(1) **已知的已知**:我知道我知道的。

(2) **已知的未知**:我知道我不知道的。

(3) **未知的未知**:我不知道我不知道的。

(4) **未知的已知**:我不知道我知道的。

在拉姆斯菲尔德语录之前近十年,哲学家安·克尔温(Ann Kerwin)在一篇论文中总结了这四个类别。[15] * 她把这四种类型标记如下:(1) **已知的已知**,是"显性知识"(explicit knowledge)。(2) **已知的未知**,包括"有意识的无知"(conscious ignorance)。(3) **未知的未知**,她称之为"元无知"(meta-ignorance)。(4) **未知的已知**,是"默会知识"(tacit knowledge)的形式。

人们可以用好多方式来组合这四种可能性。第一种是完全意义上的认证知识(certified knowledge)的范畴,其他三种则以不同的方式涉及无知(**不知**)。总括起来,前两种范畴标志着认知自我觉知,后两种

---

* 共时性"四状态":(1)关于知的知;(2)关于知的无知(不知);(3)关于无知的知;(4)关于无知的无知。见《论无知——一个新的认识域》,鲍宗豪著,上海人民出版社1991年版,25—31页。——译者

范畴标志着健忘。第一个和第四个范畴,是指某种程度上拥有的知识。第二个和第三个范畴,包含实质性的无知。如果纳入元层次状态,不仅引入了有价值的概念区分,而且定义和区分了认知心理状态。然而,它并没有解释"已知"或"未知"的含义;事实上,如果把它们的关系包括在内,问题会变得更加复杂。

第四个范畴——拉姆斯菲尔德忽略的那个范畴[16]——似乎很奇怪,也许它是自相矛盾的,因为它要求我不知道事实上我知道的事情。我知道一些事情,但我不知道我知道,是什么意思?

齐泽克(Slavoj Žižek)也注意到了这一缺失的第四类,他将其解释为我们故意拒绝承认我们知道的东西("弗洛伊德的无意识,'不知道自己的知识'"),因此,他发现了拉姆斯菲尔德在心理学上显著的疏漏。[17]齐泽克的分析表明,"知道"的感觉在两个层面上是不同的。一个人可能无意识地或模糊地知道一些事情,但却忘记了它,或者故意否认了它。(故意无知是第六章的焦点话题。)然而,否认知识条件具有任何程度弹性的其他人可能认为,人如果不知道自己知道某件事,就不可能真正知道它——因此,把第四个范畴排除为不可能的空集。也许,拉姆斯菲尔德就是其中之一。

我同意,因为这些术语在认知的两个层面上起着不同的作用,所以并不存在直接的矛盾。但我更喜欢克尔温把第四个范畴解释为默会知识。默会知识与故意无知截然不同。故意无知,包括忽略、压抑或否认自己所知道的,即拒绝学习。默会知识是指一个人可能拥有并成功运用的知识,但却不能够清晰表达出来,甚至不能认识到它的正确表述。与显性知识相对,如上所述,这种默会知识通常被认为是技能的一个组成部分:我们似乎"知多于言"。默会知识的著名例子是我们骑自行车或识别人脸的原理。迈克尔·波兰尼(Michael Polanyi)于1958年引入了这个术语,他指出,骑自行车时,必须不断调整我们的运动,以满足一个保持平衡的复杂公式*——一个被成功的骑自行车者"遵循"却不为其所知甚至所认可的公式。[18]我们用于人脸识别的标准非常复杂——正如人脸识别软件的逐渐发展所显示的那样,然而,我们在应用这些标准方面相当专业。但是,即使我们可以像波兰尼提出的自行车原理那样,将心照不宣的知识提炼成命题形式,这种结果也不见得能应用到学习该技能当中。

知与不知的变幻无常

未知的已知那些令人困惑的可能性,表明了一个突出的问题:对知道某事物中所衍推的东西的不同解释产生了严格的层次结构。现代认识论者被迫将信念与真知区分开来,他们倾向于采用最严格的标准。当一个人的信念拥有充分辩护的标准被设定得很高时,它就保证了不可能出错。总之,**确定性**对于真知是必要条件。

这种分析的一个假设是,知(knowing)不承认程度或变通形式。人要么拥有它,要么不拥有。但当我们把知看作一种心理状态,这种二元性就是强求一致的。相信(believing),在心理学上比开关条件更复杂:信不信由你。辩护可以是强辩护,也可以是弱辩护。觉知(awareness)是一个谱系。我**知道** X,这对我的要求是什么?

我将在本书后记中讨论这些问题,作为对认识论中进行修订的主张的一部分。然而,与此相关的一点是,它们暗示了**不知**的不同含义。根据语境的不同,对 X 无所知,可以被解释为**不知道** X、**无法清楚表达** X **或识别它的表达**、在给定适当提示时**无法回忆** X,甚至**不能辩护** X 包

---

*《个人知识》(*Personal Knowledge*),波兰尼著,徐陶译,上海人民出版社2017年版,59页。——译者

含的主张。似乎如果真知的必要条件有多种因素,缺少其中任何一个或任何特定的组合就描述了一种形式的**不知**、一种知识失败。因此,**无知的形式结构比知识的形式结构更为复杂多样。**

那么,**假知**——它是否包含在这个四重类型学中?一方面,它是各种各样未知的未知,因为当我拥有了假知时,我不知道我不知道。我也不知道我被蒙蔽了,正如柏拉图的囚徒们一样——他们缺乏真知(true knowledge),还有着假信念(false beliefs):他们的洞穴是唯一的住所,那些阴影是"真实的"对象,等等。另一方面,仅仅拥有假信息(比如拥有一个不正确的电话号码)也与拥有未知的未知信息[比如亚里士多德(Aristotle)不知他不知道 DNA]截然不同。区别在于,在假知中,我有我(错误地)认为是真的一阶信念(first-order belief);我**以为**我知道 X,但是事实上我不知道。假如将这种错误信念(mistaken belief)应用于学习、行动或者判断,我很可能会犯错。(我以为我知道那个电话号码,拨号后,发现是错误的。)但我不能相信更广泛的未知之未知因素会导致错误。(亚里士多德没有与 DNA 相关的假信念,因为他不可能对 DNA 有任何信念,因此也不可能从这种错误信念中犯错。)即使持有假信念,也意味着有足够的知识水平能够进行可能的修正。

因为这种信念的存在是作为心理状态的假知及其特质的概念解释中的一个关键因素,所以最好将它视为一种独立的、不同类型的未知之未知来对待;它不仅衍推了元无知,还涉及了认知错误(cognitive error)。

自省和病感失认症

自知(self-knowledge)是珍贵的。自我无知(self-ignorance)是可怕的,可能会威胁到我们的自我。通常来看,自知是特别、私有、无中介的。然而我们知道,妄想、自欺(self-deception),以及深度压抑也是可能的;记忆可以是有缺陷的或错误的;自我感知(self-perception)是扭曲的。尽管如此,我们可能认为自己比任何认识我们的人都了解我们自己,部分原因是我们能够进入我们的精神生活。人类有**自省**(introspection)能力,能够直接监控、检查自己的心理状态和动机。但是,最近的心理学研究严重挑战了自省的可靠性,一些哲学家甚至否认了它的存在。[19]自察(self-insight)与对他人和世界的认识一样,受制于同样种类的假知和无知的影响。因此,这四种类型可能都适用于自察,包括未知的未知。

自我无知,有其极端情况。**病感失认症**(agnosognosia,也作anosognosia)是自我觉知(self-awareness)的病理缺陷,它是指人意识不到明显的个人残疾、乏力或受伤的状况。即使是瘫痪的患者也可能意识不到或者不承认自己的瘫痪;截肢者可能意识不到自己失去了一条腿。当然,任何人都可能(至少暂时)不知道自己隐藏的健康问题,但是在病感失认症的案例中未知的未知(至少在诊断之前)包括极端的自我无知,因为被否认或忽视的东西对他人来说如此明显和不容置疑。**遗忘症**(amnesia),即记忆的突然丧失,可能由多种原因引起,并且表现为多种形式;但严重的病例甚至会忘记自己的身份。然而,遗忘症是已知的未知,因为患者通常意识到丧失的记忆并担心失去记忆。

柏拉图的穴居者在认知匮乏中,肯定缺乏自知。他们不知道自己是囚徒,不知道自己被他人操控,被对世界的幻想所迷惑,对自己的能力和可能性一无所知。在未知的未知无处不在、假知深植其中的地方,自我无知的门槛被一一跨越,幻灭在无依无助下变得不再可能。

怀疑论

当然,有人怀疑人类具有获得真知(genuine knowledge)的可能性,怀疑我们能否找到认知的试金石或认知杠杆的支点,从中真正获知世界。他们怀疑是否曾经有人逃出过洞穴,也怀疑这种解放的可能性。如果我们真的无知无识、**无可所得**,那么我们的无知是无法弥补的。这不仅仅是一种困境,还是我们的末日。

怀疑论声称,即使信念碰巧满足了知识的其他所有条件,我们也永远不会真正**知道自己知道它**——而且真知(genuine knowing)也必须满足这种条件。这些二阶怀疑者(second-order doubter),会把我们带回完全无知的陷阱。面对如此令人窒息的完全无知,人能够做些什么呢?一个人怎么活着呢?

古代的怀疑论者采取这一立场,他们认为人类无法掌握真理或区分真理与谬误,并声称宇宙处处皆为我们无法理解的,这是种被称为acatalepsia(领会不能)的状况。他们主张epoché,即"悬搁判断"——所有的判断。我们可能会想,一个人怎么能不加评判地生活呢?根据第欧根尼·拉尔修(Diogenes Laertius)的说法,怀疑论的元老之一伊利斯的皮浪(Pyrrho of Elis)就是这样生活的:"他(皮浪)的生活方式和这个观点(怀疑论)一致,他既不回避也不关注任何事情,不管是马车、悬崖还是狗狗,都依赖于他对无(nothing)的感觉。他一直靠跟着他的熟人维持生活。"第欧根尼自己对这个传说持怀疑态度,并冷淡地指出:"然而,埃奈西德穆(Aenesidemus)说他(皮浪)只是提出了关于悬搁判断的理论,但他实际上并没有表现得很草率。他活到了九十岁。"[20]不做出判断,我们根本无法生存(**想想:这是不是可食用的?**)。即使是传说中的皮浪,也只能靠为他做判断的人才能幸存下来——**马车来了!悬崖在你左边!**

当然,怀疑论有很多种,有些会更加温和,对态度和行为也有不同的规定(尽管一般来说,怀疑论者长期以来都在批评,缺乏建设性的建议)。更多的教条主义怀疑论者把世界变成了一个完全无知的住所。[21]

然而,这里的目的并不是全面讨论怀疑论。但是,我想提出三个要点,所有这些在后面的章节中都有呼应。

首先,我相信,认识论的不可知论者、激进的怀疑论者,以及虚无主义者自毁般地把知识的门槛设得过高。正如完美可以成为善(the good)的敌人,绝对的确定性也可以被搞成知识的敌人。不确定意味着无知,但也意味着知道一些事情。其次,我要重申关于无知——以及关于知识——的主张只能从知识的视角提出。为了证明我们的感官是容易出错的,为了揭示我们的辩护是假相,为了断言我们不能遇见"物自体"(things-in-themselves),我们提出了这样的怀疑立场:要依赖和应用已经拥有的知识,因此,要从知识的视角来慷慨陈词。坚持我们的完全无知,就是坚持自相矛盾。因此,最后,承认我们无知的必然性和不可量度性不一定会导致怀疑论或虚无主义。

 第四章

天真与无知

致命的智慧树,挺立在那儿,

禁止人们去尝:知识受禁?

太费猜想,不合道理。难道他们的主

竟妒忌他们拥有知识? 求知岂能为罪,

岂能该死? 他们只需保持

无知,那就是他们的幸福生活,

那就是他们的服从,他们忠诚的证明吗?

——约翰·弥尔顿(John Milton)*

给我思想和行动的风暴,而不是无知和信仰的死寂! 你愿意的时候就把我从伊甸园赶出去;但首先让我吃下智慧树的果实!

——罗伯特·G. 英格索尔(Robert G. Ingersoll)

---

*参看《失乐园》(*Paradise Lost*),弥尔顿著,刘捷译,上海译文出版社2012年版,155页。——译者

关于无知之境,有一种完全不同的意象:极乐的景象。如果我们去解构这一境地的各种描述,将揭示出关于价值观的两种主张。第一种是身处此境很好,甚至是善(goodness)的缩影。第二种是,求知(或许在某些领域,或许是关于这种地方的知识)是不好的。知道某些事情,对这个好地方来说是无可挽回的破坏。学习意味着失去一些珍贵的东西;学习破坏了一切。要获知,就要从恩典中堕落。

无论是象征着我们作为婴儿的出生状态,还是人类过去的黄金时代,这种幸运无知(fortunate ignorance)的意象都是一种理想。但是无论如何,你我都不再如此。不管此种损失的意义是什么,它都使我们远离了那里,使我们能够理解失去的东西。我们不完全是局外人,更像是反思的流亡者,我们现在可能会以正确的角度去看待那个境地,并开始理解它,因为身在彼处的人无法理解。

伊甸园

在《创世记》(Genesis)中,上帝创造了浩瀚的天地,他在伊甸培植了一座花园,在这美丽而富饶的环境里创造了他的最高成就:男人和女人。上帝用自己的形象创造了他们,委托他们照料和享受花园,并以其为生。他们是天真的,"并不羞耻"。为了保持这种幸福,上帝命令他们不准吃一棵特殊的树上的果子——这棵树代表着善恶。他们被禁止学习这种知识;上帝警告说,假如他们吃了那颗禁果,甚至是触摸了那棵树,"你必定死。"于是,他们就一直待在那里,顺从而无知,对那棵树敬而远之……直到狡猾的蛇出现了,它断然地说上帝撒了谎:"你们不一定死。"上帝的动机并不高尚:"因为上帝知道,你们吃的日子眼睛就明亮了,你们便如上帝能知道善恶。"

蛇诱人的暗示和夏娃(Eve)吃下禁果的那一瞬间,无疑是所有的文学作品中最令人不安的时刻之一；人类的命运悬而未决。她的犹豫不决是短暂的，却也是深思熟虑的。她注意到那颗果子"好作食物，也悦人的眼目，且是可喜爱的，能使人有智慧"。她和亚当（Adam）一起偷吃了禁果。这个简单的行为改变了一切。

立刻，"他们二人的眼睛就明亮了"，他们忽然获得了洞察力，还对自己的赤身露体感到羞耻。当被上帝抓住时，这对夫妇似乎在逃避责任。上帝的问题，显然是一个住所问题。上帝呼唤那人："你在哪里？"亚当从躲藏处走了出来，表明自己很羞耻；在被质问时，他把责任推给了夏娃，夏娃又把责任推给了蛇。他们的罪恶反抗激怒了上帝，上帝首先诅咒了蛇，然后是夏娃，然后是亚当。他们穿着上帝不情愿地为他们做的衣服，被逐出了天堂，流放到有着痛苦、劳作和死亡的生活中。上帝不仅对他们的不服从感到愤怒和沮丧，还担心他们会走得更远："那人已经与我们相似，能知道善恶。现在恐怕他伸手又摘生命树的果子吃，就永远活着。"作为防备，他安设"基路伯和四面转动发火焰的剑，要把守生命树的道路"。[1]

当然，这个熟悉的故事，是《圣经》中"人的堕落"（the Fall of Man）、"原罪"（the Original Sin）、弥尔顿的《失乐园》，以及几个世纪以来的高雅艺术、宏伟文学、精致神学和训诫的主题。无论我们想到人的幼年时期还是人类的起源（个体发生以此类神话反映了系统发生），它都以纯真和优雅联系着我们的原生状态。寓意很清楚：幸福的天真被好奇心所剥夺，尤其是关于那些被禁知识（forbidden knowledge）。精神上的恩典包括顺从和不知，但由于认知蔑视这一典型的人类愚行和由此获得的破坏性知识，它在耻辱中永远失去了。

然而，就像所有伟大的神话一样，这个故事也激发了后人的扩展和持续性的重新评价。虔诚的解释是，这个故事描述了罪孽如何给世界带来痛苦和死亡。然而，有更多的东西值得注意，人们对于它的丰富性会提出截然不同的解释,尤其是因为这个故事里有一些有趣的谜题。我们会注意到什么呢?

许多细节指向了其他的解释,一种是挑衅的修正主义解释。首先,蛇是对的:那天之后很长一段时间(根据《创世记》,对亚当而言,930年之后)他们都没有死。如果这是正确的,上帝的话充其量只是个骗局。亚当和夏娃并没有因为不服从(disobedience)而死去,因为他们即使在极乐状态下也终有一死(mortal)。记住,正是他们**获得了**永生(immortality)的机会才促使上帝去保护生命树。他们可能因为新发现的知识**意识到**自己的死亡(mortality),但这是另一回事。此外,在这个(对有些人而言,是亵渎神明的)版本里,他们的转变可以被看作他们的成熟和人性化,这个故事作为一个寓言,标志着自我意识、自主性和责任感的崛起——在这种情况下,偷吃禁果是一种自我解放的行为,一种主张有知战胜无知的反叛声明。总之,人们可以把这个故事解读成一个神话,其中的主人公公然反抗众神(gods)来赎买他们的全部人性。

此外,上帝担心他的造物会寻求成为众神的一员。人性和神性之间似乎只有两步之遥:知善恶,知不朽。蛇还声称上帝掩饰的动机是害怕"你们的眼睛会睁开,会像上帝一样能知道善恶"——这与上帝表达的担忧相一致。因为这对夫妇迈出了第一步:"那人已经与我们相似,能知道善恶。"(我忽略了多神论的暗示,以及上帝对夏娃获得意识的暂时忽略。)[2] 现在,似乎只有一步是神性的,并且必须被否定,即永生。上帝的动机似乎更多的是专断的,而不是仁慈的。

毫无疑问,人们应该谨慎地看待古代的创世故事或创作相关的小说。其中的利害关系是这些故事更深远的意义。而这种远离虔诚解释的转变,似乎不在于这对夫妇不服从的动机问题,而更在于上帝的动机及其仁慈——用弥尔顿的话说,他们的主的"妒忌"。[3] 为什么上帝会这样塑造这些造物,并把它们放在一起——好奇的人类,狡猾的蛇,诱人的禁果——只是一种考验吗？为什么这对夫妇的神性的前景，甚至是他们对善恶的了解，会如此令人担忧？难道这种堕落也是一种解放？然而这些神学上的尴尬问题得到了回答，[4] 答案很可能包括这一点：人类堕落前的状态，应该首先被理解为一种**天真**（innocence），而不是**无知**（ignorance）。

区别是什么呢？为了找到答案，我想先比较一下作为无知的场所的两个故事的住所——洞穴和伊甸园。这样我们就能更好地揭示天真的概念，及其与无知的关系。

洞穴与伊甸园

作为场景，这两个住所完全不同：昏暗的洞穴里有幽闭恐怖的拘禁和限制，跟奇妙的伊甸园有美丽富足和斑驳的阳光形成了对比。洞穴是一个可怕的住所，一旦习惯了光明，任何被解放的灵魂都会害怕回到洞穴里去。伊甸园是天堂，任何被驱逐的灵魂都渴望回归。尽管如此，二者仍有着很多深刻的相似之处。

洞穴和伊甸园都被呈现为原生状态，即自其居民出生（或创世）以来的这个住所或环境；他们皆发源于那里。这两个住所皆自给自足、与世隔绝；不存在来自外面世界的风波。这两组居民都不知道关键的问题。他们并不真正了解自己的处境，无法评估自己的环境：他们不知道他们不知道。[5] 这两个住所，是被其他更广博的知识和他们依赖的权力所强制执行的禁闭场所。他们有自己要忙碌的任务（亚当和夏娃要照料伊甸园，穴居者则要注意那消逝的阴影）。两者都得到了保护和照顾，尽管他们的经历和场景截然不同。

在这两个神话中，居民被从这些住所转移出去，并因此发生了剧烈的转变；在这两种情况下，离开都是由其他行为体（agents）所引起的——解除了囚徒锁链的神秘的"某人"和狡猾的蛇。被释放的囚徒和被驱逐的夫妇获得了理解(象征"看见太阳本身"和"知善恶")。他们都睁大了眼睛;在一个大得多的世界里从一个新的视角回顾、注视并评估这种不可逆转的转变。他们终于明白了他们在什么地方,明白了他们是什么。他们以一种新的方式看待自己,看待世界。他们获得了反映其新地位的新的任务和责任:柏拉图的开明灵魂要求他**必须**回去并尝试解放他人——尽管他永远不能回到从前;亚当和夏娃再也回不来了,必须终日劳作以维持生计。

尽管有这些相似之处,但这两个住所分别是坏住所和好住所的象征。人们会说,这些比较所遗漏的(撇开神学框架不谈)是弥漫在整个伊甸园的优雅和天真,以及在柏拉图洞穴中缺少的道德色彩。伊甸园是一种道德理想,它充满活力,是以上帝的形象所造物的家园;洞穴是一个恐怖的地方,被"活死人"占据。虽然在这两种转变中都有痛苦,但囚徒的痛苦在于学习的过程和回归的前景;亚当和夏娃的痛苦在于不可挽回的耻辱后果。被解放的囚徒体验到认识善(the Good)的快乐;那对堕落的夫妇有羞耻和遗憾,因为他们失去了好住所,曾经拥有的幸福一去不复返。一个人从无知上升到觉悟;另外两个人则从天真坠入到堕落。

使洞穴的无知与伊甸园的无知分化的,是归因于亚当和夏娃的天真。正是这种天真的道德基调(源于其圣令),使他们的无知变得幸福起来。为了进一步探究这一思想,让我们更加仔细地审视天真这一概念。

天真的概念

我们以无知和天真(纯真)开始我们的生活。婴儿和孩子被称为

"纯真无邪的人",这是一个在道德上相对柔和的术语,暗示着无过错和无伤害的甜蜜结合。从词源上看,天真(innocence)来自拉丁语 in + nocere(不 + 伤害),是词 innocuous(无害的)的孪生兄弟。但即使在拉丁语中,"innocentia"一词也很快在"无过错"的基础上增加了"无伤害"的含义。天真的无过错方面,被解释为免于内疚、罪恶或道德错误(无论是在一般情况下还是在具体问题上);以这种方式呈现天真,就是不被邪恶所玷污。我们将天真的这个方面称为**道德纯洁性**的一股。纯真的无伤害,指的是没有狡猾、伎俩或诡计;以这种方式呈现纯真,就是拥有无机心的诚实和简单的全神贯注。这就是**道德简单性**的一股。综上,这两股合为第三股:**道德脆弱性**。天真的人容易受到伤害。天真和无知一样处处脆弱——一碰,花就谢了。

这些思想引发了一系列问题:天真和无知的关系是什么?"天真"仅仅是居于无知的一种命名方式吗?柏拉图的穴居者是"天真的"吗?天真可以由他人或自己建构或刻意维护吗?天真是一种需要保护和保存的珍贵事物或优雅状态,还是会带来危险或道德累赘?我们会"因为无过错而受到指责"吗?

天真的道德纯洁性方面表明,它的对立面是有罪或邪恶。单独来看,这似乎与无知无关。然而,《牛津英语词典》在定义这个词的含义时,包含了"未受邪恶沾染或不了解邪恶的状态"的含义,[6] 这意味着缺乏邪恶的体验,缺乏对邪恶的了解(我在第二章中称之为**不亲知**或**不知道它是什么样子**)。它可能更间接地暗示着人们对邪恶的了解不足(**不知道某事实**)。道德纯洁性不仅仅是缺乏经验和无知,而是和两者都有关系。正是这一内涵,让中世纪的道德家们把**天真**当成了**贞洁**(chastity)的同义词。

当道德纯洁性是一种自然的品质时,我们通常会认为这是一种珍贵的品质。就像圣经里的传统那样,道德纯洁性是我们最原初的状况。

这并不意味着拥有它的人是值得赞扬的。一个孩子不应该因为"不知悉邪恶"而受到表扬，无论这种状况多么珍贵，因为天真不是一个人为之尽力的成就。但保护这种天真似乎在道德上是合理的，也许是义不容辞的。保护天真者的天真是其他**并非**天真的人的责任。

然而，当天真被延长和强制执行时，道德纯洁性变得遥不可及。这种受保护的天真（naïveté）可能需要的是对经验的限制、对知识的禁止和审查，这变成了一种强加无知（imposed ignorance）。伊甸园变得像洞穴一样。在自由、成长和社会化的正常发展条件下，我们获得经验、学习，并受到我们所知事物的影响（受到驯服，如果你坚持的话）。但只有通过这样的途径，我们才能走向成熟。正如 ingénue 这个词所表明的，天真无邪的少女可能是鲜活的、纯粹的、纯真的，但她还没有跨过道德成熟的门槛。亚当和夏娃在知善恶中失去了最初的纯真，从无羞耻到拥有了羞耻感。他们获得了自我觉知，意识到了自由的可能性和错误的风险、被禁止的是非知识，以及对死亡的预感——简言之，他们成了成熟的道德人，具备道德上的成熟性和能动性（agency）。[7]

同理，我们会对道德简单性感到高兴：孩子的开朗、全心全意的回应。毕竟，在欺骗、狡诈和玩世不恭的颓废世界中，缺乏算计和狡猾的人可能会让人耳目一新，甚至倍加珍惜。但是这里也有一些警告。《牛津英语词典》在定义"天真"一词的"单纯"含义时补充道："因此缺乏知识或理智，无知，愚昧。"[8] 有了这种细微差别（nuance），天真者似乎不仅缺乏在行动中运用知识的狡猾或狡诈方式，[9] 而且还可能在根本上缺乏知识和理智——呈现笨拙。换句话说，人们担心的是：道德简单性会变得麻木不仁、迟钝或愚蠢。孩子们的天真危险得近乎野蛮［在威廉·戈尔丁（William Golding）的《蝇王》（*Lord of the flies*）* 中描

---

*《蝇王》，戈尔丁著，龚志成译，上海译文出版社 2006 年版。——译者

述的一种可怕的关系］；不负责任的简单性会让人变成傻瓜。拥有坦率诚实的独特品质、处事动机不复杂，这些是（有时）令人振奋的年轻人的好品质；但它们与天真看待世界、用原色来思考，或者只用非黑即白来判断事情有关。跟更有阅历的人相比，他们是愚钝的。他们会表现为情感上的不敏感，知觉或智力的迟钝。正如玛莎·努斯鲍姆（Martha Nussbaum）*所写："迟钝是一种道德失败。"[10]不注意细节是一种特殊形式的无知，即对微妙但显著的信息视而不见。如果道德判断需要对细微差别和细节的敏感、对细节高分辨率的感知、对微妙之处的理解，那么这种迟钝或无知会阻碍道德生活。道德生活需要的不仅仅是天真，它可能需要我们摆脱这种道德简单性。

第三股是道德脆弱性，它提醒我们天真无邪的风险。天真的人容易受到剥削、背叛和侮辱。道德脆弱性的必然结果是，天真的人需要受监护人保护。在这种情况下，它就处于一种道德依赖的状态。因此，**天真之境是一个永远可以依赖的地方**。此外，它是一种无法理解的依赖，因为根据定义，天真的人不理解他们受到的保护。他们可能会把保护和监禁混为一谈。与无知的归赋一样，对原始意义上的天真的归赋只能从外部和特权的角度来表达。只有非天真者（不再天真的人，你愿意的话）才有资格认定、理解和保护他人的天真。

我们如何区分"保护"天真和"延长"天真之间的区别？亚当和夏娃的故事中暗示着一个突然的转变，即由一个叛逆行为触发的让人大开眼界的能力。的确，天真可以通过戏剧性的行为（玷污、幻灭或揭露）而失去或被夺走，尽管有着最警觉的保护措施。但是，失去纯真对大多数人而言是一个渐进的过程，这一过程与人类发展和与广阔世界

---

* 努斯鲍姆（1947— ），美国哲学家，2018 年博古睿哲学与文化奖得主。——译者

的正常接触相一致。延长纯真包括延缓这种发展和限制其他的正常接触。这是一种家长式的幼稚做法,期待着永远的依赖和无知,而不是为独立和觉知做准备。

小结:天真的道德纯洁性、简单性和脆弱性衍推着不成熟的道德善良以及缺乏觉知、经验和知识。表现为天真确实需要居于无知,尤其是对道德问题的无知(以及延伸到其他的世俗问题)。一个人当然可以无知而不天真,但反过来是不可能的。天真是有责任的:纯洁性延伸可能会变得不成熟;简单性可能会变成迟钝或愚昧;脆弱性需要依赖。试图将天真维持在自然寿命之外,会带来扭曲的无知(distorting ignorance)——彼得·潘(Peter Pan)式的逃避觉知和能动性的责任。天真的延长是人为的,它是一种由阅历丰富的人维持的一种建构的无知状况。因此,**结合语境,居于受保护或延长天真的环境中是无法完全纯真的**。天真之境,根本不是一个天真的地方。

一个人会有意保护自己的天真吗?故意保护自己免受精神腐败、堕落和恶癖的影响难道不是一种美德吗?假设马琳(Marlene)想要阻止令人不安的图像进入她的意识,于是寻求回避恐怖、色情和恶心的图像。为此,她避开了很多电影和新闻广播。而胡安(Juan)想要逃避所有的道德过失和"肮脏勾当",因此习惯性地拒绝责任和行动的种种立场。这些行动是自主的、理智主动的,而不是别人强加的。然而,在所有这些情况下,对天真的渴望都反而助长了无知的领域。马琳和胡安都在盘算着划分出一个天真的领域;他们的天真并不彻底。他们的动机值得赞许吗:生活在天真之中,在道德上是好的还是可接受的?

我相信答案是:视情况而定。一个人可以在短时间内从视觉和思想中消除这个世界的肮脏——如**不**这样做,就很难过上富足的生活——或者拒绝一个知识领域或经验类型。但渴望在一生中保持天真在道德上是危险的,正如保护自己不受人的生活世界那些重要却令人不安的方面影响。试图通过回避任何可能考验或运用美德的情况来确保自己的美德是道德逃避,即劣性。始终以保护自身德性为首要考虑而行动是不道德的。道德成熟需要承担能动性的风险。

习得与丧失

尽管这一分析承认"自然的"(不是被人为延长的)天真的珍贵性,却也假定觉知、经验、知识都是好东西。然而,我们珍视天真至少在一定程度上是因为我们害怕获悉世界会带来的腐败。是否有些知识最好不要拥有?尽管无知不是福,但它至少在某些时刻岂不是更可取的?正如弥尔顿所质疑的:"求知岂能为罪?/岂能该死?"[11]

我们根据经验(**知道它是什么样子**)而不是命题知识(**知道某事实**)来思考这些问题时更为容易。当然,也有任何人都不愿拥有的可怕经验——强烈的痛苦、惊悚的场面、奇耻大辱、无法忍受的损失,不管这些经验会带来怎样的洞见和好处。并不是所有的经验都值得期待或受欢迎,尽管偶尔会有浮士德式的激励或尼采式酒神狂热的激情。坚持不懈、顽强生存甚至战无不胜,会带来极乐转变;但这并不总是意味着拥有经验比避免经验更可取。对细节保持警惕是一种重要品质,但某些细节会引起厌恶或恐惧而不是启迪;还有一些经验,比如留意邻居的狗叫,只会令人生厌,并没有启发性。控制、选择和经验内在价值都很重要。

我们根据**知道某事实**来思考这些问题时,问题就会变得更难回答。当然,我会知道一些希望自己不知道的事物——尽管这通常只不过意味着我希望**真相**并非如此,并不意味着我希望自己不**知道**真相。但问题在于知道(knowing)本身,知道某些事物会对心理造成伤害,它会导致震惊、懊恼、幻灭、嫉妒、愤怒或其他负面情绪。一连串的这种知识会让人感到厌倦乃至厌世。有时候,知道会很危险——例如,在需要证人辩护时,这一点就显得尤为明显。不只是一小部分的信息,而是整个知识领域都被认为是不安全的,因此受到了禁止;有些知识被认为是罪恶的,所以才被禁止。所有这些判断,都提供了对延长天真和强加无知的辩护。

无知的场所和类型可能是有意建构的。要紧的是,这种建构是由一方委托建构还是由另一方强制建构的。在后一种情况下,无知的实施方式也很重要:它是否涉及隐瞒、欺骗、虚假信息或彼此同意?知者和无知者之间的关系中所暗含的特权和权力的不对称性,也适用于监护人和天真的人之间的关系:有知者胜过无知者,法官胜过受审者,专家胜过外行,大师胜过新手,知情者胜过不知情者,消息灵通的人胜过那些在黑暗中毫无头绪的人。这种权力可能纯粹是自我陶醉的,他们享受着胜过无知者的优越感;这可能是利己的,它对利用认知不平等(epistemic inequality)的优势提出了警告;或者它可能是家长式的,通过从有害的经验或知识中拯救无知者和天真的人的仁慈意图来表达。

在任何情况下,不管最初的意图多么善良,其效果都是创造并保护秘密和谎言、经过审查的学习、可怕的禁忌、秘籍、政府文件的"机密世界"以及无知之境。延长天真之地也是如此。由于权力的分化,它们很容易变成依赖和压迫之地。无知,就像天真一样,具有一股脆弱性,特别是对于那些知悉真相的洞若观火者而言。[12]

认知共同体

在第二章中,我注意到了第一人称、第二人称和第三人称无知的归因有着不同的作用:**谁的**无知在认知上是最重要的。添加一阶和二阶声称的元层次话语会产生一种令人眼花缭乱、混搭的认知可能性

（epistemic possibilities）。只需随便列举一些元认知声称的例子：有些事情我知道你知道，有些事情我知道你不知道；有些事情你不知道我知道；有些事情我们知道别人不知道我们知道；有些事情别人知道我们不知道他们知道，等等。这些不同的形式具有相应不同的认知保证（epistemic warrants）和蕴涵。

这些不仅仅是被戏称为迂腐细节的逻辑可能性。例如，在一些实际情况下，我们都必须了解 X，我们每个人都必须**知道**对方知道 X，并且知道我们共享这些知识。许多常见的交易，比如用支票支付，都依赖于这种共享知识或公共知识。另一方面，扑克游戏依赖于玩家们皆知其共享的无知：玩家需要知道，桌上没有人知道别人持有的牌或下一张要抽的牌，并且需要知道其他玩家也都清楚这个事实。当最先开悟的囚徒回到那个洞穴时，他知道其他人不知道他所知道的事情——如果他把自己所知道的告诉了他们，他们可能会杀了他。

这些从多个视角和元层次上的曲折变化提醒我们，我们不是独行侠；我们是**认知共同体**（epistemic community）中的成员。认知共同体是一个互动的认知交流者的网络；也就是说，那些可能寻求、拥有、忘记、沟通、分享、隐匿或保护信息、有知和无知的个体所共同构成的网络。要做到这些，他们必须要么共享一种语言，要么建立可靠的翻译流程。他们的活动虽然是互动的，但可以单独或合作进行。更正式的共同体有共享的调查程序、保证信念的标准以及机密性的领域。这样一个共同体含有许多认知角色（epistemic roles），其中包括学者、教师、研究者、发现者、目击者、证人、专家、法官、评论家、红粉知己、说谎者、告密者，等等。[13]

认知共同体相互重叠、相互嵌套，我们所有人都活跃在很多共同体之间，从最大的、最一般的，到小的、狭窄的、专业的。科学构成了这样一个共同体，家庭、邻居、基于信仰的宗教团体、职业、公司、立法机构、专业人员及其顾客/客户、学术学科等团体也是如此。那些参加扑克比赛的人,则形成一个临时的共同体。

有趣的是,柏拉图洞穴中的囚徒也组成了一个认知共同体,不是因为他们处于同一个环境中,而是因为他们有着共同的语言,他们用这种语言命名事物(阴影)并拥有共同的信念;他们做出预测,举办竞赛,并尊重那些认知熟练的人。他们会对任何一个挑战其共享信念框架的局外人怀有敌意。然而,我们可以描绘一个更大的共同体,其中既包括囚徒,还包括那些负责看守火场和搬运物品的"看守人";甚至还有更大的共同体,包括不知名的解放者、柏拉图,以及柏拉图的读者。伊甸园也是这样一个共同体,其中包括亚当、夏娃、蛇、上帝。(或者再次扩大,可以将范围扩大到包括圣经学者和读者。)

但与那些递进的认知共同体中的成员不同,穴居者和原初人类似乎没有意识到元无知(meta-ignorance)的可能性。未知的未知驱动着这两个神话的叙事,它们是如此重要,因为它们对我们读者来说是已知的已知。但无论认知共同体如何包容——甚至包括我们可以认识的所有人——我们都被未知的未知所困扰。

作为思想实验的无知场所

长期以来,虚构的无知场所一直被用来刺激思维,并从相当简单的场景中测试想法,比如谚语中的"岔路口"——在岔路口,一个人必须在不知道两条路通向何方的情况下做出决定命运的选择;关于强加无知的好处的故事,比如柏拉图的古各斯之戒(Ring of Gyges),[14]其中质疑了拥有一枚让他人看不见自己的戒指对行为产生的影响*;更详细

---

*《理想国》,柏拉图著,郭斌和、张竹明译,商务印书馆1986年版,47页。——译者

的无知情景,如洞穴和伊甸园。特别是在最近几年,哲学家们已经开发出了专门设计的无知场所来进行思想实验:通过已知和未知的相互作用来支持论点或探索问题的设置。我们可能会认为这些是在一个隐含的认知共同体中绘制无知的奇幻小插曲。

最广为人知的像洞穴一样涉及囚犯的此类场所是审讯室,每个囚犯都可以在其中进行交易。由梅里尔·弗拉德(Merrill Flood)和梅尔文·德雷舍(Melvin Dresher)于 1950 年在兰德公司(RAND Corporation)开发[后来由艾伯特·W. 塔克(Albert W. Tucker)加以形式化]的"囚徒困境"已经成为决策理论中的一个典型例子,产生了无数的变体和论述。观看犯罪节目的人都熟悉这种状况:它描绘了分而治之的检察策略。我在这里提供一个简化版本:

> 警方逮捕了两名犯罪同伙。他们把这两名囚徒分开,分别提供了一笔交易:坦白并指认你的同伙,你将获得豁免权(不坐牢),而对方将被判 5 年监禁。要知道你的同伙也知晓了同样的交易——你们若都坦白,则每个人被判 3 年监禁。若你们都不坦白,则每个人被判 1 年监禁。每个囚徒都必须选择坦白、背叛还是保持沉默。他们对彼此的决定一无所知,但最好的选择取决于对方的决定。他们该怎么做?

在这种形式下,在其他条件相同的情况下,自私自利和理性的囚徒会选择背叛。这就是为什么这对检察官来说是一个很好的博弈。然而,共同的沉默将使得监禁的总年数减少。改变条件和判决方式可能会产生不同的推理思路,但是这个场所的基本结构是明确的:自己的最佳决策取决于其他人的决策,但两个决策是同时做出的,他们彼此之间没有通气或协调。这种困境是德国社会理论家尼克拉斯·卢曼

(Niklas Luhmann)所谓"双重偶然性"(double contingency)的一个典型例子。[15]

罗尔斯在其巨著《正义论》(A Theory of Justice)中,创造了一个精心设计的无知场所。他把这个地方称作"原初状态"*。[16]他要求我们想象那些将要表述社会契约的人。更具体地说,他们要选择将支配他们所处社会的基本制度的原则。这些人都是理性的个体,不允许在那些重要事情上赌博,尽管他们是自私自利的,但其中存在着一个陷阱:他们必须在"无知之幕"(a veil of ignorance)背后做出自己的选择。仿佛有严重的遗忘症:他们不知道自己的身份;而且,尽管他们知道自己对某些东西是感兴趣的和重视的,但却不知道这些东西是什么。毫无疑问,他们有天赋和责任、性别和年龄、遗传倾向、社会地位——人类生命的所有细节——但这些个体对这些细节一无所知。罗尔斯使用这样的无知构建了一个公平的环境,他认为在这种环境下选择什么样的原则都是公平的。

这两个虚构的场所是无知对决策的影响的例证。但是其他的思想实验是为了解决不同的问题而设计的。以约翰·塞尔(John Searle)设计的"中文房间"(the Chinese Room)为例:

> 想象一下,一个不懂中文的人被锁在一个有很多中文字和用中文回答问题的计算机程序的房间里。以问题的形式输入的是中文字;系统输出的问题答案也是由中文字组成的。我们可能会认为这个程序非常好,以至于难以将问题的回答与以汉语为母语的中国人相区分。但不管怎样,不管是系统内部的人还是系统的其他部分都完全不懂中文。[17]

---

*《正义论》,罗尔斯著,何怀宏等译,中国社会科学出版社2001年版,91页。——译者

塞尔对这个场所的兴趣是类比的:他用它来否认"强人工智能"的可能性,并得出结论,任何计算机程序,无论其功能输出多么复杂,都不会产生思维或理解。尽管这些信息以一种流畅的方式运作在中文房间之中,但这种智能是模拟的,其中隐藏着一种特殊形式的无知,即缺乏理解。

弗兰克·杰克逊(Frank Jackson)提出的虚构场所"玛丽房间"(Mary's Room)也涉及一种特殊形式的无知。[18]玛丽被迫住在一个黑白房间里,通过一台黑白监视器了解这个世界。她从来没有见过其他颜色(除了黑色或白色)。尽管有这些限制,她还是成了一名杰出的科学家,研究视觉的神经生理学。当我们看到成熟的西红柿等物体时,或者使用像**红色**和**蓝色**这样的颜色术语时,她能够知晓相关物理过程的所有信息。她可以详述来自阳光的波长组合刺激了我们的视网膜,她知道这如何影响我们的神经系统;当我们说出"天是蓝色的"这句话时,她甚至知道导致了生理变化的神经联系。杰克逊问,当玛丽从房间里出来的时候,会发生什么事呢?如果她遇到了一朵红玫瑰,她会学到新的东西吗?杰克逊的这个思想实验旨在指出,玛丽会学到一些东西,看到红色或品尝菠萝(一种被称为"感受性"的心理现象)构成了一种真正的知识形式,因此,这个世界不能被还原为物理世界。玛丽的处境描述了一种有趣形式的**不亲知**。杰克逊认为,玛丽在她的房间里缺乏理解,因为她缺乏体验;尽管她才华横溢、学识渊博,但她并不知道看到红色**是一种怎样的体验**。[19]感受性的存在性在哲学界进行了激烈的辩论;对于玛丽从这种经验中能得到什么也是存在争议的。但在感官剥夺和她后来的直接体验中,我们发现了柏拉图洞穴作为一个无知场所的回声。

还有另外一个例子,它最初由约翰·洛克(John Locke)所设想,后来哈利·法兰克福(Harry Frankfurt)对其进行了详细的阐述。[20]一个人坐在一间有两扇门(A和B)的房间里。他要考虑使用哪一扇门,但他并不知道A是锁着的。他选择了B,因此他仍然不知道A是锁着的;假如他选择了A,就不可能打开那扇门。法兰克福认为,这个人应该对自己的选择负责,尽管实际上他没有其他选择的可能性。法兰克福的最终目的,是将自愿的、负责任的选择的归因与其他的可能性区分开来。因此允许我们让人类即使在一个决定论的世界中也能问责。

我提供了这些必要的哲学思想实验的精华,作为建构无知场所的采样器。每一个思想实验都带来了激烈的辩论和反响热烈的文献。但是,尽管这些例子只是其中的一部分,但是对它们的叙述已经表明,研究已知事物和未知事物的结构性相互作用是多么具有启发性。我们被这些认知思想实验激发:将无知强加给我们虚构的受试者,从上帝视角观察这个场所,并利用元层次知识来解释我们学习和展示的东西。

许多认知心理学家和实验经济学家都设计了将无知强加给真实人类受试者的研究项目。我指的不是"双盲"研究或"隐藏目的"实验,尽管它们也使用了强加无知的研究方法。这里的意思是研究人类在不确定性或无知条件下做出的决策。通常情况下,受试者被要求基于不充分、相互冲突或含混的信息做出决定。于是,研究人员可以观察到由此产生的推理、反应或行为。通常情况下,这些实验是为了揭示我们的认知偏见(cognitive bias),即在缺乏足够的信息情况下,我们倾向于的判断方式。随着这项研究的积累,我们正在学习处于建构无知(structured ignorance)情况下的行为方式。

在第二篇中,我们探讨了无知作为一个可能居住的场所。场所由它们的边界来界定,所以在第三篇中我们转向作为边界的无知。无知之境的边界,既是一种对知识的幽禁,也是一个通向知识的门槛。然而,当居于有知之时,我们在已知事物的边界上面对无知。描绘无知的地形图是我们的目标,故我现在转向认知地貌及其边界。

第三篇

作为边界的无知

通过记录不确定性,我们揭示了可能性。

——劳伦斯·特赖布(Lawrence Tribe),
乔舒亚·马茨(Joshua Matz)

第五章

描绘我们的无知

无知不只是一个人的精神地图上的空白。就我所知,无知有轮廓并且具有连贯性,它的运作规则也是如此。

——托马斯·品钦(Thomas Pynchon)

在我办公室里面挂着一幅装裱精美的世界地图,它是 1472 年于佛罗伦萨绘制的,同时作为《宇宙志》(*Cosmographia*)豪华版的一部分。确切来说,它是一件复制品,原版被收藏在梵蒂冈图书馆。尽管它的绘制时间是 1472 年,说明文字上写着这张地图由雅格波·德安戈洛(Jacopo d'Angiolo)出版,而且事实上这幅地图是彼得罗·德尔马萨约(Pietro del Massaio)根据乌戈·德科米内利(Ugo de Comminelli)画的缩略图绘制而成,但是它被称为克劳狄乌斯·托勒密(Claudius Ptolemy)——生活在约 13 个世纪以前的一个地理学家——的"世界地图"。对我来说,它不仅是一件可爱的历史文物,还是一幅知识和无知相互作用的奇妙画面。

公元 2 世纪,托勒密用反映地球球形形状的坐标系绘制出一张非常先进的世界地图。但随着罗马的沦陷,他的文字和地图从实用的角度来看输给了欧洲。后来,他的这幅作品被重新发现,并于 1406 至 1407 年以拉丁语出版,名为《克劳狄斯·托勒密的地理学》(*Geographia Claudii Ptolemaei*,简称《地理学》),这在当时引起了轰动。新的世界地图可以使用这一坐标并结合他早期的地形知识以及当代理解进行绘制。因此,随后的许多地图,包括这幅 1472 年地图,都以他的名字命名。

这是一张天下(Oikumene)地图,更准确地说是人所居住的世界,是欧洲人所知的哥伦布时代以前的 15 世纪时的世界。它以详细的细节和注释呈现了几个世纪以来来之不易的地理信息,我对它在详述尼罗河上游以及亚洲内陆地区时的自信感到惊叹。但是,在它的边缘——其他三面的区域,都标着"未知领域"(Terra Incognita)的字样。

边界、边境和地图

理性的第一个也是最基本的行为,即**逻各斯**(Logos)的初始行为,是画一条线。边界的设置是一条线的绘制,是区别**这边**和**那边**的标记。它是秩序的基础,而秩序是理性力量的主要作用。**边界**(boundary)既把两个区域加以区分,又把它们连接到它们的邻接区。它的边界确定了一个场所并定义了它的形状。某事物的边界也标志着其他事物、另一些场所、"并非所界定场所"边缘的开始。它会成为屏障,保护其界定事物的完整性;但它也会是门槛,即阈限,引导和过滤从一个地方到另一个地方的出口或入口。根据语境的不同,这样的边界交叉可以被描述为通道、转换、旅程、筛选或冲突。边界的绘制创造了**边境**(border),即边界两边的阈限区域。如果边界是有疑问的或者被认为是可移动的,或者边境是过渡区,这里就成为了**边疆**(frontier)。这个词暗示了开拓或防御的必要性,以及改变或推进边界的可能性。边疆是提出空间主张的区域。[1]

地图是场所关系的视觉表征，它们定位彼此相对的位置并确定观者的方向。地图上的地方是"嵌套的"：在地方内还有地方，例如，国内有省，省内有市。有些地方只是点（如北极）；另外一些地方则更大，包含许多点。地图上大于点的地方就有了边界；它们是区域，即包含位置的位置。地图上的整片领土是显示的最大的地方。哪些地方属哪一种类型取决于地图的比例尺——例如，它是威尼斯地图、欧洲地图，或是世界地图。制图者采用显著性标准选择某一领土的哪些特征应包括在内；这些特征以符号**再现**，并排列起来以显示空间关系。如今，我们绘制了许多类型的地形图：我们的地图包括地理、天文、政治、历史、人口、建筑、概念、课程，以及许多其他的类型。

1472年的托勒密地图渴望绘制世界。但跟踪已知或者有人所居住的世界（Oikumene）的边界，同时指向未知的世界，指向那个世界之外的世界。尽管它展示了地理知识，但也显示出了无知。（事实上，托勒密的《地理学》被认为是第一次使用"terra incognita"即"未知领域"这一术语。）作为一幅认知地图，它传递了这样的制图信息——尽管我们并未**居于**无知，可我们与无知**同居**：我们的知识受到了无知的限制。

这些想法在含义上的转变是平稳、微妙、具有欺骗性的：世界地图展示了我们的知识；我们的知识绘制了世界地图；我们可以描绘我们的知识；已知的东西构成了一个域。知识的空间隐喻或地理隐喻可能具有误导性或者是有害性——例如，在某些领域鼓励专家对地域的看法。然而，它们也是具有启发性的，它们所表明的不仅是基于知识边界的无知意象，还有我们描绘知识和无知的有趣可能性。

我们不仅提及了"专业领域""研究领域""探究领域"，还涉及了"知识前沿"。虽然知识受到无知的限制，但边境是过渡性的；边界是可渗透的，可以通过研究和学习加以推进。无知是学习尚未渗透的领域。不仅是一个领土的外表,其腹地也可能未经探索。无知不仅位于知识的外缘,它也可能存在于已知、封闭、独立的知识内部,就像封闭的房间或围棋游戏中的"眼"。

当然,我们每个人都有自己的地图,上面有我们未知领地的边界;我们可以想象这些个体的地图结合或重叠,形成一个集体的"人类"地图——已知的宇宙。毫无疑问,我个人的未知领地是巨大的——大得**不可思议**,也就是说,即使是我知道我所不知道的领域也超出了我的理解范围。所以,如果我可以推定的话,你和其他每个人都是如此。

随着时间的推移,知识地图会发生显著变化,如同已知世界的地图发生的变化一样。古地图通常是历史文物或美学物品,而不是今天对其领域的有用表示,但是,当我们循序学习时,它们显示了学习的进步。它们还揭示了地图会包含错误。那幅1472年地图到处都是错误。其中有一些重大的遗漏:南半球的大部分地区,还有整个西半球都不见了。还存在有比例和形状的位移和扭曲,甚至在一些充满细节的地域,有一些虚构的特征,比如尼罗河的源头、中国("丝绸之国")的海岸,以及作为向南扩展土地的非洲。这些例子都是假知的表现,这种形式的无知被根深蒂固的信念所掩盖。与其他未知的未知因素一样,这些错误的隐蔽性使它们在实践中比宣称的无知地域更危险。当我们进入未知领地时,期待着意想之外的事情;当处于一个完整描绘的领域当中,我们则不会如此。然而,无知的深渊,也会出现在人们长期认为是干净的、经过精心耕耘的知识领域。

描绘职业无知

假设我们专注于描绘无知而不是知识——至少对于一个特定的领域。这是一个有趣的提议,一种图形-背景反转,即从照片打印到负片的转换。我们可能会以不同的方式看待我们的处境。这个绘制的过程会让我们意识到一个悬而未决的问题，并促使我们说出我们所知自己不知的东西。它要做的不仅仅是确定边界，尽管这是第一步；它将衍推描绘出已知的未知的轮廓和结构。我们会沉溺于这种练习，希望最终的地图能够加深理解、指导实践和指导研究。尽管我们只能通过对现有知识的调查（可能会被打乱）来绘制，但描绘无知的过程会顺便扩展我们所知道的。

这一想法在医学领域获得了一定的进展。医学无知（medical ignorance）是非常危险的，不管是医生不知道患者的相关信息，还是医学界内缺乏正确诊断或有效治疗疾病的知识。对于医生来说，对自己的医学无知有一个清晰的认识，会产生一种审慎的态度并改变治疗程序。对研究人员来说，仔细说明未知的内容会制定一个议程。描绘医学无知是一项更有条理的任务，而不是简单地将某一领域中未知的东西汇总成一个列表或概要［如《医学无知百科全书》（*The Encyclopedia of Medical Ignorance*）］。[2] 虽然两种方法都很有用，但这张地图提供了针对手头某个特定问题的见解，它也标志了已知和未知之间的关系。

在亚利桑那大学，马利斯·维特（Marlys Witte）已经把这个想法变成一个招牌项目。她的灵感来自她的导师，著名的科学作家刘易斯·托马斯（Lewis Thomas）："我希望这个国家有一所医学院能开设一门关于医学无知的课程。"[3] 最初，并非人人都对这项建议表示赞赏，一名基金会官员甚至在资助一个专注于无知的课程之前发誓要辞职。[4] 不管怎样，亚利桑那大学医学院今天提供了"医学无知课程"（CMI）、"医学生研究方案"（MSRP）和高中学生"医学无知夏令营"（SIMI）。CMI 的学习目标明确规定：(1)"了解不断变化的无知、不确定性和未知领域"；(2)"提高有效识别和处理这些领域的技能"；(3)"强化好奇心、乐观、谦逊、自信和怀疑的积极态度和价值观"。[5] 为了实现这些目标，该大学采用了通常的教学方法:研讨会、诊所、工作坊、讲座、日志、会议,甚至实地考察——所有这些都针对医学无知。

是的,这些课程既展示了市场营销的宣传,又意欲在医学教育中为讽刺和乐趣腾出空间,[6]但它们确实呈现了一个学习的重要途径,在认识方面也有着重要的益处:阐明我们不知道的东西会带来中肯问题的形成。一个问题的框架就像是从已知伸向未知的抓钩,它在无知区域有所收获时,便可以成为进一步研究的线索,最终刺激知识的进步。

此外,描绘一个人的无知也有情感上的好处。无论在哪里,当对知识和技能的掌握成就了专业地位时,尤其是在赋予专业人士拥有胜于普通人的能力的实践中,就会产生一种建立在所知基础上的自大,以及让人遗憾的傲慢权威倾向。我们都知道这样的后果:闭目塞听、不成熟地拒绝相关信息、对职业操守的越权和专横、错误和否认错误,等等。明确承认无知会产生一种纠正性的谦逊、一种去寻求理解而不是已经假定理解的欲望、对不可预见后果的警惕性,以及对替代方法的开放态度。将这样一个重点放在对专业人员的培训上,是培养唐纳德·舍恩(Donald Schoen)所谓的"反思从业者"(the reflectlve practitioner)反思能力的一种手段。[7]

描绘人的无知对所有领域都是一种有价值的方法,不仅仅是对医学界,不仅仅是对于从业者,这也是对所有研究人员一种刺激性的启发式练习。不难看出,它对科学家、历史学家、传记作家、系谱学家,还有侦探、调查记者、辩手、律师、教师和学生来说都是有益的。对学术、科学研究、调查或战略规划的追求,都可以通过描绘对此主题有所不知来推进。从更广泛的角度来看,构建无知地图(map of ignorance)只是**管理**我们无知(第十章的主题)的众多办法中的一个。

自然边界与建构边界

地图上的边界通常遵循自然地形,即陆地与大海相遇之处,沿着河流,或者跨过山口。但是,边界可能是政治结构,也就是条约、协定、法令或强制索赔的产物,知识地图也不例外。知识的边界似乎是"自然的":我们的个人知识反映了我们出生的地点、时间和对象;我们遗传上被赋予的感官系统和认知能力,提供了我们知识地形的自然边界。这些边界,标志着探究和学习的个人前沿。科学知识寻求"庖解自然",它使知识的概念和领域与自然现象相协调。这些边界不是任意的、建构的或由任何机构强加的。通过与故意划定的认知边界(epistemc boundaries)进行对比,可以更好地理解它们。当认知边界是"人为的"边界时,当它们被故意绘制或建构时,它们被有意作为知识的障碍,因为它们建立了无知的领域。

在无知地图上,人们可以找到已知的未知,既有"自然的"无知,也有建构无知的区域。未知的未知只能在外边界被确认——"这里有怪物"——或者是在框架外;我们没有办法在与已知事物的关系中找到它们。域和尺度决定了哪些公认的无知(recognized ignorance)元素可以被识别并放置在地图上。

我们知道我们不知道的全部——在个体和集体意义上——是如此广袤无垠,如此漫无定形,简直不可穷举、难以计数。然而,可以对某些对象类型进行编目。我们可能不知道(但寻求学习或发现):(a)事实;(b)数据,如数值、日期、相互关系及其他量化;(c)实体,如物质、物体、生物或地方;(d)人、姓名、职务或关系;(e)原因、缘起、动机或理由;(f)结果、后果或影响;(g)概念、原理、定律或理论;(h)误差或偏差;(i)所有这些的集合或系统,包括主题、领域和学科。

我们识别任何已知的未知时,我们的规范反映了认知框架,即概念、知识、理论假设等,我们用这些框架来说明未知的内容。通过这种方式,公认的无知就被知识赋予了结构:它被**识别**和**被承认**。就像在我的托勒密地图上,未知领域也有它的坐标。

在本章的剩余部分,我将关注自然的或未建构类型的无知边界,我称之为**简单无知**(simple ignorance);下一章将考查创造的或建构的无知。

定位已知之边界

绘制无知的地图依赖于绘出精确、合理的边界的可能性。然而,在第三章中,我提出了这样一个问题:知是否是一种开关状态,或者知是否可能是认知状态的连续统或谱系(即一种递进)？简而言之,我们分别把这两种观点称为**析取的**(disjunctive)和**谱系的**(spectral)。很明显,如果知识和无知是谱系的,而不是析取的(如同在主流认识论中所暗示的),那么界定边界显然更加困难;我们可能会有一个过渡区,而不是精确的边界。正如以下考虑所表明的,那确实是正确观点。

析取法表明,边界可以用一条细线严格地勾画出来。超出这条线的任何东西,任何不符合认证知识(certified knowledge)标准的认知状态,皆是通用的**非知**(not-knowledge)。但是,有着多种多样的**非知**;它不是通用的。它各种各样的形式包括:**猜想**、**预感**、**估计**、**预测**、**无根据的信念**、**假知**、**遗忘**、**不可知**,以及**简单无知**。所有这些以及相关的形式在更大的意义上表明了无知的多样性,因为它们皆是不知的形式。但要注意的是,把它们混为一谈,就会忽略认知内容的重大差异,以及它们作为真知完成的前景路径的差异。

此外,还有一些常见的"边缘"认知经验挑战了析取观点。在这一系列的案例中，考虑一下如何设置边界——是知，还是不知？我是否知道：

- 自己的账户密码是什么，如果我不能马上想起，但在试第五次的时候成功了？
- 1738×1567等于多少，如果不演算就无法确定的话？
- 主人招待我用的葡萄酒是什么，如果我记不得牌子，但是看到标签的话，我能认出它？
- 多边形是什么，如果我能识别出一些例子，却无法定义它的话？
- 我为什么买了车，如果还有潜意识因素在起作用的话？
- 如何调试钢琴，如果我没法讲清楚该怎么做？或者虽然我准确地讲出方法，却从没调试过？

其中一些难题可以通过更精确地指定知识的对象，更准确地阐述我知道或不知道的事实来解决。但是这并不能解决所有的问题。一个相关的问题是归属知识时对记忆和回忆的期望：断言"鲍勃（Bob）知道p"，能衍推鲍勃在被问到的时候会立即回忆起p，或者鲍勃必须（只不过）能够最终记得、推测或认出p吗？另一个问题是言语化的作用：某人知道p，是否必须能够表达、定义或解释p。一般来说，知悉一个事实衍推对该事实的信念；然而，在一些例子中，还不清楚信念如何参与：在上面的例子中，我所认为的葡萄酒、多边形或乘积是什么呢？

还有一个论题与觉知或意识的作用有关：鲍勃的知道必须是有意识的；鲍勃必须**有意识地**相信p，才能知道p？尽管几十年的研究表明，意识只代表了认知的一小部分，但传统的知识析取图式无法适应意识的水平。我们不断地处理感知和想法，却没有注意到它们。这种潜意识认知在认识论上是有效的,它会影响决策、评估和行为。但在析取法中,似乎只有当我们把这些认知作为用命题形式可表达的信念带到注意力意识中时,它们才能被**知道**。除此之外,拥有足够的信念辩护似乎需要充分意识到那些辩护条件。只有这样,知识才能被安全地"拥有"。[8]因此,析取模型推定了回忆和言语化的隐含标准、对事实信念及其辩护的直接认识,以及命题形式的信念表述。

最后,还有遗忘知识的问题。虽然哲学家们很少对它进行考查,但在我们尚未学会的东西和我们曾经知道但现已忘记的东西之间,存在着认知差异。当然,我们对这两者都不了解,因为我们皆无所知。但它们是不同的:我曾经知道的东西——也许是一本书的内容——可能影响了我的思维,改变了我的概念网络,但我无法回忆起它。知识即使消逝,也会留下痕迹。

这些考虑表明,边界的设置将取决于概念判定,而析取法将使这些判定具有挑衅性的任意性。谱系法更多地关注边界地带,而不是边界。但是,如果可以精确划定边界,例如在某些科学领域内,就可以制定相对具体的研究议程;成功会导致扩大或调整边界的发现。我们可以填补知识中的空白;然而,诸多发现偶然地揭示了全新的无知领域,这些领域会显著改变和扩大我们的地图。

安东尼·范·列文虎克(Antonie van Leeuwenhoek)在1676年凝视着他手工制作的显微镜,看见了单细胞生物,他发现了微生物学的一个领域,里面居住着令人惊奇的生物,而其他人对此一无所知,包括皇家学会,其会员对此表示怀疑,甚至嘲笑他的发现报告。或者,举一个更谦卑的例子,一个对集邮感到好奇的人,会惊讶地发现大量的、专业化的集邮文献,为这一爱好提供了学术资源——爱好者熟悉这一领域,但新手却感到惊讶。此外,学习既可以是颠覆性的,也可以是扩展性的,无论是在人类发现方面还是个人认识方面。调查和研究所处的边界具有不稳定的动态。

地图是知识和无知状态的快照。无论我们如何定位知识的边界，它们都会随着时间的推移而扩大，还会随着知识地形的变化而被重新绘制（不仅仅是在边界上）。实际上，知识的"淘汰"期正在迅速缩短。（或者，如果你喜欢更严格的解释：我们以为我们所知的很多东西，其实都是假知——从来都不是真知。）即使是知识和无知最精确的地图也很快就会过时。正如社会学家谢尔登·昂加尔（Sheldon Ungar）所说："显然，无知与知识难解难分，而知识是不确定的、有争议的，并且可能充斥着无知，因此，在知识和无知之间不存在明显的鸿沟。"[9]

边界与公众无知

所有地图，包括无知地图，都是有目的而画的。坦率地说，许多无知对我们都无关紧要；因此，这对于描绘目的无关紧要，我们理所当然地忽略了它。一个医生试图为一个特定的病例绘制医学无知的地图时，他会排除一些琐碎、无关的未知因素。如果医生不知道患者的头发数量、患者驾驶的汽车品牌或患者的高中成绩，那么十之八九与其目的无关。没有必要标记这种分散注意力的无知。然而，在处理未知事物时，要知道哪些可能相关、哪些不相关并不总是一件容易的事。症状并非总是决定性的，其他形式的证据也不是。产生假说的预感、猜测和直觉，当然有助于确定显著性。最后，无论如何，只有知道了才会解决问题。

知识和无知之间的边界，就像所有的边界一样，是动态的场所。认知活动中的强烈情感反映了我们的态度：对于好奇的人来说，这些是学习的前沿，是通往新知的大门；对于防御性的人来说，这些是军事化的区域，封锁被禁止者或不受欢迎者的固执无知。凝视着无知的"大峡谷",我们可能会对有多少尚未已知的东西感到敬畏。亦即,我们要么可能对学习的前景感到焦虑,要么对不可能全部学习感到沮丧。

我们的公认无知中,有很大一个子集是**可以**学习的。当然,具体的集合因人而异,因为我们有着不同的知识基础。但对于每个人而言,还有一些额外的实际限制:有些未知是即刻可理解的;有些未知可以通过适当的教学来学习;另一些未知(比如流利的异国语言)可能需要一辈子去学习。有些学习需要专心致志和长期练习,我们在天资上判然有别。学习某些东西依赖于精密的技术或特殊的途径:例如,在我们拥有月球成像的空间技术之前,不可能了解月球暗面的主要特征。然而,另一个实际的限制是,我们企图知晓会受到其他行为体和社会制度的阻碍或阻止,它们还可能封锁相关信息或禁止我们学习。因此,我们绘制未知的地图时,将**原则上可知的**和**实践中可知的**(对特定时间特定的人来说)进行区分是很有帮助的。

然而,尽管我们有不同的个体认知特征,尽管每个人都受制于学习的实用性梯度,但我们都有一个很有可能知晓的巨大的已知之未知领域。对于这些事物,花时间学习是一种选择。当然,仅仅拥有知道 X 的**选项**,并不意味着针对学习或了解 X 的任何特定态度。它甚至不意味着学习 X 是一种"可行选项",即学习 X 作为一种看似合理的活动保留在意识中。一个人可能对 X 漠不关心;具有学习 X 的选项意味着也具有**不**学习 X 的选项。

鉴于公众无知的泛滥(第一章),许多公民正在行使他们的不知情选项。昂加尔将公众无知称为"一个未被认识到的社会问题"。事实上,他认为这种情况已经变得如此极端,以至于"被观察到的公众知识包——而不是无知——都是例外的,它们需要具体的解释"。[10]令人担忧的是,这种"无知的暗潮"减少了公共生活和言论,削弱了私人生活和社会互动,并在公共政策中为所有人带来危险。

我认为这种广泛的个人无知,无论是政治、历史、数学、科学方面的,还是其他方面的,都被判定为应受谴责的无知,这是由多种因素造成的:(1)任何公民都有许多机会获取知识;(2)学习并不难;(3)知识在我们日常生活中在功能上非常重要,是我们文化的基础;(4)因此,其他人会正确期待并依赖于应该成为"常识"的知识。公众无知的借口是什么?是什么原因造成的?

"不称职的教学"是一个很常见的解释,一被追问,那么又随口改成"智识懒惰"。尽管每种情况都不少见,但当这种现象如此普遍时,指责个体似乎是错误的。在大规模的文化力量或者我们社会制度的各个方面中,都可能找到更合适的解释。

一种防御性的回应是,对公众无知的调查涵盖了对当今社会不太感兴趣的人(尤其是大学生),他们经常是这些调查和报告的目标。有人可能会说,今天的大学生可能会不知道调查中询问的信息,但是他们现在掌握了其他事物的精致知识。也许吧,但人们关注的问题是**功能性知识缺陷**,以及它不可避免的蕴涵(某些知识比其他知识更加重要)。因此,当我们看到一段在公立大学拍摄的热门视频时[11],其中大多数被采访者不知道谁赢得了"美国内战"(有些人甚至不能说出交战双方的名字),但他们却知道电视真人秀明星的细节。公众无知只不过是"旧知识"让位于新知识这种说法站不住脚——与其说是辩护,不如说是指责。

对于公众无知,有一种更深思熟虑的回应,即聚焦于知识爆炸的影响以及我们获取知识的途径。无知在与日俱增——对我们所有人而言。由于海量信息和知识膨胀,任何一个个体所知道的知识占可得知识总量的比例都在急剧减少。知识不仅在爆炸,而且正在演变成为高度专业化的形式。随着我们走上各自独立的、专业化的道路,个人知识地图的重叠会越来越少。专业职业、学术职业和技术职业皆需要专业化知识。非专业人士很难进入这些话语领域。事实上,专家们为了在自己的领域里不掉队需要付出巨大的努力,这种压力下出现了由更易管理的领域组成的更窄的子专业。专门术语激增。随着语言成为跨学科交流的障碍,专业之间的沟通变得更加困难;被行话所迷惑的公众变得对此不感兴趣。此外,更复杂的世界对功能性知识的要求更高。为了应对这种情况,我们越来越依赖于昂加尔所说的"预先消化的知识包"——小结、摘要、简介、图注、标题,以及承诺"关于 X 你需要知道的五件事"的文章。此外,基于偏好的信息传递也有助于减少常识(下一章的主题)。

除了专业化之外,还有技术的影响,它让我们能够立即访问巨大的信息库;一个后果是重视浏览知识,胜过对知识的消化。如果需要的话,可以很容易查到你的政治代表,为什么要知道他们的名字呢?既然你可以查到任何东西,为什么还要记住宪法的规定呢?此种逻辑可以推演为:除了"查询"的技能,为什么要学习其他东西?昂加尔的观察深入肯綮:"信息不再是一种稀缺资源,注意力和兴趣才是。"[12]

但是,浏览并不是学习。信息真正消化为知识需要注意力和兴趣,这会影响到认识者(knower)。它在学习者的头脑中创建信息网络、概念联系、认知框架,以及扩展的道德、智识和艺术想象力。精神生活的这些方面改变了我们对这个世界作出言行和回应的方式,还可能影响我们选择"检索"的其他知识。归根结底,浏览信息只有在选择和应用信息的情报方面才有价值。

信息灵通公民的民主理想,乃以"常识"概念为前提。但是在今天的实践中,似乎不可能就基本公众知识必须包含的内容达成共识。善意的本质主义者提出的"每一个美国人都应知必知"的清单,被广泛而正确地批评为保守、偏见、怪异和霸权主义。然而,在对公众知识的期望没有共识之处,也就不会有公众无知的哪些方面应受谴责的共识。

即使人类无知的指数增长是知识进步不可避免的副产品,我们也无须屈从于应受谴责的公众无知的并行增长。但是我们不能仅仅指望开明的媒体或更多的教育来解决这个问题——至少不能依靠先进的、商品化的、专业化的教育。通识教育就是为解决这个问题而设计的,我在其他地方指出过它的很多优点;[13]但不幸的是,通识教育现在面临着我在这里所描述的同样的社会压力:专业越来越专业化、学习广度越来越低、对知识和技能的评估方法越来越短期和功利主义,以及缺乏对预期知识的共识。昂加尔认为,遗憾的是,公众无知的问题不是一个"市场化的问题"。[14]他的理由是没有清晰可辨别的受害者阶级能够组织和推动改革。我想补充一点,当这个问题被发现时,最常见的下意识反应是责怪学校教育和归咎于愚昧。

我们所能绘制的大部分无知在原则和实践中都是可消除的无知。本章重点讨论了简单无知的开放边界,其中唯一的障碍是学习任务中涉及的障碍。正如我所指出的,态度和能力决定了我们对学习的兴趣,稍后我还会考虑关于知识的其他因素,诸如欲望、需求、权利、义务等(第七章)。然而,简单无知不是建构的、蓄意的、故意保留的;它是自然的,因为它是"被发现"的,而且通常不难克服。我们承认它是已知的未知,但只是默许:我们既不决定维持无知,也不去消除无知,它在我们的意识中就黯然失色了。现在我们转向人为的无知(artificial ignorance),转向我们主动选择(甚至是建构)无知的方式。

第六章

被建构的无知

想要被愚弄，要么相信不真实，要么拒绝相信真实。

——索伦·克尔凯郭尔（Søren Kierkegaard）

亚里士多德在关于"第一哲学"论著的开篇就说："所有人天生都渴望知道。"[1] 在亚里士多德看来，这种欲望根植于我们的生理特性，根植于我们的感官系统和认知能力中的愉悦感。这是一个有用的愿望：知识是有利的。从进化的角度来看，我们会说知识具有生存价值。很明显，将知识能力与强烈的学习欲望结合在一起是有优势的：理解意味着，正确的反应不需要依赖运气。相反，无知和抗拒知识是不适应环境的性状；一般来说，每一项都是严重的责任，在某些情况下，甚至是致命的。

因此，试图扩大我们知识的边界是很自然的，也是值得的。无知可能是故意的，我们可能选择构建无知，这种想法至少看起来很奇怪，最多是对我们自然的认知欲望和快乐的扭曲。然而，正如我前面所观察到的，边界对于地形来说可能是自然的，也可能是人为的；这对于知识和无知之间的边界亦成立。正如我或我的邻居可以竖起一堵墙来划定我的财产边界，我的无知也可以通过我自己的刻意建构或他人的工作来屏蔽。

我一般将有意无知（intentional ignorance）称为 nescience（无知）。与我们尚未知道的东西不同，与我们永远不可能知道的东西不同，有意无知指的是我们或别人**决定**我们不知道的东西。我将确认五种主要的有意无知形式，它们由促使人们决定设置边界障碍的因素区分开来。它们是：**理性无知**、**战略无知**、**固执无知**、**保密**和**禁知**。[2] 下面将依次考查每一种形式。最后，我们将考虑无知如何无意中被构建出来。

理性无知

理性无知（rational ignorance）也许是最容易描述的。有些时候，当我或多或少有意识地决定某些事情不值得知道——至少对我来说，至少现在不值得。我在书店的书架上浏览，挑选一本厚厚的书，仔细阅读，然后把它放回去。你看到必须在安装软件前同意冗长的、精细印刷的法律政策声明，但还是决定没有阅读就点击"同意"。求知欲强的学生发现很难在现有的课程中进行选择时，就会首先排除某些科目。把重点放在经济方面（理性无知概念起源的领域）：有时我们认为对学习 X 的投资大于知道 X 的好处。在这种情况下，合理的决定是放弃学习，决定不知道。我们选择保留的无知叫作"理性"无知。[3] 这种判断通常基于比较：学习 Y 比学习 X 更好。关键因素是，个人对学习的判断是基于学习的感知成本和知道的感知益处。

这种狭隘的功利主义表述忽略了为学习而学习的可能性，忽略了知识的内在价值。它把知识商品化了，就好像学习是市场上的一种简单交换。但是，此种人类状况使得认知选择不可避免：在一个刚性范围内，依靠不同能力，我们追求兴趣、目标和计划。当感觉不到时间紧迫时,我们似乎完全可以选择知道什么;但在时间紧迫的情况下,我们会意识到选择知道什么就是默认选择不知道什么。一个年轻人可能会快乐地期待着一生的阅读,在阅读中似乎有无穷无尽的可能性;但苛刻的责任或岁月的重负可能会导致即使是狂热的读者也会选择性阅读。我计算过,如果一个人每天阅读并吸收一本书,坚持80年——这是一个外在的极限——他就会吸收29 220本书。令人印象深刻,但这只占美国**一年**出版书籍的一小部分(目前约为1/10),更不用说其他国家或所有的期刊、报纸、杂志、博客、报告和多种语言其他各种形式的已知出版物。从哪里开始呢?

随着可得知识在我们周围迅速涌现,对于个人和社会来说,理性无知的选择越来越多。在一个"以知识为基础"的社会里,求知的压力和决定什么值得知道的困难俱增。尽管我们会通过自以为总是可以在以后的某个时间点"拾取"知识来缓和这个困境,但在大多数情况下,我们不是仅仅决定现在要学习什么,或者以后某个时间或无论什么时候我们有时间时要学习什么,而是正在决定什么是我们**永远不**学的。我们选择了理性无知。

因此,知道如何明智做出这样的决定,是一项越来越有价值的个人技能。[4] 它需要判断力,因为这样的选择不是明确的。通常,一个人不能真正理解他拒绝的是什么、知道它则意味着什么,或者忽视它会带来什么责任。也许,我选择不读的那本书会带来改变。也许有一天,你会后悔没有阅读软件的用户协议。就像对其他活动的选择,这些选择从不是孤立做出的,它们是与我们时间的其他用途还有其他的潜在知识相比较后而做出的。

通常情况下,选择是自主的,仅由个人为自己做出:我可能认为知道花园里所有植物的拉丁名会很有趣,但很快就决定不值得花时间和精力去学习这些信息。我受邀参加一个研讨会,学习我办公室语音邮件系统的所有功能——但很快就想到:"我有更重要的事情要做。"这些都是个人的选择。然而,有时理性无知的决定是由一方为另一方(个人或群体)做出的。想想这个例子:学区官员决定他们的学生不再需要学习草书。同样,判断是必要的,理性无知会产生意想不到的后果:也许从未学过草书的学生在没有补习训练的情况下将无法阅读某些历史文献。[5]

"理性"这个词很少是纯粹描述性的;它通常具有规范性力量。这种模棱两可也存在于"理性无知"中。描述性的含义包括我们可能错误或轻率地选择无知的可能性;规范性意味着我们有一个似是而非的理由。我们需要此概念这两种含义。尽管会拒绝对知识狭隘的成本收益解释,但不可避免,我们必须选择绕过一些学习机会。这样的选择应该明智地做出。当学习被认为是一种可行选项,简单的已发现无知就变成了有意的理性无知。

战略无知

战略无知(strategic ignorance)也就是算计无知,但在这种情况下,意图在于利用无知作为一种优势。(更准确的说法是**战术无知**,因为它通常是为了实现更大的目标或目的而采取的一种策略——但这个术语现在已经嵌入了文献中。)在某些情况下,一个人不知道一些事情是有利的,使无知成为资产而不是负债。例如,一名官员如果对一件有问题的内部办公室事务一无所知,就可以"推诿"此事,而且可能宁愿这样做,也不愿被牵连。刑事律师告诉自己的当事人,"我不想知道是不是你干的",旨在试图为辩方保留最大的回旋余地(也许也是为了避免伪证的教唆)。这些都是知识屏障的战略用途。

在这种情况下,驱动反应的是对知道责任的回避;它是对未来借口的保留，就像把一张"免入狱"卡装进口袋。在第四章，我质疑试图保护自己的清白是否有美德；同样的道德问题也适用于寻求避免道德责任情况的策略。因此，有人可能会怀疑，这种故意制造开脱罪责机会的行为本身是否在道德上应受谴责。但在许多法律和政策体系中，它并不违法或违纪，从专业角度来说，这可能是精明的，甚至是明智的。战略无知不是一种性格特征，也不是认知恐惧症；它是情景性和预见性的，针对的是在特定语境中知悉某事的问题。然而，即使从案例层面来看，典型案例似乎确实涉及"玩弄体制"，因为出于战略原因选择无知的人往往对被拒信息的内容有更多了解。[6]

然而，还有其他类型的战略无知的案例，在道德上是可接受的。假设我想升职，我的同事趁我不在场的时候必须考虑我的资格；之后，一个饶舌的朋友主动告诉我。意识到无论如何这些人都将是我的同事，我可能宁愿不知道谁说了什么，相信这可能会影响我们的互动；因此，我可能会断然拒绝朋友提供的有趣内幕消息，以战略无知来保护同僚关系。或者，换个不那么复杂的情况：我不想看任何悬疑惊悚小说的评述，即使是封底的宣传语；我宁愿在完全不知道情节的情况下开始阅读，以确保我的预见不足在之后带来最大冲击。这两个例子都将无知视为一种资产，即一种实现或保护更大目标的战术优势。这里的动机不是逃避责任，而是分别保持一种舒适的共同协作和防止破坏性的搅局者。

在标志性的形象中，正义女神是被蒙住眼睛的，而不是盲目的。这表明，她的无知不是负担，而是策略。自古以来，人们就用战略无知来促进公平和公正的结果。法官和陪审团免于知晓可能导致偏见判断的细节。罗尔斯的"无知之幕"* 正是为了这个目的，在选择社会原则（公正的原则）时被策略性地运用。我们可以把这个概念与它同样值

---

*《正义论》第三章，第24节，即为"无知之幕"。——译者

得尊敬的反面对立起来：公平需要战略无知还是全知全识？《圣经》中的审判神是无所不知的："主啊，我舌头上还没有一句话，你就全知道了。"[7] 各种各样的哲学家，为了寻求一种非神论的道德，发展出了"公正的旁观者"或"理想的观察者"这样的上帝替代品，他们拥有所有的相关知识，即被认为是做出客观、明智判断的必要条件。[8]

这些对立的概念，反映了人类现实与理想规划之间的差距。正如《诗篇》所说："这样的知识奇妙，是我不能测的；至高，是我不能及的。"[9] 由于没有人能无所不知，甚至不能保证拥有与案件相关的全部知识，因此就需要一种策略：消除偏见和防止偏见是至关重要的，而保证对细节的无知是一种有效的策略。[10] 这不是一个直截了当的问题：为了确保公平审判，哪些信息应该对陪审团保密是一个激烈的争论；为了明智量刑，法官可以通过判刑前的调查来了解细节；许多调查小组希望自己确定信息的相关性。隐瞒重要事实很容易造成失误和不公。

因此，保持无知既是维护推诿和清白、保持选项开放、避免责任又确保公平公正决断的策略。将所有这些案例与理性无知和其他形式无知区分开来的是利用无知获取利益的策略，即采取我们称之为"预先无知"的行动的决定。

固执无知

固执无知（willful ignorance）是一个更复杂的问题。尽管所有五种类型的有意无知都是有意图的，因此在某种意义上是"故意的"，但这种变体通常强调意志的作用，以保持一个人对特定主题的无知，而不是算计理性。总的来说，这不是懒惰或厌学的问题。当一个人不顾某个话题的重要性，固执地忽视它，甚至拒绝获悉或吸收与之相关的事实，就被称为"固执无知"。这个概念在两个维度上可变：(1) 某人保持无知意愿的觉知或果断程度;(2)某人对某个主题和对其获悉的消极反应的强度,从自满回避到拒绝和敌意。随着这些因素增加,保持无知需要更强的意志,需要更大的精神努力或心理能量,并产生恶语相向。在果断和抗拒都很强烈的情况下,通常涉及对真相的恐惧。获悉真相困难;接受真理则更加困难。[11]最好还是不去知悉。

　　固执无知的一个典型例子是妻子忽视暗示丈夫不忠的迹象和传言。但在这种情况下,有许多非常微妙的可能性。由于种种原因,妻子可能选择完全自知地忽略她丈夫的任性。或者,妻子可能既没有意识到这些迹象,也没有意识到她由此导致的态度。也许它们是被压抑的或潜意识的,但仍然有效。此外,妻子或许很清楚可能存在的不忠,但选择避免调查情况;或者,她可能强烈抵制了解配偶的不忠行为,对潜在的告密者充满敌意,因为知悉真相可能会"毁掉一切"。在所有这些心理上的细微差别中,妻子表现出固执无知。

　　这些微妙之处指向了这个概念复杂性的另一个方面:在许多情况下,固执无知就是**自我欺骗**。妻子可能在欺骗自己——关于她所知道的,关于她所希望的,或者关于她如何回应。在各种类型的无知中,只有固执无知将对**某件事的无知**与**忽视那件事**联系起来。正如我前面提到的,**忽视 X** 似乎是矛盾的,因为这意味着一个人对 X 有足够的了解,所以才会去**忽视**它。忽视就是拒绝关注,[12]自我欺骗显而易见是**初步证据**(prima facie),它涉及自我的两种分化:一种是有意识的自我(欺骗的自我),另一种是无意识的自我(被欺骗的自我)。我们不能停下来考查这些问题——它们已经产生了迷人的文学——但我们可以观察到,自我欺骗和否认也需要精神能量。如果意志将行使,即使在真正缺知少识的固执无知的中心案例里,它也指向一个特定的主题或认知对象,而这至少需要一个最低水平的觉知,否则为什么不去知悉的意志会指向那个话题?

不仅个人,大群体也会固执无知,他们的抵制往往反映出偏见、成见、特权或意识形态承诺。例如,种族主义和仇外心理可由目标群体成员的固执无知所刻画和维持。哲学家查尔斯·米尔斯(Charles Mills)考察了种族无知的来源,他认为:"白人的无知之所以能在这么多年里泛滥,是因为白人无知认识论保护了它,使其免受醒悟起来的黑人或有色人种的危险,保护了那些出于'种族'原因而不需要知情的人。"[13] 同样,一些主要宗教的原教旨主义者也拒绝获得对同性恋者和变性者的准确描述。一个自立的人可能会坚持用粗糙的刻板印象来贬低无家可归者,但会忽视那些提供信息的条款。那些认为自己数学能力不强的学生会抵制定量学习,而定量学习实际上是他们力所能及的。科技恐惧症患者甚至可能拒绝尝试学习如何操作普通设备。当然,固执无知对教师来说是一个严重的问题,他们在课堂上遇到的无知是对学习的积极抵制。哲学家洛格写道:"重新评估无知为既不是简单也不是无辜的缺乏知识,而是心理和社会后果的积极力量,可能会帮助我们适应在处理教育环境中'困难的'主题(像种族歧视、性别歧视或异性恋者对同性恋者的歧视)时常常遇到的阻力。"[14]

固执无知的人更喜欢重复假知,甚至把其无知当作徽章佩戴,而不是接受令人不安的真相。他们会抵制与其偏见相矛盾的信息,疯狂怀疑证据,拒绝知悉的尝试——即使在某种程度上,他们会怀疑自己是错的。我们说他们"头脑封闭"。

在我看来,恐惧似乎是比偏见或成见更深层的动力;即使其他因素不存在,恐惧也是活跃的。想想一位母亲,她对儿子服兵役非常不安,儿子还在服役期间,她拒绝讨论这个话题,拒绝关于他的任务和经历的所有信息。除了想知道他还活着,她保持固执无知。这不是偏见或成见,而是恐惧在起作用。或者,想象一位父亲有一个十几岁的任性女儿,关于她的活动、她的朋友,甚至她的下落,他皆固执无知。同样,这不是偏见或假知的问题，但它仍然不是正面情绪：它或许也是出于恐惧，尽管这肯定是放弃了父母责任的行为。"把头埋在沙子里"是固执无知态度的陈词滥调。

固执无知在作家中成为热门话题，因为它似乎在社会上很时髦。也许信息的惊人易得性让人们对重要事情的无知显得更有可能是故意的：**他怎么会不知道呢？** 但毫无疑问，我们正目睹一股应受谴责的固执无知浪潮在政治领导人和公民中蔓延。种种表现如下：对意识形态的狂热承诺，对假知和口号的咒语式排练，对挑战信念的证据的抵制，缺乏头脑开放的好奇心，对那些提出不同主张的人的公然敌意，皆往往倾向于个人虐待。令人担忧的迹象是，一种更为激进的认识论正在发展，在这种认识论中，数据、事实、知识和真理本身都被打折扣，取而代之的是狂热的主张、符合舒适的意识形态，以及相信自己选择任何信仰的权利。老练而率直的法兰克福把这种对真理不感兴趣的修辞废话称为"扯淡"。*[15]那些认为反复宣扬强势主张就像说出真相一样好的人，甚至比固执无知或头脑封闭的人更难理喻，后者至少仍然支持主张真理。真正矛盾的认知刺激只发生在尊重真理的人身上。其他人公开表示不担心矛盾；例如，他们可以随意摒弃科学知识，同时拥抱科学知识所基于的技术。

固执无知的概念被消极载入以下方面：不是出于"理性"或战略考虑；对知识的自满或敌意；对其根源的偏见、成见和恐惧的分析。如果从它在当代话语和学术报道中的使用来判断，它是一种带有伦理意义的认知渎职，是一种个人和公众的认知劣性。我将在接下来的两章讨论一些伦理蕴涵，但首先我们应该考虑是否有任何可辩护的固执无知

---

*参看《论扯淡》(*On Bullshit*)，法兰克福著，南方朔译，译林出版社2008年版。——译者

的例子。我认为答案是肯定的。一种情况是故意忽视创伤事件的细节以避免加深创伤并允许治疗。假设一场可怕的悲剧发生了,所爱的人失去了生命,这个事件被拍成电影。固执无知——拒绝看电影,不去听所爱的人身体受损的细节,不去跟踪调查事件的确切原因——也许是合理的。悲伤治疗师会推荐它作为治疗手段,甚至必不可少,来应对这样的悲剧。

不过,我想在这一点上保持谨慎。建议接受固执无知会造成非常严重的后果。当前关于学生"触发因素"的争论——提前通知作业中可能令人不安的内容、主题或经历——始于诸多可辩护的案例:被强奸的人可能需要得到警告的保护,因为一个特别生动和可怕的强奸场景包括在规定的阅读或观看中,因此可以免除作业或给予另一种选择;或者,道德素食者和那些反胃的人应该被提前警告一下,屠宰场的场景会出现在动物权利课上的电影中。但是,如果建立了这样一种触发因素的权利体系,后果就会变得棘手,因为:(1)学生必须在不知情的情况下判断课程内容的影响;(2)教师必须在不知情的情况下判断学生潜在的创伤和苦恼的可能性;(3)相关创伤的范围无法界定(被狗咬过算不算?)。此外,固执无知的人往往高估了它的好处。悲伤治疗师在上面的例子中很可能会告诫说,虽然沉湎于事故的细节、反复观看电影等行为是不健康的,但在某些时候,接受和疗愈的过程可能就是放下讨论悲剧事件的心理障碍。即使固执无知作为治疗是正当的,它的价值也往往是暂时的。

隐私和保密

文化承认**隐私**圈;许多文化把隐私提升到一种权利的地位。我们需要一个安全的空间,在这个空间里,我们的思想、计划和行动可以在没有他人的即刻监督和判断的情况下形成和审查。个人、家庭、公司和其他实体会要求保护隐私。它是发展亲密关系所必需的,也是情侣所追求的。我把**亲密**定义为随着时间的推移相互完全的自我表露。如果在进行过程中完全公开的话,这样展现自我是不可能的。事实上,形成身份可能需要一个隐私圈。[16]

隐私域建立了他人不应试图跨越的认知边界。因此,主张一个隐私圈就是让那些处于圈外之人浑然不知。严格地说,隐私并不总是有意无知,因为它不一定是有意图或被追求,但当它受到肯定或积极保护时,就变得如此。**机密**亦然,它源于隐私。当与某些专业人士或其他知己分享私人事务时,应给予保密,与隐私一样得到保证、确认和保护。圈外之人"无权"了解私密或机密信息,被禁止采取直接行动泄露;他们应该满足于自己的默然无知。通常情况下,只有受保护信息的相关主体才有权披露这些信息。如果圈内某人泄露了这些事情,这将是一种违规,即对认知信任的背叛。

当然,可能会有公共利益问题来证明这样的违规是合理的。**检举**(whistle-blowing)和向当局报告的各种形式就是例子,许多此类披露行为并非可选的:它们在法律上(如果不是道德上)是必需的。法庭可以传唤私密或机密文件,并强迫提供证词(尽管职业机密对于特定的关系受到认可)。因此,跨界是其隐私受到威胁的个人,而不是与他人共享信息的人的选择。尽管如此,在合法授权下,通常被禁止的披露会成为强制性的。

保密(secrecy)不同于隐私。保密指的是有目的地不让他人知晓,它强加无知,而不假设保密的内容是正当的私人利益,不属于公共利益。例如,某人可以进行秘密的条约谈判,或者秘密藏匿从银行抢劫中盗取的钱。虽然隐私有相当普遍的无知目标(即所有其他个人),但是保密往往有更具体的目标:一个男孩可能对他的母亲隐瞒一些秘密,尽管他告诉了朋友;雇员可能对雇主隐瞒自己的健康问题,尽管家人和朋友都知道。当然,目标可能如广大公众一样宽泛,就像秘密条约谈判中的情形。一个人可以分享秘密,但这种建立起来的认知纽带与那些在隐私、亲密或机密圈内建立起来的认知纽带有微妙的不同;主要的区别在于,那些不知情的人实际上可能有知悉秘密的正当利益。[17]在知情权问题上的分歧引发了青少年和父母之间、政客和记者之间的许多争论:争论的焦点往往是这件事是否属于隐私、机密或保密。

当个体非常努力地保护其隐私,特别是关于他生活中微不足道的方面时,他人确实会将其视为一种保密形式。有的人在他的财产周围竖起高墙,拒绝正常的公共交往,回避所有关于家庭生活和背景的谈论,必然会引起他人的保密感。

最简单的保密方法是隐瞒信息:员工只会把自己想要离开公司的信息留给自己;她公开谈论她参加大会的事,但没有提到她在那里接触的人。但是,由于隐瞒信息本身并非万无一失,她觉得有必要采取具体步骤确保保密;她可能会采取**隐瞒**的手段——隐藏那封别处工作的录用函,或者销毁最近几次面试的证据。隐瞒的方法和手段会变得相当巧妙(想想隐形轰炸机),但其效果只是对他人隐藏信息。另一种更狡猾的技巧是**欺骗**。误导的意图可以通过口头(**撒谎**)、定量(靠统计或图形误报)、视觉(靠图像篡改)以及其他方式实现。并非所有的保密或隐瞒都包含欺骗,但所有的欺骗都衍推秘密。

保密办法利用了知情者和不知情者(在这种情况下,指那些被故意剥夺知识的人)之间的权力差异。压制性政府通过建立广泛的保密区来利用这种权力,保密区采用隐瞒、隐匿和欺骗等保护性措施。大约十年前,我访问了位于爱沙尼亚塔尔图的塔尔图大学。我被告知,在爱沙尼亚隶属于苏联的四十年里,没有出版过这座城市的地图,任何零散的外国客人都被禁止在这座城市过夜。采取这些措施的原因是附近有一个具有战略意义的苏联空军基地。塔尔图大学作为北欧最古老的大学之一，有着相当出名的历史，并拥有17世纪到19世纪惊人庞大、丰富和罕见的图书馆收藏。（它的图书管理员曾两次英勇地保护这些藏书，不顾克里姆林宫的敕令。）但由于整整一代的外人从未自由进入图书馆，几乎没有外部学者现在意识到这家图书馆惊人的宝库包含：罕见的古籍、地理大发现以来的初版图书、早期的科学期刊、康德的死亡面具，甚至是托马斯·杰斐逊（Thomas Jefferson）手写的晚餐邀请函。这只不过是一个建构边界的显著例子，一个使世界其余的人处于无知之中的保密区。[18]

甚至整个行业都可能压制研究，制造怀疑或不确定，并强加公众无知。几十年来，众所周知，烟草业助长了对吸烟后果的公众无知区。当这一障碍开始被打破时，烟草业把对知识的压制同传播错误信息的造势结合。旨在希望，对真相的混淆可以防止人们知悉隐藏的真相。[19]软饮料行业现在也因同样的策略而受到指责。[20]

认知共同体的运作基于信任的前提，信任反映了人类交流的基本假设：所言的是真实的，或者至少真诚可信。在充满保密的环境中，信任逐渐受到侵蚀。无论在什么地方强加无知，自由就会被有效削弱；不知情或误知情的行为体无法在完全觉知的情况下思考或行动。散布胡扯或错误信息，煽动怀疑，不仅失礼和误导，而且在公众中引发愤世嫉俗。在政治话语、网络帖子和营销广告中，公众知识的源泉不断受到毒害，这无疑是当代无知文化的一个因素。

这并不是要谴责所有的秘密：善意的保密是必要的，因为它可以带来惊喜，可以用于各种牌局，也可以保护有价值的东西。但我重申希赛拉·博克（Sissela Bok）的忠告：我们应该警惕依赖保密的危险，警惕出于家长式的动机使用它，并应该寻求扩大我们的言论、行动和政策的透明度。[21]

禁知

禁知是有意无知的最后和最戏剧性的形式。它是在无知的边界上建造一个屏障,封闭一个标有"禁止"的区域!跨越这个边界将是一种罪过,一种侵犯,一种危险,一种羞耻或狂妄的知晓。《创世记》中的上帝在伊甸园中画了这样一个界限——实际上是两次,算上生命树,那里的警告信号是一个手持火焰剑的天使。但是,禁区的创建在所有文化中都很普遍,在历史上也反复出现。禁忌、审查制度、对研究的系统性压制、梵蒂冈的《禁书目录》(*Index Librorum Prohibitorum*)——所有这些都建立了禁知的形式,即(这是一回事)**要求无知**。

被禁者的概念意味着一种权威或权力,它画出、制裁并可能强制执行边界。宗教和政府当局当然是设定此种边界的诸多命令、敕令和法律的最常见来源。他们的声明在文化中得到了贯彻,教育工作者被要求确保课程中没有勒令禁止的内容。正当的理由——在这种被提供的情况下——在于被禁止的东西是令人厌恶、污秽、危险或即刻有害的。

在西方文化中,性学是一个明显、重要的例子。认为性是可耻的,那种观点导致了几百年的外加无知(imposed ignorance)。性反应,甚至是性解剖学和性生理学——尤其是女性性学——的知识,是长期被禁止的。例如,讨论手淫或描述女性生殖器的医学文本,其错谬直到20世纪都令人震惊、非常可笑且可悲。[22] 同性恋被谴责为变态,甚至研究它都被禁止,这对少数敢于冒险者来说颇有风险;对它的引用必须拐弯抹角和委婉。娈童这样的话题,甚至更加危险。1873年,约翰·阿丁顿·西蒙兹(John Addington Symonds)写了对在古典时期同性恋和娈童的研究那部勇敢的先驱性著作,书名隐晦成《论希腊伦理中的问题》(*On a Problem in Greek Ethics*)。他尽力强化得体,把副标题写成:对性反转现象的探究,特别针对医学心理学家和法学家(*Being an Inquiry into the Phenomenon of Sexual Inversion, Addressed Especially to Medical Psychologists and Jurists*)。[23]他想要删除任何淫乱的气息。此外,他等了10年才印刷他私下传阅的十份副本;又过了3年才匿名出版。关于卖淫和情色的研究,同样的勇敢(如果需要矫饰)处理是必需的。

许多试图研究性学和其他被禁话题的科学家和学者,都面临着通过谈判穿过边境进入禁区的安全通道的问题。科学史上的多部经典著作皆展示了作者的策略:对杰出赞助人的感激和献词;对宗教信仰的虔诚宣讲和对soli Deo Gloria("只为上帝的荣耀")工作的赞颂;使用掩饰手段和委婉说法;煞费苦心表现一种夸张的职业精神。当这些技巧看起来都有风险时,作者会使用笔名、晦涩的文字,或者秘密印刷(为了对抗当局而使用保密)。[24]今天的研究人员仍然需要特殊的学术保护来研究某些主题,如性反应、性工作者、儿童色情或迷幻药物。

所有这些做法都构成并规范了无知。这些形式的禁知是由各种各样的动机(从家长式的仁慈到恶意的自我扩张)建立的。例如,审查者的动机可能是深切关注那些被拒绝浏览的人,或者是出于操纵性的自我保护。审查制度显示了知识(审查者推定自己比公众知道得更多,知道被认定不适合他人阅读的内容)和权力(假设保密或禁止有效)的不对称。如果一个人接受了禁知代理人的权威,这个判断就会内化为自己的判断。有时结果是,一个无知区被忽视了几年,甚至几个世纪;但在其他时候,将其定为"禁止"的行为本身就会激起人们的好奇心,促使人们偷越边境,窥取有关被禁的知识或经验。"禁书"反而使图书销量大增。

在一些禁知的案例中,很难确定是哪个权威设置了障碍。禁区只是作为文化风气的一部分而演变,仅仅由社会习惯强制执行,就好像是通过某种默契——更多是置若罔闻而不是明令禁止。例如,在西方,关于替代医学实践的知识,技术创新的某些思路的研究,许多非驯养动物的肉类食谱——皆未被正式禁止,但由于社会习惯和企业惯例,这些知识受到阻止和忽视。

举个良性的例子:大多数美国人对番荔枝知之甚少或一无所知。它也被称为"奶油冻苹果"或"冰激凌果",是一种落叶小乔木(毛叶番荔枝)的果实。马克·吐温(Mark Twain)描述番荔枝为"人类所知的最美味的水果"[25]时,据说表达了许多权威人士的观点。尽管这种水果长期生长在安第斯山脉和中美洲,如今在世界各地——甚至在南加州——都广泛种植,但普遍的无知仍在继续。它仍然是一个未知物;如果当地的杂货店进货,很少有消费者会知道如何挑选或如何食用。番荔枝等待着公司的欢迎和市场营销,就像把菠萝、香蕉和其他"外来水果"介绍给美国本土的民众一样。

还有一些更罕见的案例,一个群体宣布应用于自身的禁知区,这些是反对探究的禁地。我们称这些案例为**契约无知**(contractual ignorance)。我想到的这种情况发生在生物研究领域:在1975年6月的阿西洛马会议上,生物科学家和其他人达成了一项有影响力的协议,对重组DNA研究施加了限制。这个例子值得注意,因为它是一个罕见的例子,科学家共同体为自己宣布一个**禁探究区**,并为可接受的研究建立规程。他们所预见的危险是创生或释放一种致命的、无法控制的病毒或其他有机体的可能性——无论是出于意外还是恶意。[26]基因工程的前景引起了公众甚至此研究共同体内的类似担忧。最近,CRISPR[一种操纵任何生物体(包括人类)生殖系的廉价、方便的方法*]的发展和传播,引

---

* 俗称"基因剪刀"。两名女科学家[埃玛纽埃勒·沙尔庞捷(Emmanuelle Charpentier)、珍妮弗·道德纳(Jennifer Doudna)]因CRISPR/Cas9基因组编辑技术方面的贡献获2020年诺贝尔化学奖。——译者

起了"另一种阿西洛马"的呼吁。[27]

人工智能和虚拟现实技术的发展也引发了同样的担忧——尽管还没有达成明确的、有影响力的阿西洛马型协议。太阳微系统(Sun Microsystems)公司的创始人兼发明家比尔·乔伊(Bill Joy)被称为"互联网的爱迪生",他于2000年在《连线》(Wired)杂志上发表了一篇题为《为什么未来不需要我们》(Why the Future Doesn't Need Us)的文章。[28]在文章中,他对技术发展对未来的影响,特别是在机器人学、人工智能和人类寿命的急剧延长方面,表达了深刻的保留意见。他甚至引用了梭罗(Thoreau)的话:"我们的富裕程度与我们能舍弃之物的数量成正比。"[29]他的结论是:"我们现在必须在通过科学技术追求不受限制、不受定向的增长和随之而来的明显危险之间做出抉择。"[30]到目前为止,他所呼吁的建立一个"**禁探究区**",即对技术发展进行达成一致的限制,一直未获成功——尽管像斯蒂芬·霍金(Stephen Hawking)这样的科学家已经警告过日益智能的机器人对人类构成的危险。

知识不受约束时,自然倾向于应用。创造的诱惑——即使只是为了确认自己的知识——会使这种知识变得危险。就像阿西洛马会议对重组DNA的担忧一样,引发科学界对契约无知呼吁的状况不仅是对有害后果的担忧;人们还担心的是,会创造一个超出人类控制的**自我复制**的恶性循环。难怪人人都引用被禁者的神话和揭示的悲剧:潘多拉的盒子。

令行禁止可以用来维持保密,而不仅仅是防止罪恶和危险;但并非所有的禁知都涉及保密。阿西洛马宣言是公开的,它禁止某些形式的研究。(然而,任何违抗协议并进行被禁研究的人,都可能会保守秘密。)在保密情况下,某人(或某团体)已经掌握了知识;但有时被禁内容甚至连禁止它的人都不知道。

不经意构建无知

有意无知需要有意建构无知,但也有可能无意图建构无知,或带着模糊的觉知,或只带着事后的觉知。当无知作为有意行为的意外副产品而产生时,就会发生这种情况。今天,追求自己的喜好可能成为这样一个过程,这是相当大的公众无知的根源。

若你生活在一个开放且有丰富选项的幸运环境中,根据你的资源,在广泛的选择中表达你的偏好是很自然的。你可以购买喜欢的产品,听喜欢的音乐,从事喜欢的活动,与喜欢的团体交往,观看喜欢的节目。你的选择习惯形成了"生活方式"。这种人类社会行为模式并不新鲜。然而,发生变化的是两个因素:(1)可行选项的范围大大扩大——有更多的产品、节目和其他可供消费、投资和享受的可能性;(2)我们开发出一种技术,可以识别并提供基于偏好的选项——确定并呈现任何符合你的选择模式的选项,并淘汰不符合的选项。总之,这些发展让我们过上了"偏好的"生活,**只体验自己喜欢的东西,忽略其他一切**。在没有直接意图的情况下,竖起了认知屏障。我们成了**自我强化的**无知(我们与志趣相投的同伴轻松分享的一种无知)洞穴里的囚徒。

如今,在线零售商根据我们过去的购物行为来推销"推荐"商品。我们方便地使用预设按钮和"收藏夹"栏找到"个人位置"。个人可能会习惯于那些新闻直销店——Fox(福克斯新闻)或 MSNBC(微软全国有线广播电视公司)、《纽约时报》(*New York Times*)或《华尔街日报》(*Wall Street Journal*),让它们反映出自己对世界的个人观点。当我们将这些技术辅助添加到诸如封闭式社区、专属俱乐部、专业协会等物理控制中时,会彻底控制我们的认知输入。我们筛选,对凡是没有通过已选经验学习的东西视而不见。我们驱逐他者。

偏好驱动技术（preference-driven technology）创造了一个认知舒适区，但从认知视角来看，它是一个建构用来服务**确认偏误**（confirmation bias）的系统，即我们寻求和给予信息特权来确认先入之见，并扭曲对这些先入之见解释的倾向。我们的自然缺省模式（default pattern）是寻找信念的确认，而不是检验信念并寻求真理。在第五章中我提到，专业化的增加创造了不容易交流的认知共同体，并导致了公众无知。基于偏好的信息还创建了构建公众无知的亲和共同体。它助长了意识形态及其"真正信徒"的成长，这些人只能通过无懈可击的信仰透镜来诠释和判断世界。随着这一进程的加剧，确认偏误变得更加极端：任何相反的证据都被认为具有威胁性，并立即予以否认。昏昏然的志同道合信徒所提供的强化，使信仰变得更极端、更坚定、更"坚不可摧"。对于最保守、最愤世嫉俗的人来说，真相是否与其珍视的意识形态相悖，最终无关紧要：一个人有权相信任何事情，就像某人可以坚称"巧克力冰激凌是最好的"。

这种自我禁锢效应（self-imprisoning effect）会在没有意图或觉知的情况下发生，尽管似乎在某个阶段上涉及自欺。毋庸置疑，将自己的经验限制在那些先前信念的强化的实操，保护和增加了无知。

在这个过程中产生了许多重大的实操问题，但我在这里担忧的是伦理方面的问题。那些受蒙蔽的真正信徒，那些意识形态贩子，不再是可说服的，而可说服性——根据证据和论证重新思考信仰的开放性——是认知共同体的核心规范，而且（将在下一章讨论），是个体的关键认知美德。用李·麦金太尔（Lee McIntyre）的话说，失去可说服性就是"不尊重真理"。[31]

第七章

无知的伦理

在可获得知识可以改变结局的地方，无知皆有劣性之罪。

——阿尔弗雷德·诺思·怀特海（Alfred North Whitehead）

我们对各种各样的事情——动机、行为、实践、情感、人际关系、性格特征等——做出的道德判断，都是对信念、知识和无知的道德判断。"她不应该知道公司合并的事。""他应该知道他的孩子在哪里。"这些判断超出了审慎，暗示了一种认知伦理（epistemic ethic）：在这种伦理中，我们对我们所做和所不知道的事情负有道德责任。事实上，在上述例子中，一个人也要承担法律责任：内幕交易和父母的疏忽都是犯罪行为。

四个因素影响我们对知识和无知的道德评估：**过程**、**内容**、**目的**和**情境**。[1] 每一个因素都可以受到道德方面的审视；它们一起影响了整体评估。**过程**指的是，人们追求并获得知识的手段，或指无知的原因。人们获知的方式可能是应受谴责的：伦理违规会发生在研究步骤，违反保密规定或侵犯隐私，窃取专有信息，以及其他方面。如果无知是算计的、故意的，那么对人的无知的负面评价会更严重。

认知**内容**，在伦理上显著独立于用来获取它的方法。知识可以被禁止或被限制，或其本身是危险的；知识可能毫无价值，微不足道，或令人厌恶；或者无论它如何获得，都是令人尴尬的知识，因为它侵犯了某人的隐私。当人应该知悉对决策或行动有显著影响的特定信息，无知在伦理上是重大的。

人寻求知识的**目的**也很重要。了解制造炸弹的各种方法或如何克隆人，其最终目的在道德上会玷污求知的道德价值；色欲会玷污临床知识。同样，由于有意无知是有目的的，一个人的目的——自我保护、恐惧、特权、操纵他人等——是在伦理上相关的。一位领导在指挥下属行动的同时却寻求推诿责任，这种战略无知是在道德上值得怀疑的。

情境包含了许多微妙之处，包括以下因素：我们的关系和角色；他人的隐私权和机密；直接社交情境的性质；相关认知共同体的标准和期待。专业人士负责知悉公众所不知道的专业化信息；父亲应该了解他的孩子，但邻居不需要，也许也不应该了解。我们对他们无知的道德判断，将很可能会因其角色和关系以及其他相关情境方面而有所不同。情境也会影响传递信息或表达某人知识的适当性。"散布不实消息"、透露机密信息，以及类似的传播行为，根据情境判断都不合适或不道德——不管它们可能是多么真实。

记住这四个因素，让我们转向人们可以就知识或无知做出许多主张的层次结构，转向出现的伦理考量。我们担忧的不是道德的认识论（epistemology of morality），而是道德认识论（moral epistemology）；这种担忧始于信念。

信念的伦理

信念是叙实的，它们渴望真理。信念也可能是荒谬的，正如英国哲学家 G. E. 摩尔（G. E. Moore）所观察的,他说:"天在下雨,但我不相信天在下雨。"² 相信,就是信以为真。然而,信念会是错误的,即使没有道德上的错误它们也可能是错误的。但是,存在着我们判断为道德上错误的信念。可能的候选项有:性别歧视、种族歧视或憎恶同性恋的信念;孩子的适当培养需要"违背意志"和严厉体罚的信念;老年人应该常规被安乐死的信念;"种族清洗"是一个政治解决方案的信念,等等。请注意,我们不仅谴责源于这些信念的潜在行为,而且谴责那些信念的内容本身,谴责相信它的行为,以及相信它的人。

做出这些道德评估并让个人为其信念承担责任,意味着相信是一种自愿行为,或者看起来如此。它需要特殊的境况来考虑某人对某项**并非**自愿的行为(例如疏忽),或通过对行为的预见而串谋,或由于本身应受谴责的无知而采取的行动负责。但是有些信念,比如一些个人价值观,似乎无法选择,它们是从父母那里"继承"的,或者被同伴"传染",或者无意中获得,或被机构和当局灌输,乃至道听途说而来。由于这个原因,我认为,问题不总在于即将持有的这种信念。正是对这些信念的反思性维护,伴随着拒绝不相信或拒绝抛弃那些信念才是自愿的和伦理上错误的。

如果一个信念的内容被判断是道德上错误的,那么它也被认为是错误信念。认为一个种族明显是低等的或者不是完全人类的信念,不仅是一种道德上令人厌恶的、种族主义的信条,而且被认为是错误言论(false claim)——尽管信徒们不认为是错误的。信念的假理(falsity),是信念在道德上错误的必要条件,而不是充分条件。内容的丑陋,不足以让信念在道德上错误。有些真理在道德上令人厌恶,但相信它们并不会使它们如此。它们在道德层面的丑陋根植于世界,而非人们关于世界的信念。

也有不负责任的信念,更确切地说,有一些信念是以认识论上不负责任的方式获得和保留的。人们会不考虑证据;接受流言蜚语、谣言或来历不明的证言;忽略其与更为嵌入式信念的不一致;或表现出认知偏见——这些都是所谓的**信念渎职**(doxastic dereliction)的例子。[3] 我并不是指,要回到数理哲学家威廉·克利福德(William K. Clifford)的证据主义,他说:"对任何人来说,相信证据不足的东西,无论何时何地,都是错误的。"[4] 克利福德试图阻止不负责任的"过度信念",在这种信念中,是信仰、一厢情愿的想法或情绪(而不是证据)刺激或证明信念是正确的。但是,正如威廉·詹姆斯(William James)所展示的,我们对世界和人类前景的一些最重要的信念,必须在没有**充分**证据的可能性下形成。在这种情况下——有时是狭义界定的,有时在詹姆斯的著作中更宽泛地界定——人的"相信的意志"(will to believe)使得我们选择相信那些能带来更好生活的他择性。[5]

不幸的是,在当今的无知文化中,许多人获得了巨大的许可,拥有相信权(the right to believe),蔑视认知责任。固执无知和假知,被"我有信念权"的主张所捍卫,不符合詹姆斯的要求。相反,相信权被宣示为否定权;也就是说,它的意图是抵御认知质疑,并禁止他人干预相信者的信念形成和持有。但是,正如克利福德所言,"在任何情况下,没有一个人的信念是只关涉他个人的私事"。[6] 信念引导动机、选择和行动。通常情况下,公众领域的言论发表者比信念权(belief-rights)还要自大,也想要在这些信念上行动的自由。"相信权"被用作对抗认知共同体的正常互动的盾牌,因为它旨在阻碍或封闭话语。

从可能性到道德必然性

无知引起的伦理问题涉及可克服无知(vincible ignorance),那种无知预示了可能获得的知识。不知(not-knowing)的道德问题与知

(knowing)之蕴涵相关(但不被其穷尽)。对于可克服无知,知之可能性让一系列的声称和判断形成了一个层级或递进。[7] 下面我们用简单的图式形式来考察这个递进,然后快速转向几个例子。(你可以不失其含义地忽略这个讨论中的括号里的记号,如果你选择忽略的话。)

对于任何个体或团体(S)和任何可知事物(X),某人可以声称:

A. S 有**选项**知道 X。

B. S 有**欲望**知道 X。

C. S 有**需要**知道 X。

D. S 有**权利**知道 X。

E. S 有**义务**知道 X。

当然,有人会否认这些说法,声称"S **并未**拥有(选项、欲望、需要、权利、义务)知道 X"。(把它们分别标记为 ~A 至 ~E。)就我们的目的,逻辑上不同且更有趣的是这些对无知的确认:

An. S 有**选项不**知道 X。

Bn. S 有**欲望不**知道 X。

Cn. S 有**需要不**知道 X。

Dn. S 有**权利不**知道 X。

En. S 有**义务不**知道 X。

这些对无知的确认是为了保护知识的边界,甚至是保护路障,从而建构或维护无知。[8] 分析这些差异需要耐心,但我们需要一个简单的场景,一个清楚说明这个递进的非图式描述。于是,我们想象一下汤姆(Tom),他正在琢磨一种不熟悉的烹饪方法。他选了一种有异国名称的汤,现在正在小口品尝。至少在原则上,汤姆有知道汤的成分的**选项**。当然,这意味着,汤姆也有**不**知道的选项。(陈述 A 和陈述 An 是实际的等价物;这就是选项的本质。)实际上,汤姆也可以被剥夺了解食材成分的选项(~A):例如,如果食谱是保密的,或者汤是一个健忘的厨师即兴烹饪的话。

若汤姆对烹饪有兴趣,则他会有**欲望**知道成分(B)。当然,若他心事重重或不关心他的食物,则不会有这样的欲望。但是,**没有欲望知道**(~B)不同于**有欲望不知道**(Bn)。尽管这两者都指向无知,但前者不存在欲望;后者有一种特别的欲望。汤姆在品鉴汤的味道,但是,一般出于易呕吐且怀疑他现在正摄入的东西——汤姆有欲望**不知道**汤里有什么(Bn)。欲望的存在是动机性的:在 B 中,它是针对了解;在 Bn 中,它则指向蓄意无知(deliberate ignorance)。(陈述 ~B,即**没有欲望知道**,表明一种中立的影响,不含认知动机。)

现在,假设汤姆**需要**知道汤的成分(C)。我们通常区分**欲望**(即**愿望**)和**需要**——任何一个带小孩去购物的父母都很熟悉的区别——尽管欲望强烈时,我们会把它们混为一谈。("我真的**需要**那些狂野风格的鞋子!")然而,真正的需要,是与人的**利益**联系在一起的。人的需要和欲望可以截然不同。如果有严重的食物过敏,汤姆就**需要**知道汤的成分——不管他是不是特别想知道。如果他的工作是审查餐厅,如果他在追踪沙门菌感染的农产品的使用情况,或者他作为代厨正在准备一锅汤,他也需要了解那些成分。后面这些例子表明,不仅人的利益,而且人的**目的**,都会引起需要,特别是这些与角色、义务相关的目的,并用手段确保实现受处罚目的。我们的需要,也因其范围而异(要多少才能满足需要)以及因其实现的价值而异(满足这种需要有多重要)。我们可以想象一种强烈的需要,即转让一个确实不重要的项目。诸多需要是分层次的,范围按价值逐级从基本生存需要到更精细、更复杂的需要。

如果喝了汤的每个人都生病了,负责急诊医疗和公共卫生的卫生当局就需要知道汤姆的汤里有什么东西。这是使他们能够胜任工作和完成其角色目标的重要信息。请注意,断言一种需要总是带有一个隐含的条件陈述：**假如人要确定导致疾病的原因和应对之策**，就需要知道汤里有什么东西；或者，在最基本的层面，**人要生存**，就需要氧气。因此，尽管对需要的断言是一份描述性报告，但它负载价值：此种需要在于，根据条件陈述的重要性来下断言、做评估。对氧气的需要如此重要，因为我们如此重视生命，生命是满足其他需要的基础。若汤姆声称，他需要知道汤的成分以便在家里也能重复做汤，则他的需要几乎没有道德分量：他那有意图的计划并不那么至关重要，他的主要利益也没有受到威胁。

需要的概念，既是一种恳求，也是一种约束。当一个"有需要"的人，会寻求其满足，甚至从而具有关于资源的道德主张，则人的需求会需要认证。"示威游行的需要"通常是对各种形式援助的要求，其负担在穷人身上。企业、军事和情报等机构只在"需要知道"的基础上分享信息，而任何想要知道的人都要求此种需要的辩护。**欲望**会需要解释，但当人把它提升到**需要**时，辩护就成为必要条件。

我们能想象汤姆**需要不知道**汤里加了什么（Cn）？是的，例如，他可能正在尝试一个盲品测试，来确定一种更昂贵的食材是否能改变口味。医学、心理学和社会科学中的研究，往往依赖于双盲实验和试验，其中对受试者**不知道**实验的关键元素存在着方法论需要——例如，他们是否属于安慰剂组，或者实验是否真的就不同于他们被告知的东西进行了测试，因为研究设计要求他们的无知作为有效数据的先决条件。

关于拥有选项、欲望或需要知道或不知道的说法，皆是描述性断言——尽管"需要"会（正如我所说的）获得来自其隐含条件陈述的规范效力（normative force）。但是单独而论，它们并不意味着人知晓 X 是好是坏。一个小偷如果要偷珠宝，或许他真的需要知道保险箱的密码是多少。

认知权利

然而,当我们提出权利主张时,此种断言有更多的规范效力——以及多大的效力取决于权利的特性。不同种类的权利,在不同的情境下被建立:契约权利、议会权利、法律权利、父母权利、道德权利和人权,在它们的基础和所负载规范的权重种类上皆有所不同。在任何情况下,有**需要**知道并不能对他人以有**权利**知道(D)的方式提出主张。断言一种权利(right),即声明一种授权(entitlement),并要求他人泄露相关信息或避免干涉别人的探究。有权利**不**知道(Dn),旨在要求他人不泄露信息,至少不泄露权利持有人的信息。

回到汤姆的例子。汤姆或许确实有**权利知道**汤里面有什么(D),但我们需要想象一个创造了这个授权的情境。也许汤让汤姆生病了,他怀疑(尽管得到否认)厨师加了味精,一种让他过敏的鲜味增强剂。到目前为止,我们只有汤姆需要知道。但是,如果汤姆获得了法庭命令要求厨师详述所有的成分,他即拥有(法律)知情权。尽管这个例子可能有点牵强,但有很多法院决定个人或团体是否对某事物有知情权的案件。一个在婴儿时被人收养的成年人,有权知道自己亲生父母的身份吗?离婚的人,有权知道前夫财产的全部价值吗?阻止超速行驶车辆的警察,有权知道后备厢里储存了什么吗?法院创造和执行法律权利;道德权利却是"辩护的",要么针对特定的情境,要么作为人类生活的伴生。

有时,我们宽泛地谈论着一种普适人权——知情权。它本质上是对探究自由(freedom of inquiry)的肯定,即我们知悉和选择想要知道的东西的自由。这反过来又迫使他人不去阻止对知识的追求或获取,不去限制教育和探究。在人权目录中,知情权是根本。但它的范围肯定不是普适的:每个人都无权知道一切。首先,没有人可以知悉"一切"。

我们不能拥有不可能事物的权利。这就是为什么广义的知情权移交了给自由探究(free inquiry)的权利。更重要的是,个人的求知可能会被他人的某些权利或义务(例如隐私权和保密义务)所压倒。在某些情况下,我有初步的知情权,但它被其他考量推翻了:例如,尽管希拉(Sheila)有了解她生父身份的初步权利,但牧师会在保密的义务下拒绝泄露该信息。不过在很多情况下,更恰当的说法是,**知情权**根本不存在,即使它是初步权利。我真的有权知道邻居是否要装修游泳池,或者朋友为她的新车付了钱吗?当然没有。在这类情况里——对我来说相对无关紧要——想要知道的冲动不是一种权利,亦不大可能是一种需要,倒更像是一种爱管闲事的欲望。

是什么因素使人有权知道某一特定的 X?知识对个人利益或幸福的相关性,似乎是明显的前提条件,但不太明显的是,一个人在实际获得信息之前,如何确定信息的相关性。很难预测哪些已知的未知,更不用说未知的未知,会对我的个人利益产生显著影响,然而,在关乎个人重要性的某些领域中,诸如健康、个人理财、家庭关系、就业状况,信息显然是相关的。与个人福祉相关是"知情权"运动的要义,该运动的灵感来自蕾切尔·卡森(Rachel Carson)的环境经典著作《寂静的春天》(*Silent Spring*)*。[9]的确,个体有权知道其在工作或日常生活中可能接触到的化学品,**因为有些化学品对健康有害**,这一法律原则已被用来制定联邦工作场所法和社区环境法。[10]

权利还由言论行为及其书面阐述所创造:承诺、协议、合同、条约、章程、宪法等。此外,如前所述,权利会与社会角色或官方角色联系在一起:父母、医生、教师、顾问、法官、陪审员、买家、政府官员、俱乐部官

---

* 中译本有多种,其一为《寂静的春天》,卡森著,吕瑞兰等译,上海译文出版社 2011 年版。——译者

员——所有这些人都有特殊的权利,包括由各自的角色移交的认知权。

我们还有**不知情权**(right not to know)吗?这似乎隐含在**知情权**(right to know)里:毕竟,仅仅因为人有**权利**知道 X,并不意味着有**义务**知道 X,但是,从逻辑上准确地讲,那种推论将**没有权利知道** $X(\sim D)$ 同**有权利不知道** $X(Dn)$ 混为一谈了。请注意,前者($\sim D$)否认一项权利,而后者(Dn)确认一项权利。**不知情权**需要特别的确认,因为它会要求他人不要告知或泄露具体的信息。在这种情况下,知会我就是侵犯我的权利。

不知情权(Dn)如今很大程度上在生命伦理情境里被表达和维护。一个患者会声称,她**有权不知道**她是否患有一种退行性遗传病,如亨廷顿舞蹈症,如果她要获悉确诊,此种知识就会带来巨大的压力,影响她的余生。因此,无知权(right to ignorance)的要旨与保护个人的自主权紧密相连,不仅仅是在选择不知情的情况下,而且涉及将在事后被知情所改变的自决。知识影响我们,一些关于我们自己的知识会使人衰弱;因为它会破坏我们的信心和希望,削弱我们的动力,耗尽我们体验的快乐和充实感。一旦知情,就不会再不得而知。特别是如果什么都不能做,我们很可能会维护我们不知晓真相的权利,即无知权。如同其他的权利声称,不知情授权(entitlement not to know)受制于他人的权利和义务——使之成为生命伦理学中一个有争议主张的境况。有的遗传信息不仅与患者有关,而且与患者的孩子、配偶或其他家庭成员相关。**他们的**知情权不依赖于他们明确主张它,会胜过(trump)患者的不知情权。

考虑以下案例:

> 芭芭拉(Barbara),女,35 岁,两个孩子的母亲,有乳腺癌的家族史。在亲戚们的催促下,她决定接受 BRCA1/2 基因检测。如果芭芭拉有突变,她有 80% 的患乳腺癌的风险。三天

后,她为万一发现基因有突变而必须做出的艰难决定感到沮丧,她要求医生不要告诉她检测结果。[11]

在这个案例中,一些认知主张是隐含的。芭芭拉主张不知情权;而且,她认为这一权利高于医生的告知职责。那些敦促芭芭拉进行筛查的亲属都与其结果有利害关系,于是,他们有权知道检测结果。他们会受到癌症诊断及其预后的影响,尤其是她的配偶和孩子。如果芭芭拉确实得了癌症,她的有意无知很可能会有可怕的后果——这些后果本可以得到预防或改善。其检测结果,会影响到女性亲属的医疗前景。如果是这样,芭芭拉有义务告知她们,这衍推她的知情义务。不管检测结果如何,她们都会处于焦虑无知(anxious ignorance)之中。从这个角度来看,芭芭拉在"否认",出于恐惧回避真相,违背她的认知责任。[12]在大多数(但不是全部)医疗情况下,告知他人的决定权是留给患者的,医生的告知义务只是对患者(尽管医生可能会敦促患者告诉受影响的其他人)而言。很明显,这种情形很常见,却在伦理上很复杂。

近年来,不知情权已经得到了正式的(甚至法律的)认可。1995年,世界医学会在修订后的《患者权利宣言》(Declaration on the Rights of the Patient)中声明:"患者应他/她的明确要求有权不被告知,除非是为了保护另一个人的生命。"两年后,欧洲《人权和生物医学公约》(Convention on Human Rights and Biomedicine,简称《公约》)指出:"每个人有权知悉搜集的关于其健康的信息。然而,若有人不想知悉,其意愿应得以尊重。"* 联合国教科文组织《世界人类基因组与人权宣言》

---

* 此为该《公约》第 3 章"私生活和信息权"之第 10 条第 2 款。参见:《欧洲人权与生物医学公约(节译)》,赵西巨译,载《法律与医学杂志》,2005 年第 2 期,156 页。——译者

(*Universal Declaration on the Human Genome and Human Rights*)宣称:"每个人均有权决定是否要知道一项遗传学检查的结果及其影响,这种权利应受到尊重。"*¹³

这些声明,尽管大同小异,但共同的主张是:(1)存在着不知情权;(2)不知情权适用于患者自身的医疗信息(尽管联合国教科文组织的断言仅限于遗传信息)。或多或少明显的要旨是,患者的自决权是这些断言的基础。此外,知情权并不要求一个明确的声明,**不知情权**则要求:患者必须明确要求医生隐瞒信息。

然而,在某些情形下,患者不能事先提出请求。假设一个孩子需要肾脏移植,家庭成员作为可能的供体接受测试;测试结果附带揭示父亲不是孩子的亲生父亲。如果父亲预料到这种可能性,他可能会选择不知情;如果他没有想到这一结果,那么他没有机会主张自己的权利。现在医生没有办法在不暗示此信息的重要性的情况下把选择摆在患者面前,医生会想知道,这个信息究竟是对父亲还是对母亲有更大的利害关系。

虽然我接受在特定的境况下承认不知情权,但我认为,当一个人决定接受医疗检查时,他对这种权利的主张就被削弱了。所以,这不是一项不可剥夺的权利;它可以通过个人自己的行动予以撤销。此外,我对不知情权推广到其他情境保持警惕。它很容易成为认知不负责任、固执无知和认知不公(epistemic injustice)的辩护。

不知情权除了适用于医疗,还适用于其他的领域吗?学生会要求有权不在课程中知道自己的成绩,以免知道了成绩会影响他的表现吗?也许不太会吧,但这是有可能的。新娘可以主张她的婚戒估值的不知情权,即不要知道婚戒值多少钱,以免影响她的情绪吗?领养一个孩子

---

* 全文见《中国医学伦理学》,1998 年第 2 期。——译者

时,潜在的养父母有权要求避免知道这孩子之前的情况及其亲生父母的情况——无论提供的信息是遗传的、医学的还是社会经济方面的——以免这些会对其养育孩子产生偏见吗?在这些情况中显而易见的是:不知情的**欲望**多么容易被提升为一种**需要**,并主张为要求别人承担义务的一种**权利**。

认知义务

我对无知权的警惕,把我们的注意力转移到权重最大的认知主张:知情**义务**和不知情义务(E 和 En)。主张知情**义务**(E),否认了**不知道** X 的权利(Dn)。有义务知道 X,意味着有人对知道 X 负有责任,如果不知道就会违反义务或有过错。父母未检查洗涤用品的标签,故未采取任何预防措施来防止婴儿出现中毒,此乃过失。怀特海的原则适用:"在可获得知识可以改变结局的地方,无知皆有劣性之罪。"*[14] 想象一下芭芭拉在医学检测中最糟糕的情景:被隐瞒的信息是她确实患有乳腺癌,她无视该信息导致了她死亡。如果接受该结果能导致"改变结局"的治疗并挽回生命,那她的无知就是应受谴责的无知。

义务是在与权利相同情境内产生的;义务会遵守协议和承诺(隐式或显式、正式或非正式的),在依法确立或者作为道德行为人引起的各种角色和职位中特有。如上所述,在认知共同体中成年人正常的互动,预设了成员们皆知道某些事情。对这些常识一无所知,只会让自己尴尬,让他人感到惊讶。但是——特别是如果无知有伤害自己或他人的可能——这将成为更严重的过失,即失之于知道何者应该知悉。总

---

*参看《教育的目的》(*The Aims of Education*),怀特海著,徐汝舟译,生活·读书·新知三联书店 2002 年版,26 页。——译者

之,我们既有知道 X 的义务也有知道 X 的责任。有人会认为,芭芭拉有义务知道那些检测结果**并**告知他人。还记得汤姆吗?有人可能会认为,汤姆有**义务**知道汤的成分,如果他要把汤端给一群已知的道德素食者和食物过敏者的话。

有些时候,我们认为人们应该为他们的无知承担道德和/或法律责任。"不懂法律不是借口"原则,广泛适用于许多司法管辖区。同样的原则适用于道德:浑然不知自己的行为对他人造成的有害影响,并不能推卸责任——它会加剧这种指责。在很多情况下,无知是应受谴责的。因为人们可以十分合理地预测而知:"任何正常人都知道"那句话是侮辱,都知道那辆车不安全,或者这种战术会造成平民伤亡。然而,在其他情况下,无知是对明确知情义务的一种侵犯:医生应该知道哪些药物相克;老师应该知道某个孩子有受虐待的迹象。还有一个很大的领域我们没有义务知道,也无法轻易知道,但有责任知道。例如,业主不知道自己房子的底下埋着燃料罐,它泄漏并污染了邻居的水井。虽然原因是未知的未知,但业主仍需对此负责。[15]

相反,相同的来源、情境和派生职责却适用于**不**知情义务(En)。有一个例外:并不存在什么自然的、普遍的不知情义务。例如,有人可能认为,所有的道德行为人都有义务知道其行为的合理预期后果,但是没有对于他们必须不知道的内容的类似论证。不知情义务是特别创设的,因为它只在建构的情境中出现。担任盲评的仲裁员或评审员,放弃查阅指证信函的权利,承诺不会翻阅日记——这些情形承担着对某些事**不**知情的义务。陪审员通常有这样一种特殊的义务:他们被要求不知悉某些信息,可能会被隔离以保护和确保其无知。

作为一种义务,这种否定的认知命令相当奇怪。在通常义务情况下,若 S 有义务,则它的力指向 S;它要求 S 做某些事情(在少数情况下,**不**做某些事情)。但是 S 不知道 X 的义务不仅指导 S 的行为,还要求所有其他人**不要**(直接或间接地)**告知** S 有关 X 的信息。故意给陪审员提供非法信息的人要对此负责,甚至被指控犯罪;无论陪审员是有意还是无意知道,此种义务都受到了侵犯,陪审员必须向法官披露这一事实。违背这种否定认知义务,陪审员的资格通常会被取消。不知情义务会导致我不去寻求信息,阻止自愿的告密者,甚至采取保护措施避免意外收到被禁信息。幸运的是,义务无知(obligatory ignorance)通常指向一个明确的、相当狭窄的知识片段。

我之前提到过医生有义务告知患者的病情诊断,以及其他关于患者健康状况的发现。这是另一种认知义务的熟知例子:**报告或告知的义务**。许多这种披露义务在职业行为守则中得到认可或者在法律中制度化,那些保持沉默的人会受到起诉;但有时候,此种道德义务落在了任何知情者身上。谁对报告涉嫌儿童、家庭暴力或性侵行为负责?法律可以确认某些扮演特定角色的特定人员,他们如不报告就会面临惩罚;然而,道德责任属于任何有合理怀疑理由的人。报告的责任,甚至可以适用于受害者恳求把这件事保密时。高于受害者的隐私权的要旨似乎涉及这样一种判断,即个体的自主权已经被受害者损害。因此,不论受害者所表达的欲望如何,受害者的自利和公众的利益都需要当局掌握相关信息。

在某些情形下,虽不存在有义务告知的特定的人或机构,但某人还是有揭露(即公之于众)的责任。这是举报人(whistle-blowers)所感受的义务。当这些认知义务分布在一个群体中,当此种义务只是为了揭示而不是特别告知某人——"有人需要揭露此事"——避免做出回应更为容易。正如多个个体不太可能帮助别人(如果他们是一群旁观者,而不是唯一的旁观者),故落在人人都知情的集体责任,尤其落在了无人知情,而非尽人皆知。

人也有义务**不告知**。众所周知,有的时候,保持沉默是明智的,尽管这会很难。但沉默在法律上或道德上都是义务的。爱德华·斯诺登（Edward Snowden）的案例*，即美国政府实施监控的推定违宪行为被公之于众，并非被很多人（很明显包括前总统奥巴马）视为勇敢揭发内幕（whistle-blowing）的案例，而是被视为斯诺登违反不披露机密信息义务的叛国行为。（现在看来他确实没有宣誓，而是在一份规定受雇情况下不得披露的格式文件上签了名。）[16]任何情况下，誓言和保证，保密和不披露协议（简称 NDA），以及禁言令，都被用来创设不告知或不揭露的义务。

泄露一个朋友的个人信息是不忠的；披露共享的秘密则是一种背叛。打破客户的信任，会违反职业道德规范。但是，法律上和道德上赋予这些义务多大的权重，取决于其他的因素。承认一个义务，并不意味着它永远不会被更重要的义务所推翻，尽管很明显这些限制性工具的意图在于约束自己的行为，如果它们被破坏，就会受到惩罚。初步义务是真实的，对它的侵犯不可等闲视之。诚然，如果保密的义务源于合同规定，保密行为就是自愿的。但在实践中，签署此类协议通常是强制性的：诉讼双方被告知只有当他们签署了保密协议，才能达成和解。在许多情况下，甚至不存在强制性的协议——例如，当法官发布禁言令，案件的出庭各方皆不得借媒体造势。

所有这些做法，都有承受做出伦理辩护的负担，因为它们：（1）限制言论自由；（2）经常受到保密而不是隐私的驱使；（3）在没有考虑更大的公众利益及其可能的知情权情况下实施。例如，保密协议为公司所妥善使用，防止专有信息被竞争对手利用。但是，它们被用于不仅保护产品和计划的信息，而且保护那些侵犯公共利益的公司做法和通信。

---

*参看《斯诺登档案》（*The Snowden Files*），卢克·哈丁（Luke Harding）著，何星等译，金城出版社 2014 年版。——译者

当这些协议与一个更开放的认知情境相交时,其抑制效应就会清晰显现。考虑一下这场冲突:一个有能力的研究生为了学分从事研究实习,条件是在一个校内讨论会里提交研究成果。然而,他的实习是在一家化学公司工作,公司要求他签署一份保密协议,约定不得与公司外的任何人讨论工作的内容。或者,举一个更普遍的例子:董事会和大学校长都实施过对雇员的禁言令,这些雇员都是参与校内有争议或有新闻价值的问题的当事人。除了这些禁言令没有法律地位的事实之外,它们与学院和大学的信息透明和自由流动的精神气质(transparent-and-free-flow-of-information ethos)存在着冲突。总之,使用这样的做法过于轻率,并不能保护那些低劣、难堪、危险或不道德的行为。

无知、行为和责任

亚里士多德为分析无知与自愿行为——从而与道德责任——的关系建立了框架。*[17]他观察到,由外部力量胁迫或产生的行为不是自愿行为。亚里士多德还断言,如果因无知而做出,行为则不是自愿行为。从广义上讲,行为要想被认为是自愿行为,行为人必须知道自己在做什么。但是这个要求需要进一步的区别,就此我将使用更为现代的情形。

想象一下,一列火车,装有可紧急停车的拉索,乘客有三种情况可以拉绳子。(1)莎拉(Sarah)故意拉绳子,知道她在做什么。这是一个我们会赞扬或指责她的自愿行为,取决于她这个行为的理由。(2)菲利普(Philip)拉绳子,以为它是用来召唤列车长的。菲利普因无知而有此举动;因为在某种意义上,他不明白他在做什么。其行为不是自愿

---

*参看《尼各马可伦理学》(*Nicomachean Ethics*),亚里士多德著,廖申白译注,商务印书馆2017年版,61—67页。——译者

行为。(3)米歇尔(Michelle)喝得酩酊大醉,拉了紧急制动绳;在另一种意义上,她也不知道自己在做什么。她是**处于**无知,并不是**出于**无知而拉绳的。奇怪的是,亚里士多德对案例中行为人的事后感受又作了区分:如果米歇尔清醒的时候后悔喝多了,则是一种"非自愿"(既不是自愿,也不是不自愿)的行为。

从我们的视角来看,我们对无知的责任形成一个连续统。还记得汤姆和他的汤吗?如果一个厨师在不知情的情况下给汤姆端上含有毒药的汤,他的行为是出于无知,而不是自愿。用亚里士多德的术语,他对事件中的殊相(particular)一无所知:他不知道汤里有毒药。我们不责怪或谴责那个厨师。(厨师会觉得他在某种意义上有责任,如果不是不道德的话,这个行为是有罪的。)但是,假设厨师知道汤里有砷,却不知道人们通常知道的砷有毒的事实:他的无知更该责备,尽管下毒的行为并非故意。但是,假设厨师(如亚里士多德所言)对共相(universals)一无所知,莫名其妙不知道下毒是错误的,我们很可能不宽容他的无知,要求他负全部责任,或者如果他不能够吸取教训,则我们把他当作反社会或精神上的无能,需要治疗。

如上所述,我们基于各种各样的因素,恰如其分地对无知负有责任,但无知也可以作为一个借口。自称无知常被用来否认责任。导致了悲剧或有害结局的真正无罪的无知,涉及行为人未知的未知,即行为人不可能知道的事情,或没有理由或义务知道的事情。[18]

认知不公和作为特权的无知

首先,一般的陈述:在一个认知共同体中,关系的品性可能引起道德担忧。更具体地说:系统的认知偏见、无视合法的认知权威、固执无知的模式、隐瞒或歪曲至要信息的做法——这些都提出了公正的问题。

英国哲学家米兰达·弗里克(Miranda Fricker)对两种认知不公形式提出了深刻批判:"证言不公,某人枉为知情者;解释不公,某人枉为社会理解的主体。"[19]第一种情况是对消息来源的可信度经常超过或低于其应得的程度。第二种情况发生在行为或实践在认识论上被剥夺了它们"应得"的意义和意思时,也许是因为相关概念尚未成熟或被压制。如果女性关于性骚扰的证词经常遭到忽视,那就是认知不公。这就要求性骚扰概念的发展,使各种人际行为的重要性得到重视;它将一种行为模式置于负有伦理分量的概念之下。如果这个概念是不成熟、受抵制、有争议或者受抑制的,这些人际互动就未被理解。受害者不被理解为受害者,权利不被视为权利,而骚扰者则不被当成骚扰者。弗里克指出,那些被边缘化的人就体验了这两种形式的不公;事实上,这些倾向导致了他们的边缘化。

无知往往是有权有势者的特权。位高权重者可以优渥地"不需要知道"。例如,如果塞缪尔(Samuel)不愿意了解那些无家可归者,或者愿意不知道"那些无家可归者",他会保持无知,因为他不需要知道。他可以忽略他们。只要塞缪尔认识无家可归者,他就可以在认知上自由使用扭曲的刻板印象和假知。不管这种无知是故意的还是无意建构的,它都是特有的,然而,与其同谋很可能会被否认。寻求纯真、拒绝内疚,否决服从的暗示,都是很自然的。这样玩厌了的无知,皆在保护人的良善自我形象,或者至少是人的道德运气。在我们这个经济不平等的社会里,特权变成了在无知文化中的另一个贡献因素。

根据哲学家若泽·梅迪纳(José Medina)的说法,这种特权无知(privileged ignorance)是一种维持社会性别、种族压迫的认知不公。无论多么根深蒂固,它都是可克服的无知,而梅迪纳提倡一种"抵抗性的想象",即一种认知多元化(epistemic pluralism)和失调的"万花筒式"意识,作为打破此种屏障的工具。[20]另一位哲学家芭芭拉·阿普尔鲍姆

(Barbara Applebaum)认为,额外的技术是必需的:我们不仅要教授语言作为交流的概念,还必须教授语言作为话语的概念,这是一种语言行为、传递权力以及"将主体构成为某些类型的存在"的模式。[21]这些分析表明了一种不同类型的认知义务:不只是告知,而是破坏特权无知及产生特权无知的概念框架。

在一项关于知识和无知的道德主张的调查中,我们经常找到对认识者的气质和认知共同体的品性的文献。梅迪纳武断地谈论"抵抗性的想象"和"万花筒式"的意识;弗里克主张"批判式开放";我提到了"认知懒惰"和对真相的"敌意"。诸如此类的气质,无论是个体的还是集体的,都会影响到个体学习和认知共同体的动态。于是,下面我转到关于认知德性和劣性的讨论,以及德性无知(virtuous ignorance)的可能性。

第八章

无知的德性与劣性

有许多事情,智者可能会想要无知。

——拉尔夫·瓦尔多·爱默生(Ralph Waldo Emerson)

当我还是孩子的时候,小学把成绩单寄回家,那是棕色信封套着的蓝绿色折叠的成绩单。成绩单的左边列出了各个科目和每六周我的成绩;右边列出了"公民"的各个方面,包括出勤记录、"迟到次数",以及教师用"S"或"U"(指"满意"或"不满意")甚至是一颗五角星来评估一系列的品质或行为模式。它们是优良学校公民的德性。有些德性的设计,是为了鼓励服从一个有秩序阶层的温顺与举止:"勿交头接耳""团结协作""听从指令"。(我后来得知,这同一些品质在一些威权体制国家的成绩单上也十分流行。)但也有一些与学习更直接相关的品质:"聚精会神""全心全意"和"练习自律"。这些是我对认知德性的入门。哦,在一个民主认知共同体里,如果学校当局还提升了"独立思考"或"逻辑推理"等内容,看起来好像更好,可他们的成绩单仍然很重要,也许更加基本。

这种双面的学习观,反映在传统认识论上,其中的重点是知识作为一种认知结构(放在左页),而不是要知道的过程(放在右页)。采用汉斯·赖欣巴哈(Hans Reichenbach)那个著名的区分,认识论通常指向"辩护情境",并对"发现情境"没有兴趣。[1] 人如何学习,是留给心理学家和教育家考虑的问题。从技术上讲,分析认识论将知识视为一组命题:得到辩护的真信念(justified true beliefs)*。[2] 这与知识作为人们会拥有的东西的常见概念相容,即人们可以从中抽取一种认知储备。

然而,将知识视为一种认知成就(epistemic achievement),即作为努力学习的成功也很有启发性。采取这种"右页"观点,把我们的注意力引向了劳动、技能、精神能力,以及促进此种成就的相关倾向——认知德性——连同阻碍它的障碍和劣性。

学习的道德评价

让我们把**德性**(virtue)作为有意图活动中一种有益于成功的品质;劣性(vices)是阻碍这种成功的品质。品质乃是与该活动和更大的实践或者涵括此种活动的事业相关的德行或恶行。体重很重,是相扑选手行为的一种德性,但很可能是棒球游击手的劣性。在打扑克时,它则无关紧要。如果我们把有意图的活动当作求知,至少建立一份关于认知德性的初步清单则并不难。研究人员、探究者、侦探、调查员——所有的知识探寻者——皆会找到德性,靠思想开放又审慎怀疑,靠智识勇气和有想象力,靠关注证据和线人可信度,靠在判断中保持精准和深思熟虑,并且,正如我的成绩单所显示,靠聚精会神、坚持不懈和表现自制。抑制寻求知识的认知劣性的列表,以相似的无拘无束开始:思维僵化、迟钝、偏见、无视证据、轻信,等等(这些品质的反面如上)。

---

*也译作"证成的真信念"。——译者

这种进路被称为"德性认识论"*。它的根源可追溯至亚里士多德,他首先将理智德性与道德德性区分开来(尽管他随后将其关联起来);³ 但它以其当代形式 20 世纪 80 年代出现在由厄内斯特·索萨(Ernest Sosa)写的一组论文中,⁴ 从那时起由许多人精心阐述和完善。它开辟了新的探究思路,有时希望它能使传统的认识论问题受益,但越来越多的人相信就其本身而言这是一种有价值的进路,提供新颖而重要的洞见。一群思想家,包括索萨**,主要关注规范运作这些致力于获取知识的能力,比如感觉、记忆、内省、直觉,等等;另一群思想家,包括琳达·扎格泽博斯基(Linda Zagzebski)***、罗伯特·C.罗伯茨(Robert C. Roberts)、W.杰伊·伍德(W. Jay Wood)等人,关注的是特定的认知德性和劣性。⁵ 他们对以下认知品质(epistemic traits)进行了引人入胜的分析,诸如好奇心、谦逊、思想开明、智识勇气和谨慎、坚持不懈和尊重证据;以及智识劣性,如轻信、认知惰性和智识欺诈。两组人都认为,认知德性在某种程度上皆依赖于认知官能(cognitive faculties)。

这种进路允许我们将过程与产品、学习与了解、教育与认识论重新连接。它用来连接赖欣巴哈的两种情境,尽管人们对辩护的棘手问题不太关注和忍耐。当然,规范方面的担忧依然存在:也就是说,其结果乃在其目的旨在指导实践意义上是规范的。但现在,规范的焦点是那些想要知道的个体。

虽然这是一个令人兴奋、期待已久的发展,但我想提倡我认为是德性认识论者的现行标准观点的三种补充说明。这种进路的自然焦点是**获取**

---

*参看《德性知识论》,方红庆著,中国社会科学出版社 2018 年版。——译者

**参看《判断与能动性》(*Judgment and Agency*),索萨著,方红庆译,中国人民大学出版社 2019 年版。——译者

***参看《认识的价值与我们所在意的东西》(*On Epistemology*),扎格泽博斯基著,方环非译,中国人民大学出版社 2019 年版。——译者

论者;也就是说,关注与**追求或获取**知识相关的品质。在德性和劣性的情境下,从一个展示他们的个体搜索者的角度来思考也是便利的。我的第一个观点是,认知德性和劣性不仅可以在知识的**追求**中,而且在知识的**拥有**、**保护**、**传播**和**应用**中都表现出来。第二个观点是,这些方面提醒我们,我们是认知共同体中的个体;我们并不是闭目塞听的独自认识者。许多德性和劣性都表现在与他人的认知互动中:他们与我们隐瞒和分享信息的方式以及我们对其他提供消息者的尊重有关。

此种德性进路与传统认识论共享相同的假设:知识(依赖于真理)不仅仅是首要的认知价值;它还是**唯一的**、**未受辩护的**认知价值(当然,尽管它依赖于真理)。知识是我们的目标;知识是好的,越多越好。知识被拥有得越广泛则越好:有人可能会说,对最大数字的最大知识。第三个观点是,我们刚才讨论了其中**不知道**是对的(有时候是好的)那些境况(第七章)。考虑到这种无知很有可能具有一个德性知识论框架,但仅当我们引入了审慎无知(judicious ignorance)在一个共同体中也具有价值的那种可能性。一旦我们做了,就可以把诸如慎重、谨慎、不露衷曲这种认知德性的候选者,以及诸如胡言乱语、爱管闲事、倾向于(用互联网的说法)提供 TMI——"太多的信息"(too much information)——这些劣性包括在内。

添加这三个维度,扩展了德性认识论的承诺。在本章中,我建议通过考查多种无知德性和劣性那些公认的主张,来扩展这个讨论。首先,转向一个有争议的属性(顺便说下,这是另一个从未出现在我的成绩单上的品质):好奇心(curiosity)。

好奇心

好奇心指的是一种短暂、暂时的态度或情感,或者它可以表示一个稳定的性格品质。这就是,比如说,对豪华车价格的短暂好奇,与自然而然对这个世界充满好奇的品质之间的区别。对**好奇心**的短暂性用法一个恰当的定义,是"有一种专注或渴望了解 X 的欲望"。此种好奇心品质可被简单解释为显示暂时好奇心的**倾向**,但把它定义为"对知识、解释和理解等广泛的求知欲或兴趣"更能说明问题。用逆向语言表达它,这一术语的两种含义都是指**想要消除无知的欲望**。那么,好奇心究竟是一种认知德性还是劣性?

在古希腊和古罗马,好奇心(希腊语 periergia;拉丁语 curiositas)通常被认为是一种劣性,[6] 但我们可以确定三个单独的概念。第一,好奇心是一种粗俗的性格缺陷,等同于窥探、窃听、偷窥和寻求无用的调查(**我们称之为无聊的好奇心**),并且通常伴随着流言蜚语、八卦和窥阴癖。第二种解释利用了希腊语中的 periergia(好奇心)和 perierga(意指**奇怪**)之间的词源学纠葛。它往往通过神话和道德故事,凸显了唤起我们好奇心的奇异感和它预示的随之而来的危险:潘多拉(Pandora)的好奇心,释放了所有生命的邪恶;普赛克(Psyche)强迫性的好奇心,导致了接踵而来的可怕困境;变形后的卢修斯(Lucius)作为一头驴的流浪之旅,是他关于魔咒的好奇心促成的。[7] 特别是被引导到黑巫术或禁知的时候,好奇害死人。

第三种观念认为好奇心是一种罪恶。这始于斯多葛学派,但是曾经被德尔图良(Tertullian)之类早期的基督徒所吸纳,几个世纪以来大大影响了基督教神学。其核心思想是,唯一有价值的知识,乃是与神有关的知识,包括与上帝有关的自己的行为。所有其他知识都是无用的;求知是一种空虚;对知识的好奇是罪恶的。在这段漫长时光里很难找到一位不谴责好奇心的基督教神学家,尽管奥古斯丁(Augustine)和托马斯·阿奎那(Thomas Aquinas)试图把**智识**好奇心与其更粗俗的形式加以区分。托马斯主义者在精神上更像亚里士多德学派而非斯多葛学派,通常试图确定值得学习的主题——对自然的研究、实用的研究、对治理有用的研究,等等。从事文学研究、文科、没有实用意义的理论研究,对许多神学家来说是一种误导的(也许是有罪的)好奇心。

然而,现代主义者倾向于判断"好奇心"是一种德性,事实上是关键认知德性。原始现代主义者托马斯·霍布斯(Thomas Hobbes)认为,好奇心——"想知道为什么和想知道如何"——被发现"只存在于人身上",因此人类"不仅被理性(Reason)所区分,而且被这种独特的激情(Passion)所区分"。[8] 好奇心是有价值的:对于启蒙运动,好奇心是科学探究的动力,它坚韧、系统提高我们对世界的认识。从大自然攫取秘密,除非我们主动寻找,否则不会发现。不仅是"自然哲学家",还有进取教育家珍视智识好奇心,并努力唤起那些对学习不感兴趣的人的好奇心。[9]

好奇心最深刻的词源学根源,可追溯到拉丁词 cura(关心)。[10] 好奇,就是关心在我们所知那个边界之外的东西。正如厄洛斯(eros)是对美的渴望,好奇心是对真的渴望。但就像情爱一样,认知之爱(epistemic love)可以包括粗俗、危险和不正当的爱。此外,想要倾诉的冲动会克服审慎。

在贝托尔特·布莱希特(Bertolt Brecht)的戏剧《伽利略传》(*Leben des Galilei*)里,有一个精彩片段:在一个花园场景中,一位"小修士",尽管受过物理学训练,却敦促伽利略(Galileo)压抑他想要知道的欲望,不要发表那些只会扰乱长期持有的信仰、扰乱平静秩序的东西。伽利略就像伊甸园中的蛇,用手稿诱惑小修士:"这儿写着大海潮涨潮落的原因,你不要看它,听见吗?"*[11] 但是,小修士当然抗拒不了,拿起了手

---

*《伽利略传》,布莱希特著,丁扬忠译,上海译文出版社 2011 年版,113 页。——译者

稿。伽利略幸灾乐祸:"瞧,一个苹果从知识的树上掉落下来,他狼吞虎咽地把它吞进肚子。他永远该诅咒。"* 但是,用与柏拉图洞穴相呼应的言语来说,他提供了尖锐的自我认同:"我有时想我宁愿让人把我关进地下十拓深处见不着半点亮光的监狱,要是为此我能知道什么是阳光的话。最糟糕的是我知道什么就得说什么,像一个恋人,像一个醉汉,像一个叛逆者,心里有话藏不住啊。这是我的劣性,不幸就从这儿来。"**

认知约束

这并不奇怪,像好奇心这样的认知倾向受制于道德担忧。强烈的发现(和告知)的欲望会变成强迫性的,当它被引导到被禁、危险、无价值的主体,或者应该被别人的隐私阻挡时,它的坚韧就会受玷污。如果它的满足,即真相得到并被告知,很有可能对既定秩序造成严重破坏,那么好奇心被那些当权者抑制,固执无知之幕会落下——就像伽利略在他的审判和随后的禁止发表中所目睹的。但是,对国教教徒的审查制度的怀疑主义是明智的。我们知道,道德货币被广泛伪造,虔诚修辞的光环往往隐藏了那些主张的真实动机和价值。在这些事情上,不存在什么修炼智慧的替代品。性格品质形成一种生态:好奇心的价值,同其他品质一样,由它与其他品质和环境的关系所塑造。

哲学家曼森指出了我在讨论认知伦理中运用的四个因素:**过程**、**内容**、**目的**和**情境**。我曾经把它们用于知识的评估,但是曼森把它们作为

---

*《伽利略传》,布莱希特著,丁扬忠译,上海译文出版社 2011 年版,114 页。——译者

** 同上。——译者

影响好奇心的德行(virtuousness)或恶行(viciousness)的因素。[12]回想一下:**过程**指求知和获取知识的种种手段。毫无疑问,好奇心可能是危险的,因为所用的方法、干预的当局、所涉及的活动(如侵入性的窥探),或者因为伴随成功而来的附带的破坏性揭露。例如,人们可能想象记者的调查包含所有这些因素。但是,好奇探究的过程也会显示出智识勇气、出色的研究技巧、顽强的努力,以及避免草率下结论的审慎。[13]

求知的**内容**,会在伦理意义上与获取知识的方法显著无关:它本身会受禁止、限制或危害;它可能毫无价值、微不足道或令人厌恶;或者它可能是知识,无论怎样获得,都很尴尬,因为它侵犯了隐私或机密。在知识获取中也存在机会成本,人对何种知识值得追求的判断的品质,可以揭示认知德性和劣性。在围绕死胡同那些令人鼓舞研究思路的机敏选择中,存在着认知德性。我们可以想象一种德性,用我前面那份旧成绩单的语言来说就是"巧用时间"——这使对立的劣性变得两极分化:不明智使用学习时间,比如花几个小时获取关于真人秀节目出演者纠纷的信息,而不是学习关于"美国内战"的知识或进行癌症研究。总之,当指向不值得的内容时,好奇心受到玷污。

人们在求知方面的**目的**也很重要。阿奎那观察到:"那些为了罪恶而学习的人,是在从事罪恶的研究。"[14]这是一个例子,即影响手段的目的。如果我们用"道德错误"替换"罪恶",肯定能找到适合阿奎那范畴的案例。曼森给了我们两个研究人员的案例,他们在研究摄入某种物质是否会引起疼痛。一个人的邪恶目的,是为他那个残暴政权找到更有效折磨俘虏的手段;另一个人是在寻找治疗肠癌的方法,并希望将副作用最小化——一种善良的目的。[15]

情境包括我前面(第七章)列出的许多方面:我们的关系和角色;他人的认知权利和责任;即刻的社交情境和相关认知共同体的规约。曼森给出了几个很好的例子,来说明这些事实如何可以毒害哪怕是纯粹的知情欲望，但我这里将只概括一个例子：一个人对他拥有的瓷雕像的价值感到好奇，去向某专家询问一系列详细的问题（到目前为止，这是合理的知情欲望），但他这样做的时候专家却在悲伤，为自己年幼的女儿举行葬礼（一个寻求这一信息不合时宜的社交情境）。[16] 他缺乏敏感性和判断力，这玷污了他的好奇心。

如曼森所言，即使是对好奇心作为德性和劣性的彻底分析，也仍然集中在获取知识的欲望上。他声援的一种另类德性指向无知，他称之为**认知约束**。这并不是我们如何形成信念的德性（诸如头脑开明地权衡证据并指出其所及范围，确保与已知真相的一致性，或判断证言的可信度），而是一种重视**不欲知**（**不求知**，**不知**）并寻求在适当的时候保护无知的德性。歌颂认知约束，不是为了支持反智主义（anti-intellectualism）或拒斥科学探究。但它确实挑战了那种简单化的观点，即认为知情欲望时时处处是一个好的、适当的动机，挑战了那种假设，即认为获取知识在不提及方法、内容或情境的情况下才有价值。总之，曼森把认知约束的概念确立为对于过程、内容、目的和情境的伦理问题——问题在"好奇心"这个中立概念中开放——的适当敏感性。

审慎

审慎是一种主要担忧保护、分享知识和无知，而不是求知或形成信念的德性。从词源学的根源可以分离或区分，**审慎**指的是一种道德敏锐，即在社交情境中做出突出区别的力量。因此，审慎的人避免以侵犯隐私或机密，或者引起违法（除非是正当的理由）的方式言行；她对关于在一个认知共同体的关系中出现的伦理问题具有敏感性及敏锐判断。

审慎的人会欣赏无知的偶尔价值，或者至少是不露衷曲的价值和某些人在特定时间就特定事情**不知情**的价值。其目的不是要操纵别人,而是服务于伦理准则和认知准则。审慎偶尔会要求对信息申求的抵抗,反对好管闲事的人的窥探行为,反对把危险知识分享给不合适的个人。审慎不仅会拒绝不恰当的信息泄露,而且拒绝试图通过人们之所知和要不要告知而获得社会地位。这种德性的核心,乃是认知互动中的良好判断。

哪怕如此扼要地考察审慎,也让我们再次想起了认知德性和劣性被认知共同体中的个体所证明。例如,审慎或认知约束的价值,将不会当人仅仅独自求知的时候出现。认知约束和审慎都表明,无知在认知互动中是有价值的。

信任

博克写道:"对人类而言,不论什么事情,信任都是它赖以繁盛的氛围。"[17]她的睿智观察,包括对我们来说也是认识论上重要的事情。认知互动,在我们可以信任消息来源和提供者以及他们信任我们时繁盛;在我们可以信赖他人的审慎、他人可以信赖我们的审慎时繁盛;在我们相互信任完成认知义务——且当这种信任受到辩护时繁盛。

"信任"既是名词,也是动词;也就是说,**信任**可以是状态,也可以是行为。信任和怀疑都产生于无知内部。信任就是要扩大可信度,放弃持续的验证或辩护;[18]怀疑则是否认可信度,缺乏令人信服的独立证据或证明。信任不仅出现于无知中(我要是自己知道某些信息,就不需要相信别人对它的证言);信任扩展了信心凭据与无知:如果一方信任另一方,他就不会不断查明他伴侣的下落,证实她的说法,或者搜寻财产。信任,乃是心甘情愿脆弱的。如果我的信任搞错了对象,我就是向利用、伤害和失去披沥衷曲。正是此种信任的意愿,使无知的脆弱性变得令人痛楚。

我们的大部分知识,都来自他人。然而"证言",如认识论者把从他人那里得到的称为信息,于传统理论中在某种程度上已经贬值,因为它是二手的。(回想一下对那个独自、自主认识者的关注。)然而,在认知共同体中,我们信赖——我们确实必须信赖——他人的证言。怀疑论者则拒绝信赖他人的证言。但是,没有一个人有时间、精力或意志去追踪并亲自验证某人必须在一天内使用的所有信息。我今天早上的日历上写着这是林肯(Lincoln)的诞辰。想象一下,要验证这一点需要第一手资料。相反,我信赖四年级老师教我的、我的日历报告的、互联网资源或教科书的陈述,或者一个林肯学者所说的。但是,所有这些来源都提供了中介知识(mediated knowledge)。甚至那些寻求第一手资料的科学家,也必须信赖其他科学家(包括其他学科的科学家)所提供的知识,信赖设计其仪器的工程师们。就认知利益(epistemic good)而言,我们致力于信任,至少将初始凭据扩展至那些教我们、告知我们的人。知识在可信赖的环境(这包含对无知的接受,甚至是确认)中繁盛。

不幸的是,这也意味着认知共同体是脆弱的,它们确实脆弱——对欺诈、错误信息、谣言、彻头彻尾的谎言和狡猾多端的欺骗,以及夸张、保密、无能、侵犯隐私和机密而言。政治话语已被所有这些罪过毒害,因此,政治话语中的信任已经萎缩。现在,即使是真实的政治主张也难以置信。科学的完整性,被过早发表、作弊数据、偏颇研究、耸人听闻的声称,以及撤回的结论所威胁。那些拒绝烦人的科学结论(比如演化或气候变化)的人,忙于传播怀疑,这破坏了科学中普遍存在的信任并助长了无知。一个曾受信任的朋友撒了一个弥天大谎,便不会再受信任。可悲的是,恢复信任比一开始就赢得信任更加困难。

当然,谨慎地根据知识来扩展信任是稳健的,但是最终,信任(如忠诚)是一种人们做出的承诺,即人们决定要冒的风险;因为,它创造了认知标准(epistemic standards),一种松弛且分享知识变得更有效率的氛围。但是轻信,总是危险地接近于容易上当受骗。然而,值得信赖需要认知本领(epistemic competence)和一套认知德性。谨慎的人减少了伴随无知发生带来的风险,要诀在于只相信值得信赖的人。后文将看到(第十章),我们开发了大量的工具和技巧来降低与信任相联系的风险,要么通过认证可信赖性,要么绕过信任需求。

也许有人会把信任和固执无知混为一谈,因为两者都包含自愿接受无知。但是,固执无知包含对知晓的抗拒;它源自恐惧;它通常衍推自欺或假知;而且,它会贬低相反的证据。认知信任并不抗拒知识;它需要一种小小的勇气;它包含承诺不寻求证据;而且,它可以被相反的证据打破。打破时,两者皆痛苦不堪。

智识谦逊

到目前为止,我们尚未把重点放在对于认知德性和劣性的知识**应用**的领域。为此,我想考察最近另一个关于无知的作品《无知的德性——复杂性、可持续性和知识限度》(*The Virtues of Ignorance: Complexity, Sustainability, and the Limit of Knowledge*)——由比尔·维特克(Bill Vitek)与韦斯·杰克逊(Wes Jackson)主编的论文集。[19]* 此书的护封内容很好概括了这个统编选集的信息,我引用如下:

诸撰稿人认为,对科学知识不加批判的信赖创造了现在

---

*参看《无知的美德》,维特克、杰克逊著,陈海滨译,中信出版社2023年版。——译者

威胁地球的许多问题,我们对科学进步的大规模信赖是站不住的,也是目光短浅的。……他们为一个基于无知的世界观的优点提供了深刻的论据。……这一切都得出结论:我们必须简单地接受这样一个命题,即我们的无知远远超过我们的有知,一贯如此。作者们拒绝相信科学技术是为社会服务的,他们认为承认无知可能是可靠知识的唯一途径。

这个概括既准确又丰富,我想要标记几个要点:

(1)这本书主要关注知识在决定公共政策方面的**应用**,特别是在影响自然环境、塑造了建筑环境的实践和决策方面。然而,他们认为"承认无知可能是可靠知识的唯一途径"也是正确的。这是关于探究的一个主张。(2)作者们关注的是认知劣性(epistemic vice):对我们之所知过度自信,尤其是过度信赖科学技术。他们指责这导致了无效的政策和做法,而且往往因为意外后果而弄巧成拙,对环境和人类社会造成了灾难性后果。(3)与假知和信念不同,可靠知识仍然是他们的最终目标。(4)作者们提倡"基于无知的"世界观("ignorance-based" worldview),但这等于承认我们的无知。[20]实际上,这意味着要制定和实施对副作用、长期影响、意外后果、机会成本、可持续性等具有告诫和警惕性的政策。尽管未提供详细的策略来描绘相关的无知(以及回想确定"相关"无知之艰巨),但他们确实认为"那些持有基于无知观点的人"实际上学得更多。(5)在这个陈述中,识别无知是有德行的,而不是无知本身;尽管它具有煽动性的书名,但被赞美的真正德性,乃是**智识谦逊**(intellectual humility)。为此,作者们集体创造了一个令人信服的案例。

很明显,从识别我们自己的无知中获得的智识谦逊,是一种认知德性。傲慢、自负、批判或抗拒新的信息和纠正,如此这般独自求知或在认知互动中求知,都是不明智的——当我们运用知识时,同样的道理也成立。

作为无知德性的谦虚

与谦逊(humility)有微妙联系的传统德性是**谦虚**(modesty)。在这个情形,词源学的根源可以回溯到拉丁语 modus(意思是"衡量或方式")及其衍生词 modestia(意思是"适度或谨慎的行为")。但是在基督教中,**谦虚**成为一种利己主义、不出风头的德性,同节制有别。也许因为亚里士多德认为所有的德性都是各种形式的节制,避免过度和不及*,或者是由于战士英雄形象挥之不去的影响,他并没有把个人的谦虚看作德性。

在1989年发表的一篇论文中,朱莉娅·德赖弗(Julia Driver)认为,谦虚是(如同她的文章名)"无知的德性"之一。[21] 她所指的含义、为之辩护的论点,值得我们在这里关注,这也引发了一些激烈的反驳。她说谦虚是一种依赖于(确实需要)无知的德性。她的论点如下:

1. 德性需要实践智慧(phronesis),即对能够使人(用亚里士多德的表述)在正确的时间以正确的理由、正确的方式做正确的事情的情境、自省和合理判断的敏感性的混合。正是通过实践智慧,勇敢、慷慨或可敬的行为得以确定。

2. 谦虚是一种德性。(这当然是今天的主流观点,虽然有反对者。大概——尽管德赖弗没有这样说——谦虚就像其他

---

*"不及与过度都同样会毁灭德性。"《尼各马可伦理学》,亚里士多德著,廖申白译注,商务印书馆2017年版,40页。——译者

德性一样出现在诸多德性的生态中,并受制于道德约束。还存在着有害的形式——如同好打听是一种有害的好奇心。)

3. 但谦虚是一种**低估人们自我价值的倾向**。(这个对谦虚的刻画,为德赖弗的主要观点打开了大门。)

4. 因此,**谦虚需要无知**,特别是对人自身价值的无知,以及伴随着系统误差,也就是持续低估人的价值。德赖弗认为,谦虚必须基于真正(不是假装)不知自身价值,否则就是虚伪——是对自身价值的故意错误投射,是一种劣性,而不是德性。

5. 我们听到"我是谦虚的"的话语,好似奇怪的自相矛盾。那是因为这个陈述强调了我的自我觉知(有知),即总是错误认识自我价值,这就需要缺乏觉知(无知)。它掩盖了一个悖论。

6. 事实上,实践智慧会削弱谦虚,因为它会对自身价值进行**合理的**评估。因此,德赖弗主张,如果谦虚是一种德性,我们必须拒绝上述第一个命题:事实上,实践智慧并不是所有德性的必要条件;对于一个特定的类型——"无知的德性"——它是有害的。(唯一的他择是,否认谦虚是一种德性。)

7. 她声称那种"无知的德性"也包括**盲目仁慈**(blind charity),一种"思想的德性",只看到人的优点,看不到缺点。这是一种对缺点或缺陷视而不见,而关注人的德性的倾向。对于盲目仁慈,对人的消极方面无所知是一个要诀。[对我来说,它更像是**忽视**(ignoring)的德性而不是无知的德性——如果它确实是一种德性的话。]

因此,德赖弗摆出了一种挑衅的立场,其中充满了争议的观点。我和几个哲学评论家一起思考:为什么(在她的叙述中)谦虚是一种德性?谦虚和失误、自欺或错觉有什么不同?为什么谦虚不只是一个反复出现的认知错误?

大多数读者同意她的观察(5)关于断言"我是谦虚的"存在着一些奇怪的东西;但大多数回应者不同意她对谦虚的描述(4)是对自我价值的系统性低估。一些人注意到她对盲目仁慈的描述也是很麻烦,甚至描述一种劣性,而不是德性。

欧文·弗拉纳根(Owen Flanagan)迅速做出回应。[22]他认为,当她说存在着"如果行为人知道她有德性,那她就不会有"这一类德性的时候,德赖弗做出了一个重要但假的声称。他认为,"我是谦虚的"的奇怪之处是一种行事古怪,而不是直接的自相矛盾。事实上,他认为,人可以是真正谦虚的并且知道它,但是,适当断言它的时机和境况则相当有限。吹嘘一个人谦虚,反而自相矛盾。尽管弗拉纳根接受了德赖弗把谦虚与自我价值评估相关联的分析框架,但他采取了这个倾向于**不高估自我价值**的立场。因此,失误和无知并未被衍推。恰恰相反:谦逊需要认知约束(用曼森的术语)和实践智慧;它出现于不想不自量力、不要夸大或夸张自身价值或成就的欲望。

乔治·弗雷德里克·许勒尔(George Frederick Schueler)与德赖弗于20世纪90年代末进行了一次有趣的交锋。[23]许勒尔也发现她对谦虚的描述是有问题的。他以世界第三优秀的物理学家的案例反击,后者认为自己是第五优秀的物理学家,并且经常吹嘘:据德赖弗的说法,这会是个谦虚的人,总是低估自己的成就。然而,许勒尔拒斥那些自我价值估价理论——包括德赖弗、弗拉纳根的理论——认为谦虚是**缺乏对个人成就进行评估的欲望**。因此,它与失误和无知无关。

尼古拉斯·博马里托(Nicolas Bommarito)提出了一种不同的解释:谦虚是一种"关注的德性",将人们对自身成就的关注转移到其他事情上。[24]因此,这不是一个自知之明(self-knowledge)或无知问题,而是人们把注意力和关切置于哪里的问题。

我对这些立场的快速概览不能对这个对话(遑论其他参与者)丰富的内容进行公正的评价,[25]但足以说明德赖弗在反驳她的回应者时,基本上重申了自己的论点。尽管如此,我并不认为她对谦虚的描述令人满意。谦虚不是无知的德性。我也不同意把谦虚解释为一种基于无视自我价值的系统评估误差,以及这种品质是一种德性的概念。尽管存在着一些需要**承认**自己无知的德性,比如谦逊,但我不相信存在着一些**信赖**无知的德性,即存在着仅当人不知道谁拥有德性时才会存在的德性。

同样的问题,也出现在至要的德性——智慧。说"我是聪明的",是一种矛盾或行事古怪,但这是因为断言自己的智慧并不明智。它不要求那个聪明人对其自己的理解犯了低估的系统性误差。这并不意味着某人不明智,除非不知自己的智慧。智慧当然需要知道某人理解什么、不理解什么,并承认未知之未知的因素。

德行无知的教师

法国后现代主义哲学家雅克·朗西埃(Jacques Rancière)在一部令人着迷的作品《无知的教师——智力解放五讲》(*The Ignorant Schoolmaster: Five Lessons in Intellectual Emancipation*)*中,对无知的德性提出了一个不同寻常的大胆主张。[26]正如他后来评论的那样,他的书采取了"一个最不合理的立场:教师最重要的品质,就是无知的德性"。[27]

---

*《无知的教师——智力解放五讲》,朗西埃著,赵子龙译,西北大学出版社2020年版。——译者

朗西埃讲述了约瑟夫·雅科托（Joseph Jacotot）的故事，后者是一名教师，制造了"19世纪30年代发生在荷兰和法国的一件丑闻"。雅科托被指定为只会说佛兰芒语（Flemish）——一种他自己也不懂的语言——的学生讲授法语（French）。他找到了一份双语课本，靠一名口译员帮助，让学生们阅读课文的前半部分，利用译文，反复演练他们学到的东西；然后，他们快速阅读这本书的后半部分，**以法语**写作他们学到的东西。他对结果感到惊讶：在没有直接传授知识给学生的情况下，学生们竟然学会了用法语很好地表达自己。雅科托继续以同样方式"讲授"他不懂得的其他科目，并声称自己也取得类似的成功。他得出了一个具有挑衅性的结论，那就是一个无知的人能够让另一个无知的人懂得一些他们以前都不懂的事情。他宣布并推动了这一方法，作为"普世教育"的解放方法。一个好老师，是德行无知的。

暂且不提这种方法是否对所有的学生和所有的科目都有效那个实证问题（因为这些都超出了我们的关切），而是转向声称这是一种"解放"教学法。传统上，教学被认为是力图向无知者（学生）传播知识（由老师掌握）；获取知识，对学生来说是一种解放。因此，懂得（knowing）有助于传达理解，于是理解即解放——根据雅科托和朗西埃的说法，那种标准声称亦然。实际上，他们说，这个知识传播乃是智识帝国主义，即强迫学生们的思想纳入既定的思维模式以获得"正确"答案，且熟练程度由老师来判断。他们指出（一个现在熟知的观点），那些有知者具有胜过无知者的权力，甚至在其无知的归因中表现出来；知识传授是一种官方强加的权力。事实上，基于知识教学的结果徒劳无功，并不是解放。

根据朗西埃的说法，这并不能被理解为是对苏格拉底方法的重新发现，他认为这是基于**一种假装**无知（feigned ignorance）的提问，是为了引出老师已知的回应而设计的。相比之下，雅科托的教学方法依赖于"老师"的**真正**无知(genuine ignorance)。老师之所知和他所提供的知识之间,存在着脱节——事实上,朗西埃说,老师不会认证此种结局的"正确性"。(有人可能会问,雅科托是怎么知道他的创新方法成功了?)在人人平等的假设下——假设老师和学生在学习和理解的能力上是平等的——这两个人都对这种教学法表示赞赏,而不是老师的认知权威和优势的传统模式。因此,这是一种真正解放的教育。

对于朗西埃来说,其蕴涵比教学策略更大:他的分析是更大的后现代主义政治批判的关键部分,一个"解放的新逻辑"。[28]民主承诺的自由,不是一个人可以给予另一个人的自由;所有真正的解放,最终是自我解放。那些想要通过知识解放我们的人——就像柏拉图洞穴囚徒那个不知名的解放者,也许是伊甸园里的蛇——适得其反。他们锻炼教师对门徒的认知能力,通过引导我们采纳他们自己的真理而提供认知奴役(cognitive enslavement)。

美国哲学家理查德·罗蒂(Richard Rorty)对右翼和左派的教育观进行了著名的对比,认为右翼的人从真理开始,说"知道真相(the Truth),真理(the truth)就会让你自由",而那些左派把自由放在第一位,说"保证自由,真理将会照顾自己"。[29]然而,对于朗西埃来说,是平等,尤其是人类智力的平等,必须被推定,尽管我们永远无法知道它成立。无论如何,自由是无法保证的,自由必须被赢得。毫无疑问,这是一个乌托邦式的愿景:"我们可以梦想一个解放者的社会,那将是一个艺术家的社会。这样的社会将拒绝那些知者和不知者之间的划分,那些拥有知识产权与未拥有知识产权的人之间的划分。"[30]

一个相关的主题是亚利桑德罗·冈萨雷斯·伊尼亚里图(Alejandro González Iñárritu)的电影《鸟人(无知的意外美德)》[*Birdman: Or (The Unexpected Virtue of Ignorance)*]。在多层的情节中,主人公瑞根·汤姆森(Riggan Thomson)是一个荒废的演员,其标志性电影角色是一个超级英雄——鸟人。瑞根受鸟人那种嘲弄的内在声音所妄想、幻觉、折磨;他无法找到真爱。为了事业复苏,他执着于写作、表演和导演一部百老汇作品的疯狂念头。因缺乏相关的经验——他的主演说瑞根甚至不知道他自己的话剧是关于什么——他固执己见:不顾批评家的反对,尽管灾难、打斗不断,还有自杀未遂,话剧继续推进。令人惊讶的是,出于无知,瑞根创造了一部杰作。它的创造力和超现实主义的力量,并非来自百老汇戏剧的现实中那些知识渊博、经验丰富、精通于此的人。[31]

但是,让我们回到朗西埃的教师,聚焦于"无知的德性"。我理解朗西埃的核心主张是:(a)矛盾的是,教师对这个主题的无知状态有益于学生学习——只要使用正确的方法;(b)基于无知教学的效果是真正的"解放",而基于有知的教学则是认知奴役;(c)所以,无知是一种教学德性。

在评估这些主张时,我想谨慎为好,勿让结论脱离证据(运用另一种认知德性)。让我们假设雅科托对其教学成功的描述是真实的,(这更像是一种延伸)这种方法对学生们普遍有效。他提倡的方法包含:教师关于主题的真正无知(不是泛泛无知);提供适度的用于自学的资源(在他最初的案例中,是双语课本);学生们参与独立自主的学习活动。

促使雅科托发现这种方法的原因,在于他完全不懂学生所讲的语言,当然,他懂法语——目标语言。他在后来的试验中改变了对目标主题的无知。有人会问:假如老师**假装**无知,撇开伪善,这种方法莫非还能如此奏效?假如该方法有一个独特的能力,难道它不会位于老师的活动、给学生的作业的性质,以及可接受的学习成果的形式中——不会位于老师缺乏知识之中吗?朗西埃拒绝这个,声称一个假装无知的老师不可能抑制纠正和解释的冲动,巧妙地将学生引导至预定的学习目标。但是，甚至是真正无知，亦不足以完成如朗西埃所描述的解放式学习；人们需要雅科托所描述的其余的教学法。假设一个人如下认为——我相信朗西埃是这样做的：因为对主题的无知可以促进解放式教学，实现这一点的方式乃是确保老师对主题的无知。这是"在此之后，因此之故"谬误（*post hoc ergo propter hoc* fallacy）的一种变体，即依序假设因果关系。好比虽然卡车总是在它倒车之前发出"嘟嘟"声警告，但我们无法推断"嘟嘟"声使卡车发生了倒车，所以我们无法得出结论——学生们之所以学习，**是因为**老师对这个主题一无所知。

　　在雅科托的例子中，也有这种转变。在教法语给讲佛兰芒语的学生最初的案例中，雅科托对其成功感到惊讶；但他知道自己之所以成功，**恰恰是因为他自己懂法语**。他不懂的是佛兰芒语。换句话说，他对目标主题并非一无所知；事实上，他运用自己的知识选择了双语教科书，评估学生的书面作业。但他随后开始以他所不了解的主题为目标，于是，决定什么可能意味着**成功**这个问题变得复杂起来。什么是那个无知的教师识别学生真正学习的不证自明标志？他是否信赖学生的自我评估？人们必须调用专家来评估结果吗？你怎么知道真正的学习发生了？朗西埃希望避免提前规定学习目标，允许有多个有效的结果。但问题依旧：根据什么可以确认这种方法的成功？如果这些问题仍然沾染一种思想的殖民主义，那么根据朗西埃的说法，是否还有可能保持一个获得任何真知的目标？还是知识的概念本身就与他追求的思想解放的概念相对立？我们要是放弃了有知的概念，也就失去了无知的概念。

　　朗西埃规定的那种激进教学法，需要的前提是平等智力。结果并不存在什么个性化的教学，并没有理由设法解决任何学生的特殊需要或技能，也没有机会驾驭个人的兴趣。所有的教学反馈，都被看作教学的修正。那种从老师对主题的热情中散发出的活力，受到了取缔。除

了提供提示之外,该方法随后被简化为独立研究。³²

尽管如此,在朗西埃的文本里,仍有许多内容很有洞察力和重要性:他对启蒙主义作为教学模式的批判;他的解释框架作为有知战胜无知的力量的实操;他注重教师和每个学生的认知潜能(epistemic potential);他通过学习获得解放的需求和对"正确性"教学的徒劳无功效果的警觉性相结合;他对教育与政治生活之间关系的洞见。他隐含地揭示了有知定义无知的多种方式。虽然他和雅科托已经表明,无知对于一个教师(和学生们)有时会是一种解放,但并未把它提升为众多教师的德性。相反,无知的状态有时会释放德性,压制教学的劣性。

认知成就

鉴于本章和前一章的讨论,一个适当的规范认识论应该指导我们不仅要获取知识,而且要构建、强加和保护无知。它应该指导我们在共同体内的认知互动,而不仅仅是独自求知。获得知识通常是一种成就,这需要熟练运用认知官能和认知德性;获得知识通常信赖他人。但是,尽管我不愿意称无知是一种成就,但它的明智识别、构建、保护、强加和泄露皆需要熟练运用我们的官能和认知德性。的确,一些德性,比如智识谦逊、审慎和信任,只有**涉及**无知的关系时才有可能。其中的一些德性,只有在与他人的认知互动中才有可能。无知有其用途,但智慧和德性位于我们对它的行为中。成为无知本身,并不是德性。³³

第四篇

作为限度的无知

界线……永远以存在于某一个确定的场所以外并且包含这个场所的一个空间为前提;限度并不需要以这个为前提,它仅仅涉及没有绝对完整性的量的一些否定。

——康德

◇ 第九章

可知之限度

人类理性在其知识的某个门类里有一种奇特的命运,就是:它为一些它无法摆脱的问题所困扰;因为这些问题是由理性自身的本性向自己提出来的,但它又不能回答它们;因为这些问题超越了人类理性的一切能力。*

——康德

康德区分了边界(即界线,德语为 Grenze)和限度(德语为 Schranke):"界线(在有广延的东西里)永远以存在于某一个确定的场所以外并且包含这个场所的一个空间为前提;限度并不需要以这个为前提,它仅仅涉及没有绝对完整性的量的一些否定。"**[1]我觉得,正是在他的区分中,把无知作为知识的限度。边界把一个地方围起来并纳入其中,它意味着被它排除在外的东西,位于边界的另一边的东西。当我们知道边

---

*《纯粹理性批判》(Critique of Pure Reason),康德著,邓晓芒译,人民出版社 2004 年版,1 页。——译者

**《任何一种能够作为科学出现的未来形而上学导论》(Prolegomena to Any Future Metaphysics),康德著,庞景仁译,商务印书馆 1978 年版,141 页。——译者

界的位置时,可以绘制出我们的无知,这也意味着我们标记出边界以外的东西。但是,当某物有一个限度时,除了否定性的表达外,没有任何关于超出限度的暗示。只有一种感觉,某种事物已经完成了它的过程,结束了,耗尽了,剧终,无论是完备还是不完备。

我们所能知道的是有限度的。在这方面,无知是可知(the knowable)的否定性。在实践中可知,在原则上可知:两者都有其限度。这些限度适用于我们作为个体,在任何给定的时刻和任何时间间隔,包括我们的一生;它们适用于所有人类,在任何历史时刻,在我们作为一个物种的跨度内。在我们所能的范围内,了解我们知识的限度是一种元知识。从广义上讲,它涉及知——什么样的事物可知,什么样的事物不可知;它渴望知道什么时候关于某个特定领域的一切**都是**已知的。

完备是达到限度的一种方式。这是一种完美的形式。收集者为完成其收藏品而努力,全套代表其难以捉摸的极限。全知将是可知事物的最外层极限:所有可以知道的事物都将被知道。当然,无所不知是上帝的传统完美之一:囊括真理的全部。

曾经有一段时间,科学头脑们(scientific minds)谈到了"完备科学"的理想,即一门能解释所有现象的科学。对这种理想的一种解释是制图学:科学调查描绘实在,当它描绘一切的时候,地图就会完成——可假定包括地图本身。但是,这类理想的地图集当然是一个神话,是不可能的。一幅包含所有事物的地图将与现实是同构的,是现实本身的复制品。一个更合理的解释是解释的完备,但这也需要我们提供更多的知识:知悉所有的自然法则,知悉所有的实体,知悉个人和世界的状态。尽管如此,我们要是能实现这个理想,就会达到知识的限度——解释一切可解释的东西。

另一种达到限度的方法就是资源或选项的终结,完成可用的一切,耗尽能力。这不具有完备(completeness)或完美的蕴涵;事实上,它显示不完备(incompleteness)。它意味着,现实被限制为一个子集,而不是全集。例如，在加满油的情况下，我的车最多可以开多少英里；油箱空了，我就达到了极限。对我家谱的重新构造有一个限度：它是现存最早的相关文献。（请注意，我并没有尽可能跑完**所有的**英里，也没有找到我**所有的**祖先。）在第六章中，我提出了一个人一生中可以阅读的最大书籍数量的估计限度。（然而，如果目标是读完特罗洛普*的所有小说，我就能**完成**这项任务——并且达到第一种意义上的极限。）

这两种意义都适用于知识。我在这里关注的，不是把我们对可知之限度的细节罗列出来——这是一项不可能完成的任务，只会证明我的观点。我是要确定限度的类型及其来源，确定个人甚至最宏大的认知共同体所获得的知识，是如何永远有限和不完备的。

时间性

我们谈论有知的时候，它是一种占有，一种持续存在的对象（尽管是一个抽象的实体）。然而，我们想到认识（knowing）的时候，它成为私人的心理状态。这是一个动名词，而不是一个分词：如果我问："你在做什么？"回答说"我认识 X"会很奇怪。认识在我们的观察中是不清楚的，所以我们通过其他的认知过程，诸如回忆、识别、表达、应用等来检测它。有知预设了认识，而认识是一种随时间发生的状态。认识的那种时间性（temporality）限制了我们之所知。在我们活着之前和之后都存在着时间，在我们知道之前和之后都存在着时间。无论何时我们活着，无论何时我们知道，过去和未来的大部分对我们来说都是未知的、不可知的。

---

*安东尼·特罗洛普（Anthony Trollope，1815—1882），英国作家。代表作品有《巴塞特郡纪事》（*The Chronicles of Barsetshire*）等。——译者

几千年来，人类对自己的经验进行了编码，把它记录在耐久的物体上。这些文本、图像、录音和对象保留过去的经验，以传递给未来。随着时间的推移，我们建立了收集、储存、编目和分享这一珍贵文化遗产的诸多机构，从实体图书馆和博物馆到数字化的图书馆和博物馆。

不幸的是，我们并没有能够同样好地保留所有的经验。语言，尤其是书面语言，允许各种经验的编码；但是，任何语言都受到它的句法和词汇限制。"我的语言的界限意味我的世界的界限。"*路德维希·维特根斯坦（Ludwig Wittgenstein）如是说。[2] 将经验转化为语言，涉及转换：我们可以建立丰富的词汇表来指定（例如）气味，但是用语言呈现气味则无法保留气味。[3] 同理，符号的形式被发展为记录音乐的各个突出方面，但符号没有声音；花了好几百年的时间，我们才可以捕捉声音。一些气味、声音和景象永远消失了，而运动只是由静态画面体现。保存的"电影"和有记录的音乐表演，可供我们使用仅仅一个多世纪。触觉仍然缺乏一种保存技术；保持口味，则需要集纳原有的秘方和配料。

因为我做事的时候活着，故幸运地知道关于过去的许多事情；我对过去的了解，不仅包括**知道那个事实**，还包括知道**它是什么样子**的案例。我可以看到在我出生之前我祖父的照片；我可以欣赏在我活着之前几十年的音乐表演。但是，存在着限度。虽然我会知道一些关于高祖父的重要事实，但我永远也见不到他的面容。我们谁也听不到肖邦（Chopin）、莫扎特（Mozart）或巴赫（Bach）在演奏；永远闻不到伦敦的"大恶臭"**，或已灭绝的花朵的芬芳；永远看不到欧里庇德斯

---

*《逻辑哲学论》(Tractatus Logico-Philosphicus)，维特根斯坦著，贺绍甲译，商务印书馆1996年版，32页。——译者

**1858年，伦敦遭遇酷夏，持续的高温使得积满污物的泰晤士河散发恶臭。——译者

（Euripides）的首演或尼金斯基（Nijinsky）的舞蹈。除非时间旅行，否则，未记录的过去将会只是一个模糊的猜想。

历史必须从废墟中重建，因为留存下来的往往是不完整的。我们必须从亚里士多德偶然流传下来大约三分之一的著作解释他的思想。那些未记录的事实、消亡的记录、保密的事实——所有这一切都超出了我们之所知。1890年美国人口普查的记录被大火烧毁殆尽，是一个不幸的、永久的信息丢失。运气（luck）是对过去的了解的一个决定因素（尽管存在认识论的束缚，否认真知可以源于运气）。我们对过去的有知，故我们对过去的无知——甚至比我们可能知道的还要多——都是运气的问题。因此，关于过去的可知事实，而不仅仅是感觉，都是有限的。例如，我们将永远不知道，最后一个死于罗马斗兽场的女角斗士的身份。

有时候，人类的行为是造成那种损失的原因。当我写这些字句的时候，恐怖组织要坚决摧毁考古宝藏、墓碑和当地历史记录。我们或许已经记录了图像，但是实体对象被破坏了。纳粹臭名昭著地销毁了许多被他们认为"颓废"的艺术家的作品。当然，除了这种毁灭之外，还有一段"史前人类历史"，那时没有人类的人工制品，一段我们只能根据主要基于地质学和古生物学研究从宏大推断和外推加以想象的时期。

但就此打住！不要轻率地把任何东西都宣布是永久不可知的，谁能说新的证据不会出现？想想最近的发现——理查三世（Richard Ⅲ）的遗骸*——有多少得自以前被认为是永远失去的东西。回想一下，在19世纪末的莎草纸上发现了亚里士多德的一部失轶作品《雅典政

---

*2012年，英国约克王朝（1461—1485）最后一位国王理查三世的遗骸，经DNA鉴定，在英国莱斯特一个破败的停车库地下被发掘出来。——译者

制》(*The Constitution of the Athenians*)*。人怎么能自信地断言任何事实皆永远失去了呢?

在这一点上,肯定有一些真相。技术创新可以打开新的探究和确认思路——DNA分析是典型的例子。当然,在检测、恢复、重建和保存的方法,以及从不同数据和模拟的推断技术中,我们正变得更加成熟。但是,我们无法恢复过去的所有事实、创造从未被做出的记录,或者捕捉那些已被抹去的作品。关于过去的大量事实,包括许多有重要意义的事实,我们肯定永远无法企及。

时间流逝产生的认知损失(epistemic loss),来自本体论损失:知识是有限度的,因为世界消失了。一些当代物理学家认为宇宙是一个全息图,其中没有信息丢失。这是一种观念,它用事件的理解来看待宇宙的统一,过去和未来相互融合。但是,即使信息守恒(conservation of information)成立,信息也不等于知识。

所有的损失,尤其是没有记忆的损失,都是可怕的。对哲学家怀特海而言,丧失是超出我们能够预防或改善的终极的恶。他写道:"因此,世界面临着一个悖论,至少在世界的高级的现实中,它渴求新颖而又唯恐失去过去,以及它所熟悉的东西和它所钟爱的一切。"**[4]怀特海是一个把过程看得比物质更重要的哲学家,他会发现在流变中丧失过去的前景如此恐怖,这似乎有些奇怪。然而,像许多思想家一样,他在神学建构中找到了解决办法:他把上帝想象成一个拯救神,采取"一种亲切的判断,它没有失去任何可以拯救的东西"***。[5]此种拯救既是本

---

*《雅典政制》,亚里士多德著,日知、力野译,商务印书馆2009年版。——译者
**《过程与实在》(*Process and Reality*),怀特海著,李步楼译,商务印书馆2016年版,515页。——译者
*** 同上,525页。——译者

体论拯救也是认知拯救,保留存在物及其真理。在悠久的哲学史上,上帝是一种认知解围之神,至少是和本体论解围之神一样频繁出现的。

未来也是不可知的——但原因各不相同。我们可以**预测**未来的许多方面(**预测**就是**预言**;在词源上,即"说在之前"),但是预测是对知晓当前而不是对知晓未来的阐述。未来的事实从我们的视角来看,仍然不过是多种可能性——即使没有其他的可能性。连最激烈的决定论者(他们也相信根据对当下和自然法则的完备知识,未来在理论上是可预测的)都必须承认我们对世界现状的个体和集体的认识是可悲地不完备的——世界的状态变动不居。此外,所有这一切都基于一个假设:自然法则永居不变。

此外,还有一些事实有待于尚未存在的概念化的框架。伽利略不可能知道太阳耀斑产生大量的辐射,因为定义了电磁辐射理论概念的框架直到几个世纪以后才发展起来。希波克拉底(Hippocrates)不可能知道疫苗接种,因为整个微生物学领域、病原体和抗原的鉴定,以及这项技术本身,都在等待两千年后的发现。可以肯定的是,新的理论范式、新的概念,将会出现在未来——事实上,在未来的任何时刻都能看到。我们不仅不知道这些将会是什么,甚至也无法想象其中的许多。就像在黑暗路上开车时看到的灯光,我们知道什么位于前方的能力是有限的。再一次,只有时间旅行的前景——而且只有旅行者的身份,尤其是记忆,不因旅行而改变的时间旅行——才会挑战这些限度。

未来的不透明性(opacity),也就是个人未来的不可知性(unknowability)。我们不会知道未来的自己——更确切地说,是自我——因为生活让我们感到惊讶。我们不知道会对自己生活产生影响的事情和它们将会改变我们的方式。对这一限度的承认会是恐惧之源(source of trepidation):它让我们面对自己幸福生活的脆弱,甚至是我们的身份。但它也可以成为希望之源(source of hope):这是一种反对自杀的理由,尤其是那些并非由绝症引起的病例。考虑自杀的人否认未来的不可知性,劫去一个未来自我的选择和它的生命。[6]

最后,认知显然受到了寿命的限制。作为个体认识者,每个人都有自己的过去,随着时间的推移,个人历史大多已经丧失。我所指的"丧失"是它已经从单纯被遗忘的变成无法挽回的;它已成为不可知的。甚至对我们来说超出认知范围和更深刻的不可知事件,都将在我们死后发生。我们可以在拥有的时间里知悉很多东西;但是,死亡是我们认知的一个确定的最终限度。人类认知,随人的生命而荣枯。

生物学限度

除了寿命的绝对限度之外,生物学对知识还设置了其他重要的个体限制。其中一个是人脑的容量。甚至我们大约1000亿个神经元也只能够处理、存储这么多信息。作为一个物种,我们超越了由知识专门化的认知劳动分工所致的这些个体限制——我们可以将这些知识储存起来供他人使用。当然,这也有限度。不应该急于假设,存储数字化信息是我们从无知中得到的救赎。不幸的是,浏览信息并不等同于知道。不妨问问任何一个拥有教科书的学生。仅仅因为人可以访问海量的互联网资源,并不意味着他知道网络上的一切。[7]

此外,我们忘记了所学到的许多东西。这不仅仅是生物学缺陷;从心理学和生理学上来说,这也是一种好处。那些记得所有事情、不能忘记的人的罕见案例,揭示了无法忘记是多么痛苦。[8] 如果记得经历过的所有感觉,我们的认知过程很快就会被压垮。从某种意义上说,忘记是一种认知能力(cognitive ability)。但是,我们不再知道不记得的东西。

另一组重要的限制,是内禀于用来获取知识的生物学系统:感官系统。所有这类系统,都在一些参数内运作。以主要感官系统视觉为例:

我们眼睛只能看到很小范围的电磁波谱,即可见光,波长为380—760纳米。其他生物拥有能看到超出这个范围的眼睛:例如蜜蜂,看到了进入紫外线范围的一小部分;所谓的蜂紫色,指的是一种人类无法体验的颜色。此外,普通人可以使用三种感光细胞组成的复杂网络,以分辨大约1000万种不同的色调。但是,存在着(有争议的)证据表明有些人是四色视者,那种额外类型的光受体的效果意味着这些人实际上会看到高达1亿种不同的色调。螳螂虾的视觉系统至少有12种不同类型的光受体——是已知的最复杂的视觉系统之一。问题的关键是,拥有正常色觉的人类对具有更强分辨能力的生物的颜色体验一无所知。

此外,视觉只在其他约束条件下发挥作用。我们只可以在一定的距离和一定大小的范围内看到对象。我们的视网膜具有盲点。所有这些限度,甚至适用于那些拥有"完美"人眼的人——这是少数人。众所周知,我们的嗅觉和听觉系统与许多其他生物的系统相比是如此低级。我们缺乏其他动物拥有的整个感官系统,特别是用于导航的系统,比如鸽子对磁场的感受能力。

因此,感官系统的参数、参与的感知调解,以及我们所使用的特定感官系统,都对我们的体验和所能知道的施加限制。康德仔细标明了人类理性的限度,他揭示了:我们可以知悉我们有这样的限度,自己建构了世界的体验;但是,我们不能知晓物自体,也不知道超出或在认知能力范围之外的事物。

有趣的是,在哲学史上,怀疑论来自感官的缺陷——错觉、变异、矛盾、疲乏——往往比来自感官的参数更常见。但是,缺陷被检测出来,仅仅具有参照正确性或准确性的含义。即使我们的系统无缺陷,那些参数也会限制知识。

另外,知识由我们表达它的能力构成,就此程度,我们被语言、句法和语义的资源所限制。所有的符号系统,都选择了经验的突出方面;它们被内化为透镜,而我们依靠那些透镜体验世界。有些语言只有三种不同的颜色词汇;一些现代语言并不能区分绿色和蓝色——但它们的言语者都具有人眼。所有这些关于人类的独特之处且可以**赋能**我们的学习——大脑、感知能力、理性、语言——也可以用来**建构和限制**我们的知识。

概念限度

试图陈述我们之所知、用命题建立知识,有时会导致暴露我们的限度或自限的缠结。也许最令人不安的是那些情形,其中永远无法体现一个真声称(true claim)。我注意到,此种声称为真,但"不可实例化"(第三章),也就是说,我们不能引用一个实例。尼古拉斯·雷舍尔(Nicholas Rescher)在两本相关的著作中分析了这一现象,给它起了个名字:**游移不定的参考物**。[9] 考虑这些例子(从雷舍尔处淘到,略加修改):

    a. 存在着没有人提到过的事件。

    b. 存在着没有人命名或指定的数字。

    c. 存在着自17世纪以来就没有人想过的话题。

    d. 存在着现在没有人记得的一个人。

存在着构成本章基础的一些表述:

    e. 存在着没有人知道的事实,没有人拥有的知识。

    f. 存在着未知的未知。

"请举个例子。"为了回应这每一种情况,我们可能会问。但是,任何尝试引用一个实例或例子都将会弄巧成拙。这些命题的难题在于,关于某物做出的存在性声称是拐弯抹角描述的,尽管它可能是真声称,但参考物以这样的方式做出,它排除了任何符合该描述要求的物品之辨识。存在着两个认知关切的位点:一个是必然性,我们必然永远不知道符合这种描述的实例;另一个是我们验证命题本身的能力的限度。在某些情形下(例如 e 和 f),那些命题允许逻辑证明;但是,实证方法被所有情形都排除在外了。[10] 这些不仅仅是表述的问题;这些并非语言学技巧的案例。考虑下面这个不可实例化的声称:"这个城市每年至少有 200 起未报告的强奸案。"这种声称是真正认知和事实性的声称,但它充满了不可逆转的无知。

还有很多其他的情境,我们可以合理地宣称泛泛分类的知识,而不能够指定实例。举个例子,假设一种致命的疾病在大约 20 万例感染病例中每年夺去了 2.5 万人的生命。人们发现了一种疫苗,强制接种和教育的计划也被部署了。在第二年,只有 2000 例感染病例,其中 200 例死亡。假设扣除其他因素,我们有理由声称该计划大大减少了 19.8 万例病例的感染,仅在那一年就拯救了超过 2.4 万人的生命。但是,**谁的生命得救了?谁**的感染被预防了?不能具体指出任何人——我们永远不会知道。讽刺的是,知识有时会在广大而宽泛的统计概括中,而我们仍然对构成这个概要的那些个体案例一无所知。

当然,证明因果关系是很难的。确定在一个社会中所有产生任何实际事态的因果因素,是一个无限的任务和错位的希望。但是,在"拯救生命"及类似情形的问题上,我们需要在**假设的**事态中找出所有的因果联系:**如果**没有接种计划,会发生什么情况?会对谁造成影响?我讨论了对过去知识的削弱,但是那个讨论是关于**实际的**过去。检索和解释那些丧失的**可能性**,此种**假如这已经发生了的**情景,超出了知悉范围。虽然可以推测,但我们面对的是重建和预测问题及其固有的限度。于是,不可实例性(noninstantiability)成为对知识的概念限度。

反事实条件句,会标记我们知识的又一个限度。在一个反思的时刻,我们会问:"假如肯尼迪(Kennedy)总统没有被刺杀,美国今天会有哪些不一样?"或者"假如可以改变我作的一个重要的早期决定,我现在的生活是什么样的?"这种"假如"问题,指定了偏离实际事件的情景。对这种假设情景的探索,已经成为一种文学历史流派,被称为"另类(或替代)历史"。力求要回答的这些问题,范围从历史上的严肃问题(其中,严谨学术上的回复是拟定的)到创作性的问题(其中,问题只不过被用作虚构小说的前提)。然而,甚至对于最认真的探究,其结果并不是真相,而是可信度。我们只能——渴望、感激或有其他感觉地——推测关于"可能会发生的事情"的影响。我们可以知悉某些事情是可能的,但是不能知悉会从它们产生的一切——假如它们是实际的。反事实条件句促使我们超越已知事物,但它们将概念限度体现在可被知晓的事物上。

我在第一章提及苏格兰人费里尔的《形而上学概要》,他在这个小册子里提出了以下几乎是最重要的命题:"我们只能对可能知道的东西一无所知;换句话说,只有可能存在知识,才有可能存在无知。"对于费里尔来说,如果我们对 X 一无所知,那么 X 必须是可知的——他把这个扩展到包括在实践上和原则上都可知的事物,不仅仅是人类,还有其他"智慧的命令"。他说,凡不是可知的,必然(在逻辑上)是假命题,比如"部分大于整体"或"二加二等于五"。[11]这样的命题在概念上自相矛盾;它们不代表在要么完备、要么穷竭解释方面的知识限度。但既然它们位于所有的可能知识之外,我们就不能忽视它们。

接下来,我要转向的限度出自对预测精度的障碍:机会,多种形式的不确定性,以及自由选择。我们会在那里发现内禀限度(inherent limits)。

科学的限度与数学的限度

20世纪上半叶,世界的完备知识之愿景和梦想被一劳永逸地粉碎了。最无情的伤口是,这些打击来自那些已经完成了完整科学模型的学科:物理学和数学。

建立量子力学的理论家们假定并且证明了:亚原子世界不是完全可知的。量子以一种内禀随机的方式行事,因此不可预测。欧内斯特·卢瑟福(Ernest Rutherford)关于放射性衰变的研究表明,我们无法预测样本中的哪些原子会释放辐射并嬗变为稳定的元素。任何特定的原子衰变时间,都不是它已被电子填充的时间长短的函数;此种辐射的释放是随机的,但整体是有规律的:我们可以画出大量原子的衰变率的图。1907年,卢瑟福提出了**半衰期**的概念,即平均来说,一半原子会失去其电荷的时间跨度。在这里,我们再次面对一个不可实例化的真理——但是出于不同的、实证的原因:不可能知道哪些原子会衰变。

沃纳·海森伯(Werner Heisenberg)在1927年证明了:不可能同时测量粒子的位置和动量;越精确测量一个变量,另一个变量则被扭曲得越多。不确定度原理(即不确定性原理)提出了一个测量悖论:观察者试图测量,是一种改变此现象本身的干预;在这种情况下,随着一个变量的精度提高,另一个变量被推到了可测量程度之外。因此,测量(这一量化世界的基本活动)既产生也限制了我们的知识。

1935年,埃尔温·薛定谔(Erwin Schrödinger)描述了**态叠加**,其中两个相互冲突的态同时出现——量子世界的一个怪异方面。但是,当观察者看到或使这种现象变得容易理解时,这种叠加就失去了,态就变成了一种或另一种。他的说明性思想实验"薛定谔的猫",已经成为流行文化的一个模因(meme)。一只活猫被置于钢容器中,内有可由单个原子的放射性衰变触发的致命物质。我们无法知道一个原子是否已经衰变,所以猫既是死的也是活的——除非打开容器检查,当然,此时我们可以确定猫是活是死。在这种情况下,除非进行观察,否则不会有单一的结果。

量子物理学揭示的世界,不仅呈现出难以捉摸的奇异现象,而且对人类知识也呈现出固有的、不可避免的限度。尽管有一些科学家希望这些表观随机、难以理解、自相矛盾的现象可以被纳入传统的因果框架,但他们是渐行渐远的少数派。更加奇特的事情都会出现,连对世界的基本假设都挫败了。2015年,量子科学家声称已经证明,未来的事件会决定过去的事件。一个由澳大利亚物理学家组成的团队宣布,他们已经演示,过去发生在某些粒子上的事情取决于未来对它们的观察和测量——一种因果性倒置。研究人员之一宣称:"它证明了测量就是一切。在量子层次上,如果你不观察它,实在就不存在。"[12](我觉得,在这个领域很难把本体论与认识论——关于什么存在的声称与关于我们是否能知道什么存在的声称——相区分,这种时间弯曲的说法无疑会受到其他科学家的审查。)

1931年,库尔特·哥德尔(Kurt Gödel)发表了不完全性定理。他证明了,对于任何一个足以展开初等数论的数学形式系统,都将存在系统中的真命题,不能基于这一系统的公理,作为定理在该系统中被推导出;即总是至少存在一个为真但不可证的命题。因此,任何强大到足以理解算术意志的一致的形式系统,都是不完备的;我们总是会遇到形式上不可判定的命题。[13]数学是科学的语言,科学研究的最终目标(被假定)是将现象解释为可用数学表达的定律的实例。哥德尔的证明——从未被驳倒——表明,任何一门被建模为形式系统的科学必定总是不完备的。我们不能在任何一个解释系统中囊括一切,不管我们使它多么复杂。

综上,这些智识发展打破了人类知识的理想化模型:"完备的"科学,特别是以物理学的数学精度为代表的科学知识。如果物理世界包含不连续运动("量子跃迁");如果基本粒子的行为是随机的;如果观察者在试图获得知识时,必然(有时是破坏性地)改变该现象;如果所有的数学解释系统都必然是不完备的——那么,我们面临对人类知识甚至在理论上可知事物的深刻的限度。

知识的终结

雷舍尔在无知研究中,对人类知识的局限性作了重要的观察。理解他的主张,需要几个术语的定义规定。**事实**是世界事态的实际方面,它们是实在(reality)的特征。**命题**是关于事实的主张。**陈述是用一种语言表述的命题**(同一个命题可以用不同的语言、不同的陈述来表述)。因此,事实可以通过陈述来表示;**真理**是正确陈述的属性。但是,事实"超越了语言的限制"。哪怕关于一个物理对象的事实,都是不可穷尽的。雷舍尔说:"它对更详细的细节——以及对这个更进一步细节的思想的潜在变化——的易感性,乃是'真实事物'的概念的组成部分。"[14]事实是无限多的,因为这个世界的细节不可穷尽。

人类虽然是有限的存在,但可以懂得普遍真理(universal truths)。我们还可以知道对世界上大量的样本进行归纳。并且,可以知道很多关于个体事物的事实。但是,我们永远不可能**完全**了解所概括的所有个体实体。事实上,我们永远不能完全了解**甚至一个个体**。它的事实是无限的,一种保护其不透明性的无限。

虽然人类知识确实有所扩大,但进一步扩大的可能性现在仍有争议。随着科学的进步,它的认知结构变得更加精细和精致。雷舍尔说,尽管取得进展总是有可能的,但取得结果却越来越困难。"在前进的过程中,我们必须更加繁忙,利用越来越复杂的符号,这样就不可避免需要更多的时间、精力和资源。"[15]更有甚者,科学作家约翰·霍根(John Horgan*)居然认为,我们实际上生活在科学发现的黄昏时代。他那本颇有争议著作的书名,陈述了他的结论:《科学的终结——面对科学时代暮色中的知识极限》(The End of Science: Facing the Limits of Knowledge in the Twilight of the Scientific Age)**。[16]霍根认为,科学知识的基本原理,即我们对宇宙的当代理解,将不会发生巨大变化:太阳系的性质、生命的演化、世界的天然元素等,皆众所周知。我们对世界有着充分确认、根深蒂固的认识。剩下的,都只是一些细枝末节。产生深刻发现的时代,已然过去。是的,技术和其他形式的应用科学将继续取得重大进展。霍根认为,应用科学最具变革性的形式将是人类不死,即征服衰老。但即便如此,也不会以任何深刻的方式改变我们对宇宙的认识。大多数关于自然界的和与人类生命相关的可知知识,都已为人所知;在物理学的前沿,科学家们正在逼近可知事物的极限。既然一门完备的科学——"万物至理"(theory of everything)——是不可能的,当代物理学家现在只提供否认确证或否证的臆想形而上学理论(霍根称之为"反讽"或"神学"理论)。人类认识宇宙(我们是宇宙的渺小一部分)的能力有限——我们目前在接近它。

雷舍尔认为,尽管科学进步会更慢,重大发现也会越来越少,但是真正的进步仍将继续——而且仍然会有惊喜。[17]他指出,前几代人也以为他们认识了所有重要的东西——他们都错了。霍根指责雷舍尔试图

---

* 原文误为:Peter Horgan。——译者
** 参看《科学的终结》,霍根著,孙雍君、张武军译,清华大学出版社2017年版。——译者

用"欢快的尾声"来扭转"令人沮丧的剧情"。霍根重复了一个评论家的比喻:雷舍尔在黑暗中给自己壮胆而吹口哨*。[18]

我同意雷舍尔关于事实不可穷尽性,以及我们无法知道甚至关于单一对象的事实的观点,但不同意雷舍尔和霍根关于新知识的潜力的观点——这两点并非不相关。首先,我认为两人都低估了科学理论与技术相互渗透的影响,以及由这一动力机制产生的发现之潜力。[19]其次,虽然大多数发现确实会使我们的认识复杂化,但有时一个发现会联合、连接和简化认识。牛顿(Newton)对引力定律的发现,就是一个明显的范例。霍根论点的一个重要部分是,这种连贯性带来的突破已然离我们远去。然而,我认为这是一种试图从太低的高度绘制我们未知之未知。根本不可能在这种明确性水平上确定未知之未知的特性。霍根(或许雷舍尔)声称知道剩下的未知之未知的范围。这些声称,伪装成对知识限度的确认,实际上构成了人可以声称所知的不自量力。

全知

对于科学进步的各种不同的预测,人们普遍认为人类的知识总是不完备的。然而,我们可以更仔细地考查什么是**完备的**知识。**全知**(omniscience)是指拥有完备的知识,知晓一切可知事物的状态,拥有所有的真理。它是对所有无知的毁灭,摆脱所有认知限度。

对于一神教来说,全知是典型的神性完美之一,是神完美存在的一个方面。在亚伯拉罕的宗教中,它是一种至关重要的财产,指引着神的全能(omnipotence),使神有了天意,告知了神的智慧和正义。这些完

---

*《科学的终结》,霍根著,孙雍君、张武军译,清华大学出版社2017年版,19页。——译者

美是相互支持的,因为无所不知却无能为力是一种地狱:知道一切,却什么都不能做。然而,为了探索全知的概念,让我们抛开神学预设和其他神圣属性,直到被理解的必要性所引导。

首先,它澄清了两种全知之间的区分:(1)全知,作为知道人们所选择的任何可知真理的能力,(2)全知,作为实际上知道所有可知事物的状态。阿奎那在第二种解释中增加了一个特征:这一实际的知晓是**无推论的**,指一切皆同时知道——它不是思考一件事,然后思考另一件事,如此等等。[20]这会被认为是一个必要条件,因为否则一种推论全知需要无限的时间去知晓关于世界甚至一个瞬间状态的所有事实。但这具有根本性的蕴涵:它意味着,全知并不是受辩护的真信念无穷集合,而是一种即刻的、直观的理解——无信即知(knowing without believing)。在大多数解释中,全知不仅衍推命题知识(**知道那个事实**),而且衍推直接知识(**知道它是什么样的**)和深刻理解(尽管大多数分析认识论者纯粹根据命题知识看待全知)。[21]

实际全知,意味着一个单一的智能——为了方便及有神论中立性,称之为"Omni"(全部)——将知晓世界上所有状态的每一个细节;所有众生的思想和情感;所有的关系、属性、定律、理论;所有的语言、文本、艺术品和通信;所有的主体;每个人都知道和不知道的一切;一切的一切。对于所有这些知识的对象,Omni 也会知晓它们的过去和未来。神的预知对人类自由意志的隐晦意蕴,将产生一部关于神学和哲学回旋的完整文献。(预知是否意味着宿命?自由意志会否定全知吗?)在试图调和全知与自由意志的过程中,一些人认为,例如,当自主的人类做出选择时,神可以知悉新的事实。[22]但无论 Omni 是否能够知悉,它肯定永远不会忘记——这意味着它不需要回忆。

存在着进一步的衍推(entailments)。全知意味着在每一时刻,对每一个认知对象的所有**可能性**皆知悉,而不仅仅是其现实。因此,无论

Omni 对这个世界拥有什么知识,都必须在模态上扩展到所有的可能世界。此外,Omni 不会有假知,因为它会知道错误信念是错的,尽管它会知晓假知被他人持有。这意味着 Omni 是**不可错的**(infallible),因为没有任何认知偏差(epistemic errors)是可能的。[23] 此外,这样的存在(being),必然具有完全的自知、元知和透明度:Omni 知道它全知。而这反过来又意味着,它知道不存在其他的真理有待知道。Omni 必须知道根本不存在未知的未知。

一些哲学家认为,由于世界的真值(the truths)改变了,Omni 的知识必须随之改变:"我将要写这句话"刚才为真,"我写了这句话"现在为真。从一个相关的关切出发,一些人认为 Omni 的知识必须包含指代真值(indexical truths),例如关于**自己的**(de se)真值(以第一人称确认的关于自己的真值),诸如"我在写这句话"。"我"这个指代词,如同"这里"和"现在",根据话语的语境改变了指称。"我在写这句话"与"丹·德尼科拉*在写这句话"是不同的真值。还有一些人认为,全知是不可能的,因为它错误暗示了存在着所有真值的完备集合。这种蕴涵是假的,因为无论我们如何限定所有真值的(假定)集合,都会有关于它的所有子集的集合的额外真值,于是我们必须包含它,如此等等,以至无穷。[24] 这些论点,是对全知概念及其与其他完美之关系的挑战。它们通常在命题知识的框架内引入和讨论,但对于经验知识和理解的框架会有类比物。假设 Omni 理解所有的事物:因此,Omni 必须明白什么是无知、什么是我、什么是对特定事物的无知、什么是知悉。但是,这些体验和这种理解,与 Omni 的全知是不相容的。(我们忽略了善良的神是否能真正知晓什么是邪恶的问题。)

所有这一切的要点——一堆认知属性、蕴涵、假设和质疑——是为

---

*即本书作者丹尼尔·德尼科拉。——译者

了表明,全知是一个有争议、不稳定的概念。它受到易变性、视角知识(perspectival knowledge)、与其他属性不兼容甚至逻辑不连贯等因素的威胁。这是知识的外部限度,不可能通过想象一个受辩护的真信念集合——甚至是无穷集合——的命题来实现。困难来自对那个限度完备模型(completion model)的关注,而不是对穷竭模型(exhaustion model)的关注。

但古往今来,全知归于上帝,这意味着宇宙是由一个单一的智慧,即上帝心智(Mind of God),彻底完全所知。一切可知的,皆知——对上帝而言,一切皆为可知。因此,上帝之死意味着宇宙已不再完全为人所知,事实上,对其可知性不再有任何把握。普遍的未知、未知之未知的范围,以及不可知的领域,都变成了认知黑洞(epistemic black hole),巨大且禁入。[25]

诉诸无知的论证

对于有限的人类来说,何为可知(what is knowable)是有限的:有些事物在实践中不可知,有些事物在原则上不可知,甚至所有在实践中可知的事物对于有限的凡夫俗子也并非可知。从无知中,我们能知悉什么,我们能推断什么?

从何为**不**知(what is *not* known)即从**没有**证据或证明的情况下做出推论,长期以来在逻辑教科书中被认为是谬误。它被形式化称为 argumentum ad ignorantiam,即"诉诸无知的论证"。在其基本结构中,此论点会声称,一项主张因未被否证,故为真;或者,因为一些所谓的事实未得到证明(即因为没有证据证明其真值),故所指称的事实为假。例如,一位艺术商人声称,一幅画因未被证明是赝品,故是真品。一位审讯官得出结论,某个人是叛徒,因为没有证据表明他是忠诚的。一位信徒说尼斯湖怪兽必然存在,因为没有人否证过它的存在。第一个例子假设了为真,因为没有相反的证据;后两个例子则把举证的重担放在否定的证明上("证明没有怪兽!")。

在逻辑教科书的简洁表述和这些例子的严格推理中,有问题的推论不难看出。谬误显而易见。但是,在许多现实世界情形中,使用这种论证实际上是有效的。在医学研究中,一种药物会被认为对人使用是安全的,因为不存在有副作用的证据——没有证据表明它不安全。在法庭上,我们不知悉任何有罪的证据时,就推定一个人"无罪"。当然,这些都是对实践的判断,受制于实际情况,但它们赖以成立的论证却是诉诸无知。

这些判断具有它们所依据的知识基础和抽样的蕴涵。假设我有一个包,里面有 10 个不同种类的球,你问:"我的网球在那个包里吗?"我逐一看了看这 10 个球,然后说:"不在这里。"我没有发现哪个球是你的网球,所以你肯定会认为我有权得出这个结论;这个推论无疑成立。但是,现在假设我包里有 100 个球,我只检查了 10 个,就说:"你的球不在包里——这是真的,因为我没有发现哪个球是你的网球。"这一推论现在令人怀疑。

厘清其中"诉诸无知的论证"是一种合法论证形式的认知因素和情境因素,是相当复杂的,超出了在这里讨论的范围。我只能指出道格拉斯·沃尔顿(Douglas Walton)对这类论证范围的综合处理。[26]但我观察到,在某些情形下,无知确实是有知主张的适当证据。我可以赞扬对此种论证的普遍警惕:它们的滥用,使得固执无知和阴谋论者能够大行其道。狂热分子忽视了奥巴马总统基督教信仰的证据,声称没有证据证明他不是穆斯林。怀疑者要求研究人员证明疫苗和自闭症之间没有联系。(研究人员回答说,没有证据表明这种联系——这本身就是另一种诉诸无知的论证。)国会议员要求国务卿证明伊朗不会违反核协定。此种对否定证明的要求，往往来自一个诉诸信念的人，他认为这种信念不可辩驳、不受证据影响。这是一项旨在结束对话的要求；它预计不会得到满足；而且，除非有一个可供利用的专门、有限的数据库，否则它永远不会得到满足。

◆ 第十章

管理无知

> 如果人知道如何运用无知，无知就不是一件坏事。
>
> ——彼得·德鲁克（Peter Drucker）

在前几章中，我们已经看到，尽管学习不止，无知仍然是无限的；尽管无知对我们来说有一部分是已知的，绝大部分却不是；尽管简单无知是"自然的"，却存在着多种形式的固执无知和建构无知。此外，正如上一章所讲的，我们的认知能力在很多方面是有限的。因此，无知是我们生活的夹具；无知是人类状况的组成部分。现在该拿无知怎么办？

许多无知仁慈地无关生活，我们的日常存在不受无知的影响。但是，相关的无知表现了自身，我们经常面对未知事物。早些时候，我谈到了由无知索求的可怕成本；但不幸的是，很难知道哪一个未知将会是良性的，哪一个未知将面对我们并成为代价高昂的。当突然遇到未知事物时，我们基于生物学的、固有的反应——主要是生理反应——就会发生作用。但是，我们是聪明的生物，我们超越了这些，发展了更多的方式应对未知事物：情感、智识、实操和社交等方式。这些应对机制包括种种复杂的概念工具和技巧，全新的知识领域（具有讽刺意味），甚至特殊的文化机构和社交实操——皆旨在管理无知。

我建议对其中一些最重要的内容进行分类,从原始反应开始,并转向越来越复杂的问题。这并没有带来令人震惊的发现或技术进步,我对每一种反应的处理必然简明。但我相信有一个累积效应,将其视为一套无知管理(ignorance management)的工具。一方面,这个说明将表明,即使是无可救药的无知也会激发知识;另一方面,它将展示知识如何嵌入对我们无知的悄然识别。从识别无知到回应无知、应对无知、管理无知的递进,意味着我们会增加控制。既然无知是我们生活中永恒的夹具,学会管理无知就是一种有价值的甚至基本的认知目标和实操必要。

回应未知事物

与未知事物相遇,会给我们带来三种问题:情感问题、智识问题和实操问题。在理性被启用之前,基本的情绪反应通常就被激活。人类和其他灵长类动物一样,会用恐惧或厌恶——但也用好奇和迷恋——回应未知事物。这对于突然或意外的遭遇尤其如此。这两种截然不同的倾向形成了一种紧张关系:我们对安全的需求和我们的求知欲。在安全距离处观察,往往是睿智的妥协。理性起作用时,我们可以安全观察时,就可以决定恐惧还是谨慎是合理的;好奇可以引导思考——辨别、联系、分类、探寻、研究、计算、同化、理解、解释等活动——使探究未知事物的诸多活动已知。这种智识加工有助于实操问题:如何对待或使用这种不熟悉?如何应用它?是否与他人分享它?

早期人类经常遇到不可预测、凶猛强大、深不可测的力量——尤其是大自然和危险动物的力量;他们经常以恐惧和敬畏的方式来回应,通过牺牲和祈祷来缓和这些力量和迎合自己。他们建立的仪式,可被理解为应对超自然力之谜的方式、与诸神共存的方式。各种形式的算命和占卜,尤其是肠卜(haruspicy),成了流行的方术(techniques)。他们仍然广泛使用间接证据和征兆揭示人的命运或神的意志。占卜者通常称自己洞察未来,而不是真正稽古揆今,但我们应该认识到,这些活动更有可能是作为应对无知的尝试。

对比法(以较大的置信度做出)利用这些力量通过工艺和技术来达到人类的目的。这样结果的配方(秘诀)并不依赖深刻的理论理解,它们是产生期望结果的可传指南。古老的吹玻璃工或酿酒师对化学知之甚少,但他们可以遵循通过试错法发展出来的古老指示。配方得出产品;通过偶然发现和试验,配方会得到改善。配方是**知其然**的外化,它们不需要**知其所以然**。配方也被理解为我们管理(事实上)一无所知的过程和力量的另一种方式。

仪式反映了对未知事物的谦逊态度,配方反映出人类的目的以及和自然沟通(若非掌控自然进程)的意愿。仪式化确立了诸角色:祭司、侍祭、祈求者,还有其他一些人,他们有特殊的权力并且在仪式中扮演特定的角色——想想宗教婚礼和弥撒。人们往往需要神圣的对象和神圣的地方,动作和事件顺序也至关重要。相比之下,秘诀是可传的——尽管师傅会比徒弟更精通,这通常是由于默会知识。但对成功的工艺而言,问题在于它是**谁**做的并没有它是**怎样**做出来的那样重要。秘诀需要工具和仪器,而不是神器;虽然先后顺序很重要,但主要的时间问题是"恰到好处"——吹玻璃和弯曲玻璃或采摘葡萄的精确时刻。随着书面文化的演变,神圣的仪式和秘诀都只存在于案头;仪式和秘诀的混合、组合和混淆确实发生了。甚至在今天,我们也可以开始或结束使用一种有仪式的秘诀:上新酒时搭配吐司;新船下水时击碎香槟酒瓶;吃生日蛋糕之前唱歌和吹蜡烛。

然而,请注意,仪式和秘诀都不试图**理解**这个世界。尽管如此,它们确实帮助我们应对无知:表达了情感和实操方面的维度。它们提供了一种秩序和可预测性;通过连续性传递一种安全感;有助于让世界成为使我们感到宾至如归的熟悉地方。但是,表达我们对未知事物的惊异和智识好奇则留给哲学和科学。

应对无知

在无知中引起我们担忧的方面,是不确定性、风险、失误、伤害。当我们缺乏思想或行动的决定因素时,不确定性就会出现。未来之事不可预测,人们的所作所为也不可预测。关于过去和现在,我们经常缺乏信息,或者获得了不完整或相互冲突的信息。不确定性使我们面临通过行动、不作为或遗忘的失误风险,以及(从小事到灾难)真正的伤害。情感负担是压力和焦虑,或可能为假的希望,以及可能随之而来的后悔或内疚。

原始回应有一个遗产。迷信或巫术,若被误导,则是应对我们无知的一种持久方式;这是对超自然力量(它们掌控着诸多事件,能影响结局的好坏)的信仰。据认为,特殊的物体会神奇般决定事件:幸运符或驱邪物会正面影响结局;护身符和辟邪术可以避邪禳灾;巫毒娃娃和受诅咒物品会对他人造成伤害。祝福、诅咒或妖术是一种仪式化的语言方术,试图通过巫术引导未来的事件。巫术将仪式和秘诀结合成方术,并非试图理解这个世界(因为世界由不可言说的力量支配),而是影响甚至是控制诸多事件。尽管诸如此类迷信的做法是人类无知的例证,但它们也表明试图影响事件的过程中一种应对无知的策略。

幸运的是,不确定性会引发探究。思考是一种多用途的能力,但它在应对未知事物、陌生事物,以及对于人们必须做出回应(尽管有不确定性)的情形特别有用。对日常生活的常规情况,我们习以为常,但是(正如美国实用主义者所强调的)思想发源于问题,即我们既无确定性,也没有舒适常规的情况。我们可以通过智识活动去寻求理解,从而应对迫在眉睫的无知,也许因此掌握了知识的力量(power of knowledge)甚至可以做到得心应手。我们建立了三种基本的智识策略应对无知:(1)用学习征服无知;(2)辨别、描绘和聚焦无知;(3)缩小具体残余无知(residual ignorance)的范围和影响。第一个办法我们都了解。另外两个需要在这里考查。它们使用了驱动我们从识别和应对无知到管理无知的工具和实操。

在第五章中,我讨论了描绘无知的想法。这种方法始于医学和医学教育,目前正在渗透其他的职业。"无知管理",主要是用辨别和描绘来界定,已经成为管理界的一个时髦术语,引发关于如何管理组织无知(organizational ignorance)的一批文章、顾问、研讨会和工作坊。由约翰·伊斯赖迪斯(John Israilidis)带领的英国学者团队,使用管理课堂的语言,这样解释:"无知管理是一个在组织内外发现、探索、实现、认识和管理无知的过程,通过适当的管理流程满足当前和未来需求,设计更好的政策和修正行动以达到组织目标和保持竞争优势目的。"[1] 这种方法的核心,是使用第三章介绍的二阶认知范畴的四象限网格(已知的已知,已知的未知;未知的已知,未知的未知)作为辨别和描绘组织无知的范畴。当然,最终的目标是把这些作为知识创造(knowledge creation)的资源对待。

心理学家和行为经济学家一直对在不确定条件下做决策的方式进行实证研究。[2] 不确定性不等同于无知,然而无知是它的特性。不确定性意味着,人已经拥有一些凸显知识,但是相关的信息不完整、模棱两可或相互矛盾。这项研究很有趣,因为它往往揭示了认知偏见,即模仿我们选择的表观上非理性的倾向。通常不太清楚,这些模式是否像视错觉一样,即使我们明白它们是如何工作的,也不可避免,还是它们有可以通过适当的信息和警惕性加以纠正的倾向。最有可能,它们是两者的混合。这项工作是实际决策的描述,无知管理所需要的是,将这些数据与决策的规范性解释相对照。对于后者,人们可以参考理性选择理论。不幸的是,选择理论领域在应用中受到限制,因为它最初简化和有争议的假定(如:假定唯一的动机是普遍的个体自利)和它对数学上精确的表述需求。从更深的意义上说,由于对知识有必然的限度,所有的人类决定都是在不确定性条件下做出的。

在黑暗中转型

我们的一些最具个人意义的决定,必须在极端不确定性和致命后果的条件下做出:它们皆是转型决定。当代哲学家 L. A. 保罗(L. A. Paul)提请注意两种类型的转型:(1)**认知转型**,我们在这个过程中了解某事物是什么样子的——生活在一个截然不同文化中是什么样的,或者在战斗中面对死亡是什么样的;获得认知能力或新的感官系统,就像失明后体验到视觉;(2)**个人转型**,在这个过程中人的价值观甚至人的身份被改变,"你如何体验你是谁"改变了。[3] 当然,第一个类型可以导致第二个类型,不管我们愿不愿意,这两种情况都可能发生在我们身上。但是,保罗的兴趣在于我们面临选择的情况。(她的开放思想实验,包括面临成为吸血鬼的选择!)

个人转型选择的难题在于,**我们无法知道**在经历它之前,改变会是什么样子。是的,我们可以研究别人说过的话;可以积累客观的证据。但是,主观体验,**知道它是什么样子**,对我们来说皆不可得。决定成为父母、改变社会性别、在遥远的国度退休,或者接受教育——我们做出这些和其他的生活选择,确实不知道自己将遭受什么,即不知道自己将如何被它改变。此外,这样的决定通常不可逆:一旦你成为吸血鬼,就没有回头路可走。这样的选择是非理性选择或无理性选择,因为不符合理性选择的标准:我们没有为可供选择的方案分配比较价值的基础。然而,它们会向我们开放新的、奇妙的生活方式。

所以,至关紧要的时候,我们非常敏锐地感觉到自己的无知。如果理性选择理论在这类问题上失败了,我们如何管理?我们有主观价值,不仅仅是重视快乐或幸福。要么我们选择现状,确认当前的生活和状况,要么选择发现一种新的内在本质并在我们的偏好和观点——连同它将带来所有可能的情感和见解——中演变。尽管有些气质的人可能会提心吊胆地做出这样的选择,但另一些人会拥抱开放。保罗的最终结论是:"理性而真实地生活,那么,当遇到每个重大决定时,就会决定是否或如何发现你将成为什么样的人……因此,人生最重要的博弈之一就是启示博弈(game of Revelation),一场为游戏本身而玩的游戏。"[4]

不可预测性和承诺

然而,我们的担忧或许并不在自己身上,而是可能与他人有关。不可预测性(unpredictability)是不确定性(uncertainty)的一个令人不安的来源,他人的行为对我们来说往往不可预测——不仅仅是陌生人的行为,有时也会是熟人的行为。用伍迪·艾伦(Woody Allen)的说法,我们不能"窥视"另一个人的"灵魂"。事实上,对于自身来说,我们并不是很透明!然而,社交互动和合作的好处取决于人们的可靠性。我们如果不能信赖他人,即可靠地预测其行为,就无法信任他们。我们不知道他们将会干什么。

解决这种不确定性的一个古老的基本策略,是通过正式和公开的严格承诺来约束他人的行为。例如,誓言和承诺就是产生义务的言语行为。我们用它们来消除或减少对某人将要干什么的不确定性。更复杂的形式——通常以更耐久的书面形式——即一份契约。契约乃是一项相互协议,宣布具体承诺,双方自愿约束今后的行为,且通常存在因违反协议而受到处罚的可能。先进的社会制度为契约提供支持,包括裁决争端、执行条款和实施处罚。随着这些承诺成为既定的体制,不确定性连同无知风险也随之减少。

在当代社会,非正式的承诺行动同样具有减少不确定性的目的,例如作出预订和接受预订,在这种情况下,客户和企业交换了明确的承诺——就餐或住宿,活动门票或景点门票,租用车辆或度假屋,预订飞机座位或火车座位,预订婚礼的场地及自由放养的火鸡。所有这些形式的承诺,都约束了未来的行为;它们增加了可预测性,降低了风险;它们建立了对行将发生事情的信心。这些承诺是一种表述性的言语行为,其中我们通过恰当的话语创造新的事实:"我承诺""我同意这些规定"或"我同意"。

这类承诺是由语言的特殊特性所施加的。讨论未知、不可预测的事物,需要语言能够指示和描述那些有疑问、可能、想象或渴望的事态,但不是事实事态。为此,我们开发了语言工具,使不确定事物的话语成为可能。单独的词可以表示这些条件状态(如英语中的**也许**、**可能**或**假设**),并且我们经常区分假说和事实,区分假定和观察。假设从句(即条件从句)也适用于这一目的:它们是**如果-那么**语句的**如果**部分。条件句断言,特定的事实结果源于一个假设条件:"你要是准备就绪,他们就会如期而至。"在英语和许多其他语言中,虚拟语气被用于反事实或非事实话语。在逻辑中,人们发明了多种新的形式来处理**多种模态**(modalities),包括真值可变的可能性和陈述。

机遇

机遇(chance)这个词,通常既指随机事件,也指原因复杂到无法解释或预测的事件。掷骰子不违背物理学定律,但投掷中机械力太多,且过于微妙,我们无法可靠地预测其结局。龙卷风也是如此,它会突然偏离路径,留下一座孤零零的房子纹丝不动。机遇是令人震惊、无法解释的事件的默认原因(default cause),就像两条因果流的汇合:"子弹射出时,那个人碰巧弯下腰系鞋带。"有些这样的交汇是偶然的,有些我们称之为**巧合**。想象一下:一个遥远而奇异的地方,你叫住出租车,一开门就遇到正在打开另一扇车门的老朋友。令人惊讶的是,在没有预知或协调的情况下,两个朋友却从同一个遥远的地方,同时到达同一辆出租车。虽然没有违反自然规律,而且每个人都能合理解释自己的在场,但导致他们生活轨迹相交的环境如此复杂,简直无法解释他们的同步性(synchrony)。我们对如此不可预测的巧合感到困惑,故言:"他们偶然相遇。"(当然,有人会说这种巧合是"有缘"。)偶发事件对我们有正面或负面的影响时,可以说它们是运气的问题——要么好运,要么厄运。关键是,所有这些事件的不可预测性和不可解释性以及对机遇或运气的归因都是我们无知的功能。

机遇也适用于过去的事件("碰巧,这是唯一幸免于那场大火的手稿")以及未来的事件,然而,是未来使我们忙于决定和行动。未来代表着可能性和潜力,但它也将无知(不确定性)与风险结合在一起。而且,可供我们选择的理性策略也少得可怜。

最简单的办法是预见不妙的结局,防患于未然:为意外开支存钱;储备物资以防暴风雨来临;开展消防演习和其他应急响应训练。准备工作可以包括一个备用的"B计划":挑选一个第二选择的餐厅,以防我们的第一选择被关闭或订满;在大学申请中包括一个"安全学校",以防被第一选择的机构拒绝;给员工发出"若该方法失败,则这么做"的指令。这些计划,往往以考虑"优先情况,最坏情况"的结局开始,可以随着多个场景予以想象而发展成复杂、正式的文件:政府灾难计划、军事作战计划和机构长期计划,都是例子。预测不良结果并安排至少以纯粹的形式视情而定的回应,并没有减少这些事件("损害")的可能性,也几乎没有减少成本。事实上,准备和规划代表了额外成本。

一个更积极的策略是减少残余无知造成的影响,减少意外事件造成伤害的风险。在不能减少可能性或风险之处,我们可以尝试减少损失。社会发展了多种工具、公司,甚至整个行业,旨在减少损失:形形色色的**保险**就是典范。其他形式包括保证、担保、婚前协议和保释金。

想想为船舶及其货物投保的历史上的重要例子。船运公司及其保险公司都对未来的事件一无所知,而且在公海上有相当大的财产损失和生命损失的风险。因此,双方同意一种特殊的合同形式,即保险公司"承保"航程。作为支付保险费的交换条件,保险公司承担部分风险,在发生损坏或损失时保证赔付。船运公司同意支付,以减少其遭受更大经济损失的风险。

同赌博一样,保险是基于对未来事件赔率的计算。然而,在保险的情况下(假设没有犯罪操纵),双方都希望得到同一结局:在船运例子中,航程安全可靠。在首选结局中,托运人将完好无损地交付货物,因为他们感受到了保护,免于损失,因此支付保险费是值得的。同时,保险人将获得可观的付款,而且谢天谢地,不必为损失支付任何赔偿。每一次航行的计算,都从航程的风险开始:随着所感知风险的增加,保险费增加,并且有些航程会被认为风险太大,无法投保。在任何情况下,船运公司都必须确定风险是否足够高,值得支付所要求的保险费。风险和保险费由精算师根据过去事件和趋势线的统计数据进行计算。在科学定律不足以预测结局的情况下,类似事件的历史记录是最好的信息来源。因此,保险是一种管理无知及其后果的工具,精算计算是它的决定性技术(technique)。

由于未来事件的众多方面对我们都很重要,而且由于承保业务可以获得相当大的利润(尤其是在技术和安全措施降低风险的情况下),保险业以惊人的方式增长和呈现多样化。现在,人们可以为各种各样的个人财产和公司财产(从汽车和住宅到珠宝、牲畜和智能手机)的损坏和损失投保。保险公司现在区分了潜在损失的原因,于是,我们必须为自己的房子分别投保(例如)火灾、暴风雨、洪水或被盗损失的保险。我们可以为"受益人"投保自己死亡带来的经济影响。这些都是司空见惯的例子。然而,一些人认为珍贵的东西,以及一些人担心的风险,却导致了相当怪异的保险政策,成为街头小报的素材。20世纪40年代,(至少部分地)作为一个宣传噱头,二十世纪福克斯公司为贝蒂·葛莱宝(Betty Grable)的双腿投保了100万美元。几十年后,"滚石"乐队吉他手基思·理查兹(Keith Richards)为他的中指这一根手指投保了150万美元。澳大利亚板球运动员默夫·休斯(Merv Hughes)的八字胡就是他的个人商标,他声称为它投保了40万美元。最近有报道说,在美国人们已经花费了超过1000万美元来防范外星人的绑架——反复绑架的赔付费用更高。[5] 这真令人拍案称奇!

股票市场是计算冒险的殿堂。什么样的保险可以避免股市上的重大财务损失?拥有多样化的投资组合是传统智慧,但它是一种预防措施,希望避免损失,而不是对实际损失提供真正的保护。然而,所谓的对冲基金(hedge funds)往往被推广为投资工具,不管股市是涨是跌,都试图产生利润。历史上,**套期保值**(hedging)一词指的是试图降低熊市风险——通常是通过"做空"市场。[6] 然而如今,这些基金大多以投资回报最大化为目标,而且因为它们往往管理激进,并使用衍生品等工具进行交易,所以实际上比传统的市场投资包含更多的风险。虽然一些投资者在经济衰退期间受益于对冲基金,但另一些投资者却损失惨重——几乎所有情况下,对冲基金经理们的收益都好于其客户。[7]

从可能性到概率

对于所有从事不确定性交易的人——保险人、股票经纪人、赌徒——至关重要的,都是用来管理无知和最小化风险的数学工具。所有这些工具都是**概率**概念的改进。

我们的困境可以简单描述如下:我们对未来的结局一无所知,但希望预计(预测)它们以降低风险;我们知道有许多**可能**结局,但不知道某一特定结局实际发生的**似然性**。数学提供给我们的是对这种似然性的量化或度量,称之为**概率**。概率的概念形成了一个理论,它发展成为一个丰富而复杂的数学领域。从表面上看,它似乎以定量精确的知识取代了无知,但我们将看到,无知受到了管理,而不是被克服。概率论对诸多备择理论提出了质疑,所有这些都充满没完没了的哲学难题。

在本节中,将简要讨论概率的四种解释。(数学上有困难的读者不必惊慌:一个非常基本的讨论将足以说明相关的观点。)

(1) **经典解释**来源于概率论最初构建的情形:赌博。掷骰子是一个简易例子。掷骰子有精确的可能结局:公平骰子的六面中的一面,1到6。**哪个**数在任一次掷出骰子时会被呈现,是未知的。在经典解释中,各个备择结局被假定为具有**同样的概率**。玩家掷出某个数字(比如说6)的概率有多大? 六分之一,即1/6,或者16.667%。因此,不可能的结局(如掷出0)的概率为0;确定结局的概率为1.0,即100%。

以下是皮埃尔-西蒙·拉普拉斯(Pierre-Simon Laplace)在1814年总结的**经典解释**:

> 机会的理论在于将同一类的所有事件简化为一定数目的等可能情形,也就是说,我们可以同等地不确定它们的存在,并确定对所求概率的事件有利的情形的个数。该个数与全体可能情形的个数的比值就是这个概率的度量,简言之,概率就是一个分数,其分子是有利情形的个数,而其分母是所有可能情形的个数。*[8]

这个过程看起来干净、清楚。我们可以通过外推来应用这种方法,确定下注在轮盘赌上的正确号码、抓一手同花顺、中彩票大奖的概率。

然而,请注意,所有这些都取决于这样一种假定,即每一种备选结局实际上都"同样可能",骰子(轮盘赌轮、纸牌或诸如此类的东西)是公平的。难就难在这。我们接受骰子是公平的,因为它们被正确标记,并且是对称构造的(除了也许不同数量的小点所产生的重量上的微小差异)。对六个面,我们视其没有什么区别。骰子的"公平"与一个人实际掷出的数字无关;工厂里没有人通过掷骰子和标记结果来检验骰子是否公平。是的,从理论上讲,一个公平的骰子是指在掷无限多次的情况下,将每一个数字掷出相同的次数。但是,当然没有人能无限次地掷骰子。这里有一个使哲学家感到不安的循环性的暗示:经典理论要求根据**同样可能**的备选结局的基本概念来计算**概率**,但"同样可能"事件的概念,本身指定了**概率**的测度——相等概率。

(2) 大多数的人生选择情形并不像赌博问题那样被巧妙界定。对于这些情形,**频率解释**可能会是适用的。

---

*《关于概率的哲学随笔》(*A Philosophical Essay on Probabilities*),拉普拉斯著,龚光鲁、钱敏平译,高等教育出版社 2013 年版,5 页。——译者

前文我谈到了转型选择，其中我们无法知道呈现给我们的另一种选择的本质和价值；但是，在许多的人生决定中，我们无法**识别**所有的备选结局或确定它们的数量；即使可以，也不能确定每个发生的可能性。每个学生都知道，即使是毫无准备的学生也有 1/2 的机会正确回答一个是非题。但是，计算一个填空题要难得多：我们无法识别所有的可能选择，或确定它们的似然性。计算人寿保险费率，需要估计某人在某一给定时期内死亡的概率。但是，精算师不能假定所有的人在这一给定时期内死亡的可能性相等。当然，我们所有人都会死亡；相关的问题是**何时**死亡。

针对这些情况，提出了一种应对不确定性的不同方法——这是在承保保险中采用的方法：研究人员检查备选结局在过去类似情形下出现的频率。这种方法是**统计推断**，它将数值数据的分析与归纳结合起来，于是从给定样本中得出关于整组案例的推断。它认为概率陈述是关于未来将反映过去的方式的。由此看来，概率不是指单个事件，而是指类似事件的类。为了提供有用的指导，需要大量以前的案例，一个产生"统计学上显著"结果的"有效样本大小"。[9]

以这句话为例："一年中 65 岁的美国男性死亡的概率是 1/61（1.6389%）。"这意味着，在最近几年的这组男性中，一年中每 61 人中就有 1 人死亡。如果其他条件保持不变，那么我们应该预期，今年这组男性将呈现相同的死亡率。这种解释使概率陈述成为实证性和归纳性的，而不仅仅是逻辑的问题。这些推论推定，整体就像部分，未来也如同过去。

请注意经典方法和频率方法的区别。在掷骰子的情况下，概率是基于对可能结局的理想化概念的一种抽象计算。任何人将会掷出 6 的概率，不是从先前掷骰子的统计分析中导出的。相反，男性将死亡的概率是从历史数据中推断出的。尽管如此，抽象的机会博弈数学往往被用来表达统计推断。据统计分析,美国 65 岁至 66 岁男性的死亡率为 0.016 389;这大致相当于 1/61。[10] 因此,今年这类男性死亡的概率为 1/61。因此,概率的博弈模型,即可能性的似然性,以这两种方法来表达那些结果。[11]

频率解释需要从先前结局的相关集合中得出推论,但是在描绘该集合以便导出我们所求的信息时出现了困难。将事物分组为集合总是要求忽略其成员之间的个体差异,但是这些差异中的一些会与我们所求的概率有关。假设一个患者知道某个外科植入物有 30% 的排异率。如果这意味着每 100 个接受植入的患者中有 30 个产生排异反应,植入物必须被移除,那么为了进行比较,就可以假设一个患者与另一个患者相似。这可能是错误的。患者们都是独一无二的,没有一个患者同当前的受试者完全一样。

这两个例子中的另一个关注点是 ceteris paribus 要求——"其他条件相同",即"其他条件保持相同"的条款。在植入排异反应的案例中,目前或即将有改进的植入方法、抗排异药物、先进的术后护理、一群更年轻更健康的需要植入体的患者,等等。未来的情境永远无法与过去完全匹配。

最重要的是,还要注意,**这两种方法都不能预测某一特定案例的结局**:知晓概率,并不能预测骰子的下一次掷出情况;知晓死亡率,并不能识别哪些个体将会死亡。对任何具体案例的无知仍然存在。这是概率论的本领和局限:因为识别决定性的因果因素如此困难,**它完全忽略了它们**。[12] 骰子被用作机会模型,因为对我们的分析来说,每次掷出时的决定因素都无法可想地复杂,而且不在控制范围之内。同理,死亡的原因也多种多样,受个体因素的影响;虽然死因不是随机的,但它们不能被处理以便做出个体的预测。运用统计方法,研究人员可以试图通过细分群体、测试不同的子集,并应用回归分析,来揭示诸多原因。例如,我们可以将相关的男性人群按种族、吸烟习惯或婚姻状况进行划分,以确定每一组人群是否存在微分相关性,即不同的死亡率。但是,高相关率仍然只是相关性,而不是原因。这是一个要点:概率论允许我们宣称对人口和系列、大类事件的有知,并管理——和掩盖——对超出我们预测或控制范围的个体事件的无知。

(3) 第三种解释,使概率既不是关于逻辑,也不是关于世界上过去事件的模式,而是关于人的信念度(degree of belief),通常被称为**主观主义解释**。这个说法貌似最有道理,比如以下陈述:"我可能会出席音乐会"或"我不可能在明天之前完成这个项目"。在以前的案例中,目的是对关于结局本身的某事物——而非对某人的某个特定结局会发生的置信度(confidence)——进行断言。此外,确实,人们相当确信某一事件是非常不可能的,或不确定某一事件是否是非常可能的。因此,概率和置信度的概念显然可区分。它们相联系之处在于,当某人正在表达一个人的选择或行动的似然性时,某人的意图和某人对信念的承诺水平就成为决定结局似然性的相关因素。

赫伯特·魏斯伯格(Herbert Weisberg)在讨论概率论史时,对这里概述的三个理论作了精辟的总结:

> 在我们今天普遍认为的概率标题下,有三个主要思想:第一,概率被假设服从某些**数学规则**,这些规则以最纯粹的形式通过机遇博弈加以说明;第二,自然现象和社会现象中观察到的**统计规律**被视为行动中的概率的例子;第三,概率在某种意义上反映了**信念度**或确定性的测度。[13]

这三种解释(还有其他的变种)[14]以定量方式表征概率,但前两种解释为客观(即理性上有待商榷)因素的精确性提供了基础;它们认为概率本身是一个固有的数学概念。主观主义"信念度"在定量上内禀不那么精确。(如何衡量75%和80%的置信度的差异?)但它更公开揭示了前两种解释所掩盖的潜在无知(underlying ignorance)。

(4)最后,一个较老(甚至古老)的概率概念在今天的某些领域仍然有效。我将其命名为**判决解释**。它既不是形式化的也不是量子化的,而是将概率视为一个显著证据的权重问题。我们今天在法律术语"可能原因"的适用中找到了这一概念。要求发出执行令或传票的法官,并不能确定是有1/6的原因还是5/6的原因;该裁定更为松散地根据相关证据、论点和法律考量的组合做出。由于在这种情境下,概率是一个判决问题,人们很容易看到焦点如何从证据的权重转变为(法官)对信念的置信度(主观主义解释)。但是,可能原因的概念指向客观因素——法官所衡量的因素。诚然,对有罪判决的"无可置疑原则"的司法标准,含糊不清地指向证据,也指向陪审团对其信念的置信度。这两种标准,都体现了对某一特定司法行动的概率是否足够的主张;两者都有助于对无知的管理。

下雨的机会

如上所述,关于概率概念在其不同的解释下仍然存在一些纠缠不休的问题:恶性循环、统计推断的假定、无根据的置信度量化、判断的不准确,等等。这些论题留给我们一个棘手的问题,即理解我们所指的是概率陈述到底是什么意思。概率的断言是寻常的,但我们真的知道那些断言的意思吗?例如:"明天有20%的下雨概率"这一陈述所指的天气预报,究竟是什么意思?

美国全国公共广播电台问了这个问题,结果非常有趣。公众的回答揭示了许多人的不同信念和承认的不确定性,包括数学家和受人尊

敬的气象学家![15]回答者总数为 42 143 人,这是一个相当好的样本。在有趣的结果中:

- 超过 4% 的回答者认为,这个天气预报意味着"明天有 20% 的时间会下雨"。
- 超过 7% 的回答者认为,这意味着"20% 的天气预报员认为明天会下雨"。
- 1/5 的回答者认为,这一说法意味着"该区域 20% 的地方明天会下雨"。
- 一半的回答者认为,这意味着"像明天这样的日子里,有 20% 的日子会下雨"。
- 其余的回答者仍有其他解释,或者根本不知道。

首先要注意的是,在所有的解释中(也许除了那些未具体说明的解释),其蕴涵为我们可以将"天将下雨"替换为"天肯定会下雨":例如,"明天有 20% 的时间(肯定)会下雨"。换句话说,这些解释试图消除或兑现表达为统计事实的概率所涉及的不确定性。这使用重新定向,将无知转化为表观的确定性。其次,这些解释仍然受到含混性(vagueness)的困扰:哪里会下雨?谁是"天气预报员"?"区域"的界限是什么?"像明天这样的日子"究竟是什么?第四种解释有一个验证问题:它预测了无限多"像明天这样的日子"——但实际上,我们无法观察到无数次试验。而且,他们都不清楚"雨"究竟是什么意思——几滴雨、毛毛雨、短暂而分散的骤雨、持续的倾盆大雨等。气象预报员都意识到了这个问题,通常会用其他的描述来补充那个概率陈述,比如"散落的阵雨"或"中午前后的雷雨"。

撇开观众的看法不谈,天气预报的原意是什么?为了回答这个问

题,美国气象局发布了一个官方定义,尽管他们使用的是"40%的降雨机会"(这是那个概率的两倍):

> 从数学上讲,PoP(降水概率,Probability of Precipitation 的缩写)的定义如下:
>
> PoP = $C \times A$,其中 C = 降水将发生在预报区域**某处**的置信度,A = 将收到可测量降水区域的百分比(**如果发生的话**)。
>
> 所以……就上述预报情形而言,如果天气预报员知道一定会发生降水(置信度为100%),他/她在表示该区域有多少将会收到可测雨量。(PoP = $C \times A$,即 1 乘以 0.4,等于 0.4,即 40%。)
>
> **但是**,在大多数情况下,天气预报员表示的是置信度**和**区域覆盖度的结合。如果预报员只有50%确信会发生降水,并且预计**如果发生**降水,将在大约80%的区域产生可测量的降水,则 PoP(降水机会)为 40%。(PoP = 0.5×0.8,等于 0.4,即 40%。)
>
> 无论哪种情况,正确的解释预报的方法是:有40%的机会在该区域任何一个给定地点发生降雨。[16]

因此,我们现在知道"雨"是指"可测量的雨量"——在其他地方规定为"至少2.54毫米"。我们明白,"预报区"的受影响部分确实是一个因素("该区域有多少将会收到可测雨量"),这便把这个概率简化为一个事实:面积的百分比。

但是,另一个因素则相当奇怪:预报员(单数,而不是复数)对降水会发生在该区域**某处**的**置信度**。这非常麻烦。首先,将这两个因素结合在一起会造成一种模棱两可:任何给定的百分比(例如,我们最初的

20%)都可能代表要么小区域与高置信度(20%的预报区域与100%的置信度)的乘积,要么大区域与低置信度(100%的区域与微不足道的20%的置信度)——以及两者的任意组合。但是,预报结果都一样:"20%的降雨机会"。

其次,如何量化置信度?将百分比作为信念度和地理区域的函数,是一种奇怪的方法。事实上,很难搞清楚"正确性"如何适用于一种指的是主观置信水平的量化陈述——以及隐含的单数预报员。模棱两可和含混性的结合,让我得出结论,官方解释这一概率陈述的尝试失败了。

考虑到计算机建模在气象学的广泛应用,人们很可能预料到,预报员的预测将以计算机仿真为基础,而计算机仿真又是从过去气象记录的模式中得出的。[17]总之,我的期望是,基于统计模型的频率解释的一个版本,会为该定义提供依据。我怀疑这一遗漏是一个不幸的错误,但我感到惊讶的是,在这份官方报告中**没有提到**频率解释。即便如此,每一个天气日皆独一无二,所以人们需要设定参数,必须决定忽略个体差异,以便建构一类像今天一样的过去天气日,并检查接下来的一个个明天。

无论如何解读此定义,结果都不会兑现那个陈述中固有的不确定性。"明天有20%(或40%)的下雨机会"的断言既不会被证实,也不会被反驳,不管明天下雨还是阳光灿烂。所以,预报员不管怎样都能得到正确的预测。

尽管它们含糊不清、模棱两可,还存在残余不确定性,但我们经常受到这样的概率陈述的指导,尤其是在所述概率高或低的情况下——这是正确的:如果下雨机会为90%,而不是20%,我们更有可能带伞。概率作为实际情况的模式或百分比兑现之处,它们只能作为关于一类先前事件的陈述在描述意义上可证实;但若它们来自这样的事实,而作为未来事件的预测、预报、概率或机会予以提供,则它们就是我们无知的指标。

其他的智识工具

虽然我专注于概率论,但数学为无知管理提供了众多的概念和方法。**误差裕度**(margin of error)的统计概念就是一个例子,它是抽样误差的一种度量,即对整个类进行调查时所期望的抽样结果的可能变化。如果一位政治候选人在政治民意测验中得到33%的选民支持,误差裕度为±3%,那么我们应该预计总体30%—36%的人会支持该候选人。但是,全人口结果在"误差裕度内"的似然性,本身就是一个概率。今天,研究人员力争达到95%的**置信水平**,这是对结果**可靠性**的统计度量——在这种情况下,存在着至少95%的概率其结果是准确的(为真)。这也可以被解读为不确定度的指标。

可以说,代数的整个学科是通过管理无知而获得知识的工具。代数从数字中抽象出数学关系,允许使用字母($a,b,c \ldots x,y,z$)表示未知数,来操纵未定的量。正是由于它在代数中的使用,X才成为"未知数"的通用符号。

字母X的这个意思,可以追溯到阿拉伯语"**东西**",即 šay。早期的阿拉伯语文本,如 Al-Jabr(约820年)——它确立了代数(algebra)的原理(并赋予了它的学科名称),将数学变量称为**东西**。因此,我们可以把一个方程式理解为"3个东西等于21"(那个**东西**是7)。很久以后,当 Al-Jabr(还原)被翻译成古西班牙语,šay 被写成 xei,后者不久被缩写成 X。今天,我们发现 X 被用来表示神秘的现象[X 射线、《X 音素》(*The X Factor*)、《X 档案》(*The X Files*)、《X 未知元素》(*X the Unknown*)]或未知事物或被遗忘的现象[就像马尔克姆·利托

(Malcolm Little)通过将他的名字改为马尔克姆·X(Malcolm X)来纪念他的祖先时]。X乃是我们无知的符号。

在其他学科和社会用途中发展起来的无知管理手段,是无穷无尽的。对于政策和规划,使用投射场景、模拟和反馈环。在科学中,重复他人的实验被用来增加对结果的置信度。重要军事命令的特别确认协议,旨在减少不确定性。密码和相关的安全装置有助于减少不确定性,既可以识别有权获得信息的人,也可以识别被排除在外的人。通过咨询受认证的专家来管理对深奥问题的个体无知:这是电视节目《鉴宝路演》(Antiques Road Show)的前提,也是珠宝鉴定、家庭审查和财务审计等服务的前提。这个清单是无穷无尽的。

在结束本章时,我要再次指出,我们经常建设性地使用无知,尤其是为了创造公平的条件。为了公平决定谁应该在足球比赛中开球,我们掷硬币。为了确定谁赢了门票对号奖,我们从一个不透明的罐子里抽一张票。为了分配一个高风险的任务,我们可以抓阄。在这种情况下,我们把决定交给机会,交给那些复杂到无法预测或控制其结局的事上。这与罗尔斯在法庭上使用无知之幕或"蒙眼"正义大相径庭:虽然这些人也利用无知来确保公平,但他们不选择机会或不可预测性;他们选择排除特定的信息,即故意受限的无知。

最后,我还对棒球比赛表示了赞许,因为它占用了丰富的术语。正是马迪·鲁埃尔(Muddy Ruel)或比尔·迪基(Bill Dickey)——这取决于你的消息来源——首先将"**无知的工具**"一词应用于捕手的装备(面具、护胸、护腿、护裆和手套),这是本章诸多工具的一个好隐喻。

第五篇

作为视界的无知

因此，正如理性形而上学所教导的那样，人通过理解事物而成为万物，这种富有想象力的形而上学表明，人所以成为万物，是因为不理解它们；也许后一种命题比前者更真实，因为当人理解时，他扩展了自己的思维，接受了事物，但当他不理解时，他就把事物从自身中制造出来，通过把自己变成事物而成为事物。

——詹巴蒂斯塔·维科（Giambattista Vico）

第十一章

无知的视界

> 什么是"正确",什么是"好",也许在于,对困扰我们所需要的最基本范畴的张力、了解我们所知和所需之核心的未知,以及认识到生命的迹象及其前景皆保持开放的态度。
>
> ——朱迪斯·巴特勒(Judith Butler)

虽然视界的概念保留了一些边界和限度的意象,但恰恰相反,它是表观的、透视的。视界随我们一起移动,即我们最远目及的那条线。它的运动,即针对客观的认知地形,围绕我们的知识领域。它是"我们的"视界,因为它的范围和界限是相对于我们的位置和视力资源而言的:我们在平坦的地貌上,或借助望远镜,或登高望远。把无知想象成视界时,我们认识到,它不仅随着知识而变化,而且由认识所建构。此外,虽然可以消除或跨越边界,但视界总是伴随我们,却总是遥不可及。然而,视界在召唤我们:它吸引我们的目光、我们的渴望。黎明和日落,仿佛觉醒和遗忘,发生在地平线上,照亮和变暗我们的理解平原。

视界意象体现了不断变化与永恒存在的融合,即有知与无知的关系。我们求学,我们研究,我们理解和发现,但是——正如我在本书开头所说——无知的巨大包围仍然存在。个体知识视界会被人类的已知领域所吸收,但人类集体知识在任何时候都有自己的定界地平线。学习是对(某些)无知的回应,消除(某些)无知,管理(某些)无知,创造一种精致的、重建的无知,在那巨大包围中增长知识。只有理解了有知与未知的**相互作用**,才能把握人类状况的认知层面。

认知运气

运气是用来描述一个事件或状态的术语,它通常有三个属性:它是偶然发生或未预见到的;它不受人类的控制;它对个体具有——积极的或消极的——重大意义。运气是一个哲学意义重大的概念,主要是因为哲学家直觉上想要将它排除在规范性评估之外。例如,在伦理学中,行为的道德价值或一个人性格的德性和劣性不应建立在运气问题上,而应建立在自我在欲望、意图和意志中更深的表达上。同理,正义的理想是基于人们之应得,而非靠运气。凭运气取得某个成就,会损害它作为真正成就的质量。

在上一章中,我们讨论了管理机遇和不可预测事件的影响的各种策略和工具,以及利用有知应对无知的方法。但是,认识论者最近注意到,运气会破坏有知;运气可以使那些看似真实的知识失去假冒的资格。我们花点工夫来考虑这一点。

如上所述,"真"知,传统上必须符合三个判据:(1)它必须被相信;(2)此信念必须为真;(3)信者必须有充分的证成或保证相信它。自柏拉图以来,知识分析(analysis of knowledge)被定义为"证成的真信念"。因为这个说明聚焦于命题知识(**知道那个事实**),所以通常用一个简单图式来概括:

S 知道 p,当且仅当:

(1) S 相信 p;

(2) p(为真);

(3) S 有充分的证成或保证相信 p。

几个世纪以来,认识论致力于阐明这三个条件中每一个所包含的内容,取得了越来越精致的结果。但是,前提是**假设**这三个条件皆得到满足(无论你如何界定它们),它们将产生真知(对 S 而言)。

1963 年,这个比赛被一篇规整的三页短文令人震惊地打断了。这是埃德蒙·葛梯尔三世(Edmund Gettier Ⅲ)发表的唯一文章。[1]* 他只是提出了一些案例,在这些案例中,即使是证成的真信念也不是"在强意义上"知道一些东西,即真知的充分条件。怎么可能呢?

想象一下,例如,吉姆(Jim)认为红袜队今天打败了洋基队,比分 4 比 3,事实上他们确实赢了;吉姆在电视上看了这场比赛,获悉了这个情况。因此,吉姆的信念实际上为真,他对他的信念有合理的证成。问题是:吉姆不知道,他看到的是昨天比赛的重播——在昨天的比赛中,红袜队以同样的比分击败了洋基队。所以,吉姆确实不知道谁赢了今天的比赛,在"强意义"上不知。

在葛梯尔那些有问题的情形下,人的认知判断和那些事实之间只是一个巧合:我们并不真正拥有我们以为拥有的知识。在吉姆的案例中,未知的未知在起作用;他证成的真信念是一个**认知运气**(epistemic luck)的问题。通常,葛梯尔的案例都假设人对相关因素的无知,以及人在满足证成的真信念条件时(尽管无知)的运气。我们如何排除这种情况?遗憾的是,葛梯尔没有找到解决方案;他只是释放了他的例子

---

*《有证成的真的信念是知识吗?》(Is Justified True Belief knowledge?),载于《知识论读本》,洪汉鼎、陈治国编,中国人民大学出版社 2010 年版,668—671页。——译者

的力量。

一个即时的回应——由不同的哲学家提出——是我们需要加强适当的保证或证成的标准。因此,在棒球案例中,与乍一看相反,我们会说,吉姆就他对今天比赛的信念实际上没有充分的证成。但他确实有合理的证据。那么,也许需要引入一种区分:人们会区分**信念权利**(entitlements to belief)和**信念证成**(justifications for belief)。在上述案例中,吉姆本应拥有他关于这场比赛的信念**权利**,而不是关于此的真**证成**。但这是一个棘手的问题。我们为真证成设定的标准越高,就越有可能冒空洞同义的风险:人的信念只有当人真正知道它为真,才会被证成。我知道,当且仅当我知道。

另一种方法是要求更高的精确性来表述那个信念命题。不应该说"吉姆相信红袜队今天以 4 比 3 击败洋基队",而应该说,"吉姆认为他今天在电视上看了一场比赛,红袜队以 4 比 3 击败洋基队"。那个证成的真信念,并未被影响早期信念的认知运气所破坏。这也是一个可疑的举动。首先,更精确的陈述并没有充分反映吉姆的实际信念:他以为这是今天的比赛。我们只是以谨慎的方式声明,因为意识到了葛梯尔的那个威胁。其次,其他的葛梯尔条件也在起作用,甚至影响这个改进的表述——人们怎么知道呢?

因此,许多认识论者对真知采用了第四个判据,即对该图式的修正:

(4) 不获取葛梯尔类型的情境。

换句话说,真知也要求认知运气不是一个因素。当然,这种表述只是一个占位符号。它标记和排除了破坏性的葛梯尔情境,但并没有给出一般性刻画。随着新的、更具创造性的葛梯尔型案例的出现,文献已经为其一般性刻画提出了建议,并试图给出一种在知识分析中消除需要葛梯尔星号的解决方案。

在这一问题上,应该标明几点。首先,葛梯尔型案例是认知运气的问题,因为它们涉及有知和无知的巧合互动。有知植根于证成:吉姆知道他看了比赛,知道红袜队在他所看到的比赛中以 4 比 3 获胜。他不知道的是自己其实看了一次重播;对吉姆来说,这是一个未知的未知。尽管有相关的无知,他靠运气仍能形成一个证成的真信念。其次,应该注意到运气破坏了我们的成就感,所以,如果我们试图获得知识,就不能靠运气达到目标。

然而,在常见的人类体验中,运气确实是我们实现有知的一个因素,而无知也常常是运气的问题。邓肯·普里查德(Duncan Pritchard)借鉴彼得·昂格尔(Peter Unger)的工作,确定了三种"良性"认知运气,并提出了第四种。[2](1)存在着**内容认知运气**:幸运的是,我的例子里,这个命题为真,红袜队赢了。(2)存在着**能力认知运气**:幸运的是,吉姆能够知道比赛的结局。(3)存在着**证据认知运气**:幸运的是,吉姆碰巧在电视上看到了这场比赛。这个条件大体描述了前面讨论的那些案例(第九章),在这些案例中,一些历史遗骸幸免于难,尽管失去了其他的遗骸。(4)普里查德还取笑**信念认知运气**,其中幸运的是,信者相信这个命题:幸运的是吉姆相信红袜队赢了。普里查德断言,这些对于真知是没有问题的。但另一种类型值得关注:(5)**求真认知运气**,其中那个信念为真,这是一个运气问题。[3]求真运气在葛梯尔型案例下起作用,普里查德认为这对真知是致命的,必须予以消除。显然,葛梯尔型案例确实包含求真运气——吉姆对谁赢得比赛的信念为真,这是一个运气问题——也可以把这个案例分析为(坏的)证据运气的问题:也许吉姆在"这是一次重播"的通知出现时没有看到屏幕,这不走运。

由于普里查德的目的是保护知识不受运气的影响,他可理解地不大关注那些"良性"形式。它们并不威胁知识的真实性,然而确实影响我们拥有的知识和无知。证据运气尤其至关重要。此外,无论我们如何表述保护真知的这个判据,在实践中,根本不能排除未知之未知的重要性。吉姆可能会承认,未知之未知总是与我们如影随形;但从定义上说,通过揭示他只不过在其信念中幸运,他不能说明这些未知之未知是什么,或者它们中的任何一个是否会破坏他对知识的主张。

我们有目的地在无知的包围之中工作,以获得知识。但是,未知之未知的视界总是伴随着我们。我们不仅不能控制和驯服它,而且它甚至注入了我们称之为知识的光环。认知运气在有知与未知的互动中不断发挥作用。视角不是我们可以自主决定或缩小的东西,知识的范围和区域也不是无运气区(luck-free zone)。而且,自相矛盾的是,似乎是求知创造了无知。每一个认知进步,都有助于拓展未知的视界。

学习是如何创造无知的

我们讨论了个体、组织和政府会构建和保护无知的多种方式(第六章)。但是,了解某事物的过程究竟是如何**创造**无知,或者——如一些人所说——如何"改善"无知?什么是**改善的**无知?

下面来考察几个例子。第一,近年来,潜水器和水下摄影术的进步导致了更深层次的潜水和许多新物种的发现。如今的照片和视频,显示了以前从未观察到过的迷人、奇异的生物。海洋生物学家思考这些图像,现在想知道一个奇怪长相结构的功能、奇怪行为的演化优势,或者这样一个脆弱的生物体在深水的巨大压力下生存的适应性。

第二个例子:在追踪其家族家谱时,一位女子知道她的曾祖父母是从苏格兰来到美国的,但她不知道确切的时间。她发现他们列在1861年的苏格兰人口普查名单中,但她没能在1871年的苏格兰人口普查中找到他们。她得出了一个合理的结论,即他们在这两次普查日期之间十年的某个时候移居国外。

在后一个例子中,无知被"改善"或"改进",靠缩小搜索范围,更精确地说明一个已知的未知:可能的移民日期——尽管还不确定——缩小到了十年的跨度。然而,在前一个例子中,新知产生了新问题,这些问题以前不可能被问到,因为那些生物是未知的。新知可以通过将未知的未知变成已知的未知,来"创造"无知;这是元层次上的一种转变。这不仅是因为以前没有理由问这些新问题,而且更确切地说,并不存在问它们的认知基础,也没有表述它们的已知主题。

还有更令人吃惊的案例。发现会揭示先前知识的元素之间的新关系,改变它们的理论联系。偶尔,重要的突破会引发新的概念,甚至新的概念框架或范式。在这样的发现中,对一个领域的理解会不可逆转地改变。新海洋生物的发现,尽管具有重要意义,但并不预示着一场概念革命。我们应用了根深蒂固的生物学概念(物种、适应、繁殖等)来提出关于新发现的生物体的问题。将其与新知(如微生物、亚原子结构和演化的原创发现)的影响对比,每一种被引入的新知都重新解释了旧知,产生了整个概念结构,其中新类型的问题可能被构建。有时,既定的概念被赋予了新的含义[形如爱因斯坦(Einstein)的**质量**概念改变了牛顿的**质量**概念]。每一种新发现都会重构和改进我们的无知,扩展其视界范围,并设定新的探究议程。

然而,我们需要进一步努力,以充分把握无知之创造。我的语言会提出,大自然只是在等待好奇的人去揭开它的秘密,去发现已经存在但隐藏的东西,从而"获得"知识。这一观点被启蒙运动早期的"自然哲学家"所接受并取得了很好的效果,但却是误导人的,它低估了想象力、理论建构、创造力、探求知识的作用。我并不是说,除了我们创造的东西之外,不存在任何实在——尽管有些人确实采取了这种立场。这种观点把科学研究变成了自欺欺人的研究者一种扭曲的自我表达方式。这给了我们一个对大自然的固执(Nature's stubbornness)、对那些根深蒂固假说惊人驳斥的不满意解释。⁴ 然而,我们使用的语言系统和定量系统、我们的概念框架、它们背后的隐喻、我们所构建的负载理论的仪器,以及为研究而开发的技术——这些都是人类的创造。既然人类的知识是在这种深刻意义上的社会建构(social construct),**无知也是**。这意味着新知**创造了**无知:它不只是识别那些自始至终隐藏在未知之未知中的未知事物;随着我们掌握它们,我们表述它们,从而创造它们的表现形式。

很多无知都被正确地认为是负面的;但是,当我们**仅仅**消极地看待无知时,这个图景是堕落、无力甚至令人恐怖的。这就是认知悖论(epistemic paradox):我们努力学习以消除无知时,并不能缩小无知那汪洋大海——如同那些关于自毁行为的希腊神话——我们努力学习,即使成功,也会增加我们的无知。然而,这种灰暗、使人愚钝的观点,未能反映出无知在生活中的全部重要性。正如无知可呈现使人不振、悲叹和应受谴责,其所造成的失误亦是毁灭性的,无知——特别是在人们认识到它的情况下——也会给人类生活带来巨大的积极影响。且听下节分解。

自由、创造力与无知

神经生物学家法尔斯坦在《无知——它怎样驱动科学》一书⁵中指出,不仅科学研究是由无知推动的*,而且科学的目标在于改善和改进无知。是的,好奇心对科学研究不可或缺;但是,好奇心在存在无知时才产生。感觉到未知事物的存在,可以召唤我们去探究。法尔斯坦认

---

*《无知——它怎样驱动科学》,法尔斯坦著,马百亮等译,上海辞书出版社2015年版,30页。——译者

为,无知设定了研究议程;此外,发现的丰硕性很大程度上在于它所创造的无知。我们可以拓宽这一论断,因为同样的说法也适用于社会科学、考古研究,适用于艺术和人文学科的大多数学术研究形式。

无知视界的存在确实为想象力、自由思想和创造力提供了空间。知——我指的是那种承载着信念的真知——是思想的顶点;它不再承载对于事物的认知渴望。只有新的怀疑、新的不确定性才能颠覆这种满足感,激励学习。只有认识到自己无知的可能性,才能为不学假知、为真才实学(即改善的无知)开辟认知空间。

想象力和创造力的运用和发挥,是对未知事物的冒险。它们皆抵触事实的重复、知识的反刍。独创性、创造性、原创性、自发性——皆需涉足未知。

虽然各种各样的人类创造力都推定未知,但也有人给它一个荣誉的位置。即兴表演乃是在不可预知情况下的一种越界。例如,即兴爵士乐就充分利用了"已知"(也许是一种基本旋律、一种拍子记号,以及乐团中个别音乐家的一系列高光时刻)来构建一项冒险活动,进入未知的自由表演空间。随意式艺术则更进一步,将表演或艺术作品开放给偶然或随机的元素。约翰·凯奇(John Cage)的《无线电音乐》(*Radio Music*,1956年)是一部8台收音机的作品,由随机操作谱曲:它将收音机调到56个不同的频率,由8个单独的音乐家编程,间歇插入一些静默。同样的原则,也适用于前卫的戏剧作品、绘画和其他视觉艺术、舞蹈和诗歌。当然,电影也会包括一些没有详细建构的场景,诸如用超过15分钟记录某一特定窗口外发生的事情。但是,其他的随意式电影会为机遇使用不同的通道:《以任意顺序放映的六卷胶片》(*Six Reels of Film to Be Shown in Any Order*,1971年),由巴里·索特(Barry Salt)执导,并配有一个特殊的骰子,由放映人员在每次放映时掷出,以确定胶片的顺序。

在文学和电影中,神秘是我们热爱未知事物的象征。显然,没有一个故事是一个谜,除非读者不知道一些关键的情节:谁犯下了谋杀?或者在"密室之谜"中,罪案是如何发生的?对于未知来说,在文学和电影中还有一个更基本、更普遍的角色。叙事本身有其迷人的效果,因为它进入了未知:接下来会发生什么?事情会如何发展?这个角色是谁?在叙事中,就像在研究中、在艺术中、在生活中,冒险需要向未知推进。(当然,尤其是在孩提时代,我们喜欢听,或一遍又一遍读某些熟悉的故事;它们变成了珍爱的诗歌,阅读它们成了一种仪式。然而,第一次阅读的乐趣在于,我们在重新体验中排练,但不可避免地发现自己以不同的方式阅读或聆听。童年时期最喜爱的电影也是如此。)

可以说,无知与有知有一种**阴阳**关系(yin-yang relationship):是阴阳的平衡和互动赋予我们心灵的生命。正是已知与未知之间相互理解的关系,提供了学习的母体、发现的挑战、研究实验室的探索、期待翻向下一页的叙述、冒险的兴奋、对希望的渴望、对惊奇的激动。

无知的视界存在,具有情感影响;它激发感情。这种无知感(sense of ignorance)最雄辩的描述之一,乃是约翰·杜威(John Dewey)早期具有里程碑意义的著作《心理学》(*Psychology*)。杜威把无知描述为一种有独特感觉的心态。值得详细引用:

> 有知感(feeling of knowledge)必然伴随着无知感(feeling of ignorance),并将继续下去,除非你掌握了整个知识的有机系统……
>
> 因此,无知感与有知感密切相关。有知感是已实现的自我;无知感是未实现的自我。一是客观的普遍自我的情感,只要这种情感以个体形式存在;另一是这种普遍自我尚未实现的含混的不定情感。例如,动物是无知的,但我们不会设想它

能意识到这种无知,除非我们把它归结为一种真正的自我意识。无知乃是我们本性中的分裂感或冲突感。

未知感(feeling of the unknown)必须与不可知感(feeling of the unknowable)区分开来。后者是与自我完全无关的情感,故是一种心理学不可能。对未知(或无知)的情感是自我感,但自我感仍不完善。只有我们能够完全超越自身存在,不可知感才是可能的;如果我们能够超越我们**当前的**存在,并且感觉我们的真实存在尚未完全实现,未知感就是可能的。因此,无知感的真正作用是作为一种诱因,作为进一步行动的源泉,而不可知感只会使所有的行动瘫痪。*[6]

在杜威看来,无知的视界被感受为未实现的自我。它的可知性驱使我们超越当前,走向自我实现的认识。

无知与可能

奥秘的爱好者们都知道,事实只是事实,是我们知识之网中的一个节点——直到它指向无知。然后,这个事实就变成了**线索**。预感、猜测、估计、推论、猜想和假说,都是从已知(the known)的基础向可能(the possible)发射的投射物。暗示和提示,都是未知(the unknown)之启示、未知之可理解边缘、未知之理解。**证据**的概念把已知的可能性同不确定的可能性联系在一起;它的词源将**证据**等同为**使人看得见的证据**。我们形成一个问题时,就用有知与无知挂钩。事实上,提问是有知

---

* 《心理学》,杜威著,熊哲宏等译,华东师范大学出版社2019年版,275页。译文有改动。——译者

与无知之间联系的最大(也是最常见)的表达。问题在其框架中传达出一种何为可能之感(sense of what is possible);问题预期的是那种能满足我们寻求的答案。

有些问题只有通过复杂的知识或研究才能回答:**这种毒素的解药是什么?** 有些问题只有知识渊博的人才能有意义地提出(尽管答案可能不难找到):**约翰·斯图尔特·穆勒**(John Stuart Mill)**因散发淫品而被捕的"淫品"是什么?** 有些问题符合这两种条件:**国际象棋中的斯维斯尼科夫变例**(Sveshnikov Variation)**有哪些优点和缺陷?** 但是,很容易识别出这样一种隐性知识:**我能把一个 jpg 格式文件发到脸书(Facebook)上吗?** 这些隐性知识不仅构成了所有这类问题,而且是较为简单的日常问题。

我们不仅能够掌握事实知识,而且能够掌握**模态**知识;也就是说,可以了解现实性,也可以了解可能性、必要性和不可能性。我们可以知晓情况是什么、可能是什么、必然是什么、不能是什么——尽管这种知识的来源和确证会多种多样。当然,我们可以在所有这些领域中无知(并且具有假知)。要弄清楚:我们不能知道哪个是不可能的,但可以知道**那个**是不可能的。我们也可缺乏这种知识,或者误以为这**是**可能的。现实的领域是**已实现**可能性的领域,其中一些我们知道,但很多我们不知道。然而,在这方面,凡可知的皆是可能的。可知但未知的一切——无知之视界——都是未实现的可能性。[7] 若一个问题不仅仅是修辞性的,则它寻求现实化一种认知可能性。

虽然质疑(好奇心的语言表现)在所有探究领域中都是基本的,它在哲学中却有一个特殊的位置。哲学不是一门科学:哲学的任务不是组装和验证一套事实,甚至不是在狭义上产生这个世界新的命题知识。哲学可以提供洞见;哲学做出智识进步;但哲学以其问题为乐。哲学家的任务,首先是保持、维持和扩大我们的可能感(sense of the possible)。

它衍推我们对无知的承认和我们在其创造时的共谋。其次，它包含阐明具体的可能性及其相互关系。

惊异与可能性的牧人

哲学家是可能性的牧人。我借用法国哲学家米歇尔·塞尔（Michel Serres）的意象。他写道：

> 哲学家的职责，哲学家的关心和热情，就是尽力保护可能性，像保护幼儿一样保护可能性，像对待新生婴儿那样关心可能性，他是种子的保管者。哲学家是牧人，他在山冈上放牧，他的畜群混杂着各种可能性。……
>
> 哲学家密切注意着各种无法预料和不稳定的状态，他的目标角度变化不定，它是悬空的；哲学家极力使分枝和交叉敞开，这与河流的汇合处截然相反，合流处是把支流和交叉都汇合在一起，将它们封闭起来。……
>
> 哲学家的职能，哲学家的关心和激情，是对可能性之变化的负熵响动。*[8]

这并不意味着哲学超然不受经验实在的束缚。它是一种不知道何为已知的不负责任的哲学，但它是一种局限于经验事实，或只是为了增加自己库存的自杀哲学。哲学家们发现，对可能之洞见与对**是什么**的知晓一样有趣和宝贵：可能（the possible）激发行动（**什么也许**），打开

---

*《万物本原》(Genèse)，塞尔著，蔡鸿滨译，北京大学出版社2012年版，31页。——译者

未来(**什么可能**),从而为规范性(**什么应该**)创造空间。这是让那些对开放(openness)不耐烦的人,让那些只看到可加入知识储备的明确事实封闭(closure)中的价值的人感到沮丧的一种取向。"这有什么用?"那些不看视界的缺乏想象力的人如是问。

哲学(philosophia)不是**爱知识**,而是**爱智慧**。当然,智慧衍推知识,但它期待得更多,它发端于惊异。正如柏拉图所描述的,苏格拉底第一个说:"惊异是哲学家的感觉,哲学始于惊异。"*[9]不是惊奇,不是好奇——是惊异。

惊奇(surprise)是指突如其来、不期而至的启示。未知的未知在眨眼之间变成了已知。虽然惊奇意味着一种无知之态,但它由这种状态的消失而构成,因此它是一种知之态。虽然通常是短暂的,但惊奇是对觉知的反应——无论这种反应转变为震惊、恐惧还是宽慰、快乐。惊奇容许有度,当一个人的认知期望(信念、思维习惯、对他人的期望等)受到此种启示侵犯时,人们会感到**惊奇**。这些情绪的特点是,它们的对象(刺激)在它们发生之时才开始。

好奇(curiosity),如上所述(第八章),既是心态又是品性。它指的是对人无知的觉知、特定的已知之未知,以及对发现的感受力。虽然它桥接了有知和无知,但被认为是一种对无知的向往状态。不管是德性还是劣性,无论该状态是好是坏,这都是一种在其自身消亡中得到满足的欲望。好奇心促使我们知道,"满足"我们的困惑,让我们快乐拥有所寻求的知识。完备的知识,乃是好奇心的熄灭。

然而,惊异(wonder)却关注不可知。惊异不寻求将会淬灭它的知识。它不追随那种弧光,或假设这样一个完备认识的可能性。然而,惊

---

*除了惊异之外,哲学没有别的开端。参看《泰阿泰德》(*Theaetetus*),柏拉图著,詹文杰译,商务印书馆2015年版,26页。——译者

异的**感染力**却有其后果。有三条路可供选择:惊异会打开无止境的质疑之门;惊异会令人震惊和感到无力;或者,惊异会陷入好奇。第一种是在惊异中的哲学栖息;它激活了一种精神追求,即苏格拉底所建立模式的无止息的辩证法。第二种是认知障碍,一种被嘲笑为劣性的认知倦怠(cognitive languor):"迷失"在惊异之中;第三种是惊异的中止,取而代之的是好奇心有目的的狭隘:哲学退化为科学;崇高衰落为分析;灵性归于宗教敕令。[10]

亚里士多德呼应苏格拉底关于哲学始于惊异的观点时,给了这一观点一个历史性的转折:"古今来人们开始哲理探索,都应起于对自然万物的惊异。"* 但是,就像我在脑海中描述的那样,他会有好奇心而不是惊异:他说:"一个有所困惑和惊异的人,认为自己无知(因此神话所编录的全是怪异,凡爱好神话的人也是爱好智慧的人);因此,他们探索哲理只是为想脱出愚蠢(逃避无知),显然,他们为求知而从事学术,并无任何功利的目的。"**[11] 亚里士多德的惊异在知识中,在为其自身的理解上寻求封闭,而其前提是为了"逃避"无知之目的。他的评论,更适合于作为住所或边界的无知。甚至面对作为限度的无知,他也坚持这种观点:"要获得这样的知识也许是超乎人类的能力;从许多方面想,人类的本性是在束缚之中。"***[12] 然而,亚里士多德犹豫不决,因为他把神话作为"由惊异组成的"内涵并不让步于好奇心。正是惊异,而不是好奇心,才适合承认无知为视界,即未知事物的永恒包围。

我并非在贬低科学。哲学催生了大部分自然科学和社会科学,通

---

*《形而上学》(*Metaphysics*),亚里士多德著,吴寿彭译,商务印书馆1995年版,5页。——译者

** 同上。——译者

*** 同上。——译者

过划分而分娩,作为不同探究领域发展了各自合适的研究方法。奇妙事物变成了经验事物,尽管工具越来越精致,但追求知识仍具有持续的迫切性。我歌颂了知识可以提供的解放,哀叹了个体无知、政治无知和集体无知的可怕后果。好奇心助长学习。然而,这里的要义在于,真正的哲学理解承认最终的"逃离无知"为一种不可能性,即一种妄图抓住视界的徒劳尝试。

亚里士多德秩序井然的宇宙,在其周期和平衡中自足而稳定:一个雪球世界。但是,当代的欧洲哲学家彼得·斯洛特戴克(Peter Sloterdijk)曾写道:"球体总是被不可避免的不稳定所困扰:仿佛幸福和玻璃,它们承担着一切容易破碎的风险。"[13]命中注定的是,正如斯洛特戴克所描述的,现代性不仅使人类脱离了宇宙中心的特权,而且粉碎了那个防护球。天空陷落了。现代人和后现代人发现自己不是在一个遮蔽的球体里,而是在外层表面,凝视着太空那无限虚空。

未结语

未知之视界即冠冕堂皇最黑暗的无知,是我们有限的视界。"凡是不可言说的,必须保持沉默。"*[14]我们可以指向,但甚至不能指出那些未知的未知,更不用说理解未知的未知。我们只拥有暗示,尽管它们的存在确定无疑。对终极不可理解性的恐惧、对存在主义焦虑和对这一包围的激进怀疑论,被它所创造的开放、自由、可能性和超然所抵消。

一开始,我观察到,无尽的未知使一些人转向怀疑论和虚无主义绝望。对其他人来说,如布莱兹·帕斯卡尔(Blaise Pascal)所言,这是存

---

*"一个人对于不能谈的事情就应当沉默。"《逻辑哲学论》,维特根斯坦著,郭英译,商务印书馆1985年版,97页。——译者

在主义焦虑的根源:"这些无限空间的永恒沉默使我恐惧。"*[15]有些人发现了解放和丰富可能性,如本章所述。还有一些人则向未知投降,追求一种否定法(apophatic approach)。对神学家来说,这是一种否证(via negativa),对上帝的把握**不**是我们贫乏的理解方式。对神秘主义者来说,此种屈服是对超然的一种开放。

在《超然者的诱惑》(*The Lure of the Transcendent*)一书中,德韦恩·休伯纳(Dwayne Huebner)写道:

> 存在着比我们所知、可知、将知的还要多。这是一种"更多性"(moreness),当我们处于知之边缘和终点时,它使我们感到惊奇。在接收我们的弱点、无知、界限或终点的"更多性"中,有一种安慰。它是一种不可预料的安慰,一种"超越所有理解的和平"。

以回应杜威对无知感(feeling of ignorance)的描述的语言,他继续说:

> 当已知的资源失败时,一个人知道这种存在,即"更多性",不知何故,我们超越了过去和现在,变成了不同的东西,某种新的东西。还有一种判断,那就是"更多性",特别是当我们自鸣得意地以为我们知道"它"是关于什么的时候,结果却陷入了黑暗之中。正是这种"更多性"可与"灵魂"和"精神"等同。……精神是超越已知事物、期望事物甚至本我和

---

*《思想录》(*Pensées*),帕斯卡尔著,何兆武译,商务印书馆1985年版,101页。——译者

自我的东西。它是希望的源泉。它通过爱和伴随着爱的翘首以待期望所体现。它战胜了我们。……一个其想象力承认"更多性"的人,可以说是忠实居于这个世界上的人。[16]

然而,在这个视界内,我们会对我们之所不知、它的复杂性和影响有很多了解。在这个视界内,我们与他人一起成为共同体中的认知行为人,参与有知与无知的创造,并吸收那些有助于或阻碍我们实现学习的品性。在这个视界内,我们会寻求一种有学识的无知,理解对知识的追求——不是作为对确定性的追求,而是作为对无知的改善、改进和道德化的尝试。

◆ 后记

无知与认识论

……那座倒塌的认识论马戏团帐篷——那几英亩*帆布下,我们的许多同事仍然漫无目的地闲逛。

——罗蒂

无知研究(study of ignorance)是认识论中的一种实操,但作为一个研究领域,它也是一种对认识论的蕴涵的实操。它意味着对传统的分析认识论的批判和扩展。我在全书中都指出了这些蕴涵,它们构成了我讨论的潜台词。对于学术上的影响,它们需要有系统、适当的专业表达,但这并不是本书的核心目的。我在这里可以尝试的是,为对元认识论(meta-epistemology)特别感兴趣的读者在本后记中提取这些蕴涵。

目前是认识论的一个激动人心的时期。令人欣喜的是,这一评判的每一个要素都已被其他哲学家在有影响的学术著作中提出。我在全书中提到了他们的课题:社会认识论、"知识优先"认识论、德性认识论、女性主义认识论和反抗认识论。可我认为,新的认识是:这些发展,

---

*1 英亩约为 4046 平方米。——译者

特别是同步发展,打开了对无知的任何充分理解所需的概念空间;打开了无知可以所有这些进路开辟新的探究思路的逆命题;打开了以理解、有知和无知之间的**相互作用**为中心的认识论的终极愿景。

认识论:语境与内容

认识论,在标准的定义下,有一个宽泛的组合:它研究人类知识的性质、范围和限度。把知识理论化,它对认知能力保持着一种附带兴趣:感知、记忆、想象、情感、理性、直觉和心智本身——尤其是与知识的获取、占有和保留有关的内容。然而,这一附带工作往往被置于心灵哲学之下;认识论本身(至少由讲英语的认识论者所从事)的焦点要狭窄得多。

公平地说,现代认识论一直受到笛卡尔式怀疑(Cartesian doubt)之遗产那种傲慢怀疑论的困扰。最高优先级的是确信知识的**可能性**。(没有人怀疑无知的可能性。)知识必须被防御性地刻画,以避开怀疑之妖(demons of doubt)。因此,认识论者专注于解释真知的来源、结构和辩护,尤其是相对于单纯的信念。确定性一直是"强意义上的知识"的黄金标准;任何不确定的东西都是渣滓。因此,认知分析是显著规范性或规范的;而首要的(很可能是唯一的)认识论价值——乃是真理。

尽管怀疑论自古希腊人以来就一直是一种哲学立场,但现代认识论成形的熔炉还很晚。在宗教改革和反宗教改革期间,宗教信条之间的冲突,尤其是宗教与科学的冲突,使把真知与信仰区分开来的必要性烙进了西方思想。随着数学科学(形式系统)被提升为知识的理想化模式,这种观念得到进一步发展。在 20 世纪初,实证主义和赖欣巴哈的格言认为认识论应该完全专注在辩护的情境上(把发现情境留给心理学家），确保了这个关注焦点。

我不诋毁这段历史。从宗教信仰、阴谋论、伪科学、意象操纵和虚假信息竞选中产生的无知和当代冲突的公众文化，向我们表明把真知与信仰区分开来是优先的。

在过去的一个世纪里，关于知识问题的激烈辩论主要在传统图式内进行：信念、真理、辩护，以及（自1963年以来）葛梯尔条件的缺失——所有这些都针对命题并以命题表达。这一图式使研究议程更加广泛；它所产生的大量文献显示了随着表述和阐述日益复杂的技术改进。它还强加了一种严重受限的认识论视野。对一些人来说，它仍然是一个马戏团帐篷，有一场精彩的表演；但对另一些人来说，它坍塌了——一场无聊的专注。作为对知识的一种全面说明，我认为它阐明潜力基本已被耗尽。尽管持续的阐述会带来惊奇，但我认为它未来的最佳价值并不是作为该领域的统令范式，而是作为一个经过精心打磨的启发式工具，有待部署在一个扩展的认识论视野中。

这一传统图式，以何种方式强加了"严重受限的视野"？我主张它是限制性的，因为它：

- 只关注命题知识，或仅通过归约来吸收其他形式的知识；
- 排除**理解**和**智慧**等概念；
- 忽视**无知**，或仅将其视为对"S 知道 p"的否定；
- 将关键分级概念作为二值概念；
- 不考虑在影响所获知识之性质的发现情境下的论题；
- 仅在单独的认知行为中审查个体认识者，而忽视认知共同体的动态；

・忽视知识的加工、内容、目的和情境所产生的许多价值论题。

当然,人们可以坚持将**认识论**这一术语限制在那个较狭隘的焦点上;但作为一种知识论,这是武断的,显然是不完备的。下面从前两项主张开始,然后按照所列顺序继续讨论其余主张。

在命题知识之外

将知识解释为一组经过特别认证的命题,反映了哲学对语言的痴恋。但是我们认识到,一组这样的命题和知识中所包含的一切是有区别的——比如说,人的数学知识。传统图式不能弥补这一空白。还需要什么呢?

如果我们指出知识也包含多个信念之间的融贯性,理论家会回答说,命题融贯性的检验乃建立在保证条件下(这很可能被归约为已知命题)。但是,知识显然不仅仅包含命题融贯性:例如,知识包含概念整合、概念框架、认知结构等,在其中,概念可被掌握,命题得以形成。

综合认识论,肯定会包含比命题知识更多的认识形式。一些拥趸捍卫知性论者的立场,要求**知道如何**、**知道事物是什么样子**、**认识个体**,它们如果要被视为具有任何真知内容,就必须归约为或兑现为一组命题。这是一种适合于"评估时代"(Age of Assessment)的观点,但大多数哲学家认为所有这些都是不同的认识方式。[1]

此外,还有一些重要的认知概念(epistemic concepts),这些概念被传统图式(例如**专长**、**理解**和**智慧**)理论化和疏远。理查德·梅森(Richard Mason)和凯瑟琳·埃尔金(Catherine Elgin)各自独立地主张:我们的中心认识论焦点应该从知识或信念转向**理解**——即至少,认识论现在应该参与理解理解（understanding understanding）。[2][我把本书命名为"**理解**无知（无知有解）"，而不是"**了解关于**无知**的事物**"。]正如梅森解释的那样，这个课题不能建立在传统图式的基础上：理解包含了默会知识（即认识）以及显式的命题知识，它还承认程度（degrees）。乔纳森·克万维格（Jonathan Kvanvig）认为，尽管知识具有巨大的价值，但理解亦然；可以做出一个案例证明，理解具有甚至更大的价值。[3] 他认为，理解不是知识的一种形式，而是知识吸收了理解。对我来说，理解不是一个比知识更为狭隘的概念，而是一个比知识更宽泛、更基本的概念，它指向智慧的概念。

究竟是知识还是理解更为基本，这是一个很妙的问题。前文（第二章）我提到威廉姆森的观点：知识是原始的，在逻辑上先于信念，以及对所产生无知的薄弱解释。[4] 威廉姆森在《知识及其限度》一书中没有讨论**理解**，但他的分析大体上会要求他把理解看作一种衍生心理状态，对真值具有规范性。但我发现，**理解**是那个原始概念，在逻辑上先于**知识**和**信念**，这同样或更有道理。

这些主张的要点是认识论正确包含了更多认知形式，而不是命题知识。随着这个预览变得更包容，无知的作用会被进一步揭示和阐述。

否定与复杂性

即使人们接受标准图式作为知识的统令分析，也会得出这样的结论：无知比单一的、简单的知识否定具有更丰富的结构。如果真知需要满足四个判据，那么这四个判据（信念、真值、保证和不具备葛梯尔条件）中的任何一个的失败，或者任何特定的失败组合，都代表着**不知**（not knowing）的一种不同方式，即 S **不知晓** p 的情形。梳理这些认知失败（epistemic failures），是值得的。

（1）如果单单信念判据失败，就有几种可能方案，揭示了一个重要的模棱两可。"S 不相信 p"是什么意思？这可能指：S 根本不相信 p、对该问题没有意见，或者不知晓 p 发生的领域或概念框架。但这也可能指：S 拒绝相信 p，或者甚至是 S 误信 p，也就是说 S 相信 p 为假（更准确地说是"S 相信 ~p"）。然而，这些方案的结果都是无知。

（2）如果失败的唯一因素是真值判据，那么不幸的信者确实不幸，因为尽管没有葛梯尔论题的充分保证，但这种信念为假。人们会想把这种无知称为**辩护无知**（justified ignorance）。但这怎么会发生呢？假设戴维（David）相信他的家族是路德教会的后裔，他的信念有充分保证（亲戚的证言、几代路德教的洗礼，等等）。一个意外事件——也许是启封的日记或 DNA 分析——导致人们意识到他的祖先实际上是日耳曼犹太人。曾经被保证的东西，不复存在了。也许人们更愿意说，此种辩护判据一开始就失败了，而不仅仅是真值判据：一直以来，戴维对他是路德教后裔的信念保证并不充分。正是在这一点上，严格的辩护标准的诡诈才被揭示出来。如果我们把这些标准拉得太紧，**任何**错误信念**必须**只由不充分的保证产生，那么在充分的辩护和确定性之间就没有逻辑空间。在任何解释下，戴维对他的犹太血统一无所知。

（3）假设失败只存在于第三个判据：信者缺乏充分的保证。在这种情况下，一个人的信念为真，这会是巧合或运气的问题（与葛梯尔因素一样）；但它会包括精明的预感、正确的猜测、接受准确的传闻或对专家的良好信任。在这些情况下，有两个无知目标：S 不知道 p，且 S 不知道什么包括对 p 的充分辩护。［若拥有充分辩护被解释为知悉其他命题，则存在着恶性循环的威胁：我们最终将了解一个命题（部分地）定义为了解其他命题，这让我们对了解任何命题所涉及的内容感到迷茫。］

（4）我在前文（第十一章）讨论过葛梯尔型认知失败。再次指出，存在着两个无知目标:S 不知道认知运气的条件在起作用,故不知道 p。仅当它们与 p 相关,且满足其他三个判据时,对特定情境的无知才构成葛梯尔效应(Gettier effect)。

我在详细描述这些案例时的第一个要点是:虽然该图式暗示了一种单一的、统一的**知道** p 的方式,但它也允许有**不知道** p 的几个变种;而这些差异在认识论上显著,部分原因是它们指向无知的特定来源。它们(至少部分地)预示了无知的结构。

第二个要点:判据与 S 的隐含相关的方式,存在着一种不对称。信念和辩护都需要信者的某种"认知拥有"(cognitive possession)。S 必须**相信**,且**具有**保证。这并不只是说,保证必须存在;如果 S 要有知识,就必须"拥有"知识。(但如果这意味着,S 必须**知道**她相信 p,必须**知道**那个保证的事实,而且这些事实在认知上有说服力,那就打开了循环的活盖。)相反,S 不能是确认 p 的真值的权威;因为这就只不过重申了 S 的信念。而且,根据定义,确认 p 时缺少葛梯尔条件则永远不可能被 S 所宣称;因为它们总是未知的未知。因此,这些判据都不是信者所"认知拥有"的;因为每个判据都陈述 S 独立的、客观的事实。这种不对称反映了该图式中隐含的主客观视角。

荷兰哲学家里克·皮尔斯(Rik Peels)在最近的一系列文章中指出,"与人们可能预期的以及同几乎所有哲学家假设的相反,无知(being ignorant)并不等于不能知(failing to know)",至少在四种判据的传统解释上是如此。[5] 相反,皮尔斯声称无知是缺乏真信念。(他并没有声称,拥有真信念是真知的充分条件;对他来说,有知与无知是不对称的,与我刚才描述的那种不对称完全不同。)现在毫无疑问,缺乏真信念就是不能知;信念判据或真值判据,或两者,都失败了。(在我看来,这些条件造成了三种不同形式的无知。)皮尔斯的突出声称在于,此种保证条件的失败本身将并不构成无知。

我不同意这种解释。请注意,如果玛莎(Martha)对她的真信念缺乏辩护,即切开的洋葱会减轻蜜蜂叮咬的痛苦,那么当她的信念得到医疗当局的确认,或者发现了对此种治标效应的解释,她就会**消除**对这一点的**无知**。同理,一名正确地相信她已经确定了凶手,但缺乏充分证据的侦探,将继续她的调查,以发现作案动机、手段和机会。如果她成功了,那她既为自己的信念辩护,又消除了自己的无知。我认为,缺乏真信念的保证,确实表明了无知。而且,皮尔斯重新打开了认知运气的大门:根据他的说明,葛梯尔条件不会造成无知。皮尔斯认为,吉姆不会对今天棒球比赛的结局一无所知,因为他持有一种真信念。这是反直觉的。用什么术语来描述那些认知缺陷,比如吉姆不知道今天棒球比赛的结局,或者侦探所缺少的知识?忽视保证和运气对于无知的相关性,还贬低了在没有认知运气的情况下获得辩护和获得认识。

姑且停顿一下,指出一个奇怪的情况:人能不知道一些事实上是假的东西?

那些推定例子,皆是可疑的。假设谢尔曼(Sherman)不知道颅相学的原理。假设米里亚姆(Miriam)不知道当地报纸上有虚假的报道。假设伊恩(Ian)不知道辟尔唐人(Piltdown Man)*被认为提供了"缺失的环节"。这些情况包含无知的双靶。谢尔曼对颅相学的原理一无所知,不知道那些原理已被揭穿。米里亚姆不知道那个报道,所以不知道它是假的。伊恩从来没有听说过"辟尔唐骗局"。更普遍地说,人可能不知道某些不可能性;但更好的理解是,人不知道如此这般不可能的真值(truth),而不是如此这般可能的假值(falsehood)。无知从来不是缺乏无知。

---

*1911年在英国辟尔唐发现的一具头骨,曾被认为是早期原始人类的化石,后被鉴定为伪造的。——译者

本节中最重要的观点是:即使局限在传统图式的范围内,人们仍然可以找到更复杂的无知结构的证据。

二值与分级梯度

由于传统图式的目的是确保真知不受怀疑,所以它采用了一个绝对主义模型(absolutist model),即它的逻辑将关键概念视为二值(开/关)属性:要么 S 知道 p,要么 S 不知道 p。然而,它的两个判据集中在承认程度的概念上。**信念**就是这样的一个术语:我被问到才意识到自己的信念("为什么是的,我相信我在书房的台灯现在开着")和坚信("我相信生命比财产更重要")之间,存在着认知区别。前文中,我们遇到了"置信度",以此作为概率的一种阐释(第十章)。我还提到了没有信念和拒绝相信之间的区别。总之,信念可以包含信念和觉知的梯度。

保证(warrant)的概念,也存在一个类似的难题。将**保证**或**确证**(justification)视为二值概念,否认了分级实在:信念或多或少是确证的,其保证的强度会因时而变。此外,设想"充分保证"的要求对于所有类型的知识声称皆同,或者我们只应相信具有最有力保证或确定无疑的声称,皆为误导。当认识论者膜拜数学知识,将其模型扩展到经验学科,进而将其扩展到所有形式的人类"真"知,这种愚昧就会出现。

因此,**知**与**不知**也是一个程度问题吗?如果信念和保证的两个关键组成部分都有梯度,那么目标概念(知识)当然也必须有梯度。在把无知作为边界的考量(第五章)中,我对比了"析取"和"分级"的认识解释,提出了各种"边界"的认识案例,包括回忆、识别、表达、觉知等的程度。诚然,这些问题,至少从表面上看,是知识的指标,而不是知识逻辑结构的基本组成部分,但它们确实与"S 知道 p"的确认有关。它们间接反映了认识的渐进主义(gradulism of knowing)。

知道它是怎样的、**知道它是什么样的**,并不具有一样类型的传统图式;它们的认证条件远远低于标准。但很明显,存在着不同程度的技能——某人可以或多或少地擅长跳绳或演奏风琴。这不是非此即彼的指定。对**知道它是什么样的**是否同样成立也有争议,但我认为即使是在这里,至少在很多情况下,认识也可以是渐进的。我可以通过驾驶模型飞机,来体会驾驶飞机的感觉。但是,通过复杂的模拟程序,我会学到更多。在飞行期间与飞行员坐在一起,我学到的还要更多。在不同的情况下驾驶各种飞机,我就"真的"懂了。

任何充分的认识论,都应容纳对诸如信念、保证和认识等关键术语的渐进主义理解(gradualist understand)。传统图式的二值解释,反映了确定性的张力及其绝对主义的要求(absolutist demands)。

发现与辩护

传统上对赖欣巴哈的发现与辩护之间边界的坚持,造成了认识论与学习过程脱节、规范认识论与教育实践脱节的消极后果。仅将知识视为既成事实,即一种被证明命题的结构,也使知识与获取知识所需的能力和德性以及会阻碍知识发展的劣性脱节。

在论述中,我转向了几种跨越或打开在发现与辩护之间的赖欣巴哈边界的方法。为了更好理解无知,有必要使这个边界至少更具有渗透性。

波兰尼也许是最直截了当拒绝这种分歧的 20 世纪思想家。我引用了他(首先在第三章)关于默会(反对命题)知识的主张。但我在这里想到的,是他工作的一个不同方面。他 1958 年的经典著作《个人知识》*⁶的论断是："非个人知识"(impersonal knowledge)是一个虚构,科学家必然"参与"他们所拥有和创造的知识,而这类知识需要个人承诺且导致个人转型。科学知识带有产生这种知识的人类事业的标志。

在显示认知运气可以明显破坏认知情境中,葛梯尔也在表达发现的情境——知悉的情境。运气不是知识结构的问题,而是人如何相信它为真的问题。

然而,对赖欣巴哈屏障最直接、最具挑战性的是德性认识论的兴起。将知识作为一种成就,打开了求知的方式与获得知识的品质之间的联系。

我的观点是,这些对赖欣巴哈区分的攻击将我们推向一个积极的方向。我并非认为认识论应该成为或取代认知心理学,这两个领域恰当地拥有不同的目的和方法。但是,如果在认识的过程中出现了认识论上相关的话题,那么任何充分的认识论都应该包含并关注它们。对我来说,所有这些进路在一定程度上都部分有用,因为它们也揭示了与无知的互动(尽管通常不以这种方式呈现)。因此,波兰尼的默会知识概念是一种未知的已知。葛梯尔则描述了信者无知的认识论上的侵蚀条件。德性认识论开辟了空间,来考虑无知作为激励者的角色,作为诸如智识谦逊、认知约束和审慎之类德性中一个因素的角色。

个体认知者与认知共同体

"S 知道 p"的"S"同样代表**独自**(Solo)。"知道"被理解为个体的一种心理状态,知识被个体所拥有。作为推论,**认知自主性**被认为是理

---

*《个人知识》(*Personal Knowledge*),波兰尼著,徐陶译,上海人民出版社2017年版。——译者

想的,而**认知依赖性**则被认为是缺陷。因此,如果人的知识是纯正的,那么第一手知识——亲眼所见、亲自验算证明、直接验证所谓的事实——是首选的。最好的知识,从字面上来说是不证自明的——对自己显而易见。依靠他人的权威或证言获取信息和知识,是地位不高的。这种依赖性,带来道听途说甚至流言蜚语,以及其他的中介信息(即使它是常见的实操和教学的基础)的风险。

当然,这种思维框架可追溯到柏拉图:一种眼见为知(knowing-as-seeing)的模式,以理智为高潮,即只有准备充分的个体才能体验到的智识洞见的时刻。但这种模式既可以是专制形式,也可以是民主形式。它充分适应了宗教改革和自由主义的兴起。笛卡尔(Descartes)的方法,即怀疑所有继承的知识、只相信他自己发现是毫无疑问清楚的和不同的想法,则是一个激进的形式。对认识论基础主义的冲动暴露了原子主义的个人主义和某种妄自尊大,因为它试图摆脱他人所造成的混乱结构,从而建立一个自身优越的形式。克利福德的格言——信念不超过直接证据——对于自主的个体认识者来说是一条严律。[7]在民主化的形式中,每一个理性的人都同样有能力辨别真相,拥有并成为知识的来源;每一个个体都负有验证的认知责任,以及**第一手认知的认知责任**。

然而,在生活中,知识是在认知共同体内建构的;知识在共同体的认知互动中被拥有、辩护或反驳。我们都拥有不同的、多元的和重叠的认知共同体的成员,而任何人的大部分个人"知识仓库"都来自其他来源。把所有证言混入一个污点类别是一种扭曲:它不仅忽视实践,而且掩盖了在证言授受中表现出来的信任、权威和专长(expertise)那些丰富多样的认知关系。认知依赖性不仅经常是必要的,而且在某些情形下,例如听从专家们的意见,这种依赖性会是认识论上的德行,甚至是义务。[8]

恰当的回应,目前正在融合:从个体认识者向认知共同体的转变,伴随着从认知自主性向认知依赖性形式的相关转变。首先要重新评估证言的认知价值:C. A. J. 科迪(C. A. J. Coady)提出了一项挑衅性的分析,将"自主知识"贴上了"虚幻理想"的标签,支持了作为共同、合法知识来源的证言。[9] 在阿兰·I. 戈德曼(Alan I. Goldman)的开创性工作中,证言的价值被置于其他实践的更大情境内,比如论证和一套代表诸如法律和科学等认知共同体的传统。[10]

社会认识论,特别是女性主义认识论,激发了对认知共同体伦理维度的反思。我在上文引用了弗里克的话,他确认了"认知不公"的实操(第七章),诸如系统贬低某些群体的证言,这造成了通常与其他形式的偏见和边缘化联系在一起的认知压迫(epistemic oppression)。形形色色的社会认识论者都注意到,社会建构无知的来源和形式,注意到允许某些类型的固执无知的特权和权力,以及需要一种揭示和破坏认知压迫结构的"抵抗认识论"。

当它与德性认识论联系在一起时,我发现对认知共同体的关注特别丰富。在那个关头,智识德性不仅仅是学习者作为自学者和个体认识者的特点,也是维持认知共同体运作的智识素质和能力。正如道德德性需要集体支持、竞技场和参与形式来表现和完善,认知德性也需要认知共同体的支持、竞技场和参与形式。

理解无知文化,需要社会认识论、德性认识论和女性主义认识论的洞见。这些进路是可以综合的,只有它们的综合才能使我们充分理解我们文化中无知的动态和多样形式。

认知价值

传统认识论是规范性和管制性的,它把真知作为唯一内在的认知价值(当然,取决于真值的价值)。**认识**——发现知识和拥有知识——是认知好处:知识越多,则越好。这是肯定的,无论知识是内在地还是工具性地有价值。

有趣的是,在这一点上引用的诸多新进路都没有对这一推定提出疑问。尽管如此,我认为这一推定颇有问题;它会在这一领域更广阔的视野中受到挑战。当然,知识确实**具有**巨大的价值。虽然真信念是有用的,但我们都相信真知更加珍贵(尽管就那个判断很难得出此要旨)。[11]问题在于:知识是否**总是**有价值的?它是**唯一的**认知价值,还是对其他价值的回应?

如何质疑一元认知价值的假设?第一个回应是,它排除了有时**不知**反而更好的可能性。因此,它处理隐私或机密的条件、危险知识或有害知识的问题,以及仅出于伦理担忧而**不知**的决定,而不是认识论的兴趣。令人惊讶的是,甚至德性认识论,通常也只将德性和劣性刻画为与获取知识、一个有价值的目标有关。诸如审慎和智识谦逊等德性,诸如好打听、搬弄是非和背叛之类的劣性——反映限制知识或隐瞒知识的价值的那些品质——基本上都被忽视了。然而,当我们理论化一个规范性认知共同体时,这些品性就变得重要了。

第二个相关的回应是:它没有适当关注无知。如上所述,无知可能具有价值,正如理性无知和战略无知(第六章)。在最近的文献中,辛西娅·汤利(Cynthia Townley)对无知作为一种积极认知价值提出了最强案例,她既为个体认识者的价值辩护,又赞扬它在最优认知共同体中的作用。[12]在她看来,个体认识者成为一个认知行为体,在认知共同体内起作用。一个运转良好的共同体具有多元的认知价值,其中知识仅仅是首要的价值;在某些条件下,无知也有价值。

认识论应该既重视有知也重视无知(两极对立)的观点,仅当有更深层次的支配价值在起作用时才能连贯一致——这些价值决定了价

（值）(valence)何时适当地从一种转换到另一种。我完全同意汤利的观点，即从个体认识者转向认知共同体中的负责任行为体的角色时，我们会发现知识以外的其他认知价值在起作用。作为信者，作为传递知识的证人，作为信息的接受者，作为知己和权威等，认知行为体都负有责任。

我会走得更远，主张我们通过把认识论看作价值理论和伦理关怀的舞台而学到很多东西。正如在分配权利、特权和报酬时考虑公正，我们也可以在分配认知角色和价值（诸如知识、无知、专长和分享）时考虑公正。此种关切比信念伦理的范围更广，尽管信念伦理很重要。它包括好奇心、保密、机密、透明度、证言准确性和其他实践的伦理。一旦我们从视角上进行了这一转变，认知繁盛（epistemic flourishing）的新规范就会被阐明，那些熟知的规范会取新的形式。[13]

结语

如果说以英语为母语的认识论常被锁定在笛卡尔式关切、启蒙运动的主张和知识的结构模式中，那它仍然产生了分析的进步。这里所概括的批评并非旨在推翻这一进步，也不是废弃那种形式化图式（formal schema）——尽管我认为其持续的创造可能性有限。相反，它主张一种更宏大、更包容的认识论框架，在这种框架中，传统分析将占据一个特定的位置。在我所列举的创新进路中，转型任务已经开始。

我在认识论中所发现的兴奋在于以下愿景：一种囊括各种形式的认识，并给予理解的恰当位置的研究；一种将我们要认识的方式与知识的结构联系起来的探究；一种在所有这些维度中处理有知与无知在共同体中的互动以及支配它们的价值的认识论；一种当我们在不可知事物的视界内，在已知、可知、未知和失知事物之间移动时，阐明我们认知困境的领域。

注 释

第一章 无知的影响

1. Oscar Wilde, *The Importance of Being Earnest* (1895), act 1 (Project Gutenberg, 1997), https://www.gutenberg.org/files/844/844-h/844-h.htm.

2. 美国教育部和国家扫盲研究所 2014 年的一项研究发现,美国有 3200 万成年人(占总人口的 14%)不会阅读。但是,21% 的成年人的阅读水平低于五年级。然而,许多因素使测量识字率变得复杂,首先是有争议的术语"识字"。最近的研究侧重于**功能性识字**(和**文盲**),其中包括的因素比阅读文字和写信的能力更多;它的目标是当代社会运行所需的阅读理解和书面表达水平,以及其他相关的沟通技能。因此,历史比较是很难的。在殖民地时期美国的功能性识字所需要的,与今天的要求是不同的。劳伦斯·克雷明(Lawrence Cremin)在 *American Education: The Colonial Experience* (New York: Harper & Row, 1970) 中,为这一有利的比较提出了一个有影响力的论点;一个仍然权威的历史文本是 Kenneth A. Lockridge, *Literacy in Colonial New England: An Enquiry into the Social Context of Literacy in the Early Modem West* (New York: W. W. Norton 1975)。

3. 对于在许多知识领域的公众无知的概述,见 Sheldon Ungar, "Ignorance as an Under-Identified Social Problem," *British Journal of Sociology* 59, no. 2 (2008): 301–326。

4. Claude Adrien Helvéius, *Treatise on Man* (1810; New York: Burt Franklin, 1969), vol. 2, sec. VI, chap. II, 79.

5. 国家宪法中心定期在其网站 http://constitutioncenter.org 上公布其调查结果。

6. Ilya Somin, *Democracy and Political Ignorance: Why Smaller Government Is Smarter*(Stanford, CA: Stanford University Press, 2013). 第 1 章描述了当前政治无知的震惊程度。

7. John Walters, "No Good Deed Goes Unpunished," *Vermont Political Observer*, blog post, January 19, 2015, https://thevpo.org/2015/01/19/no-good-deed-goes-unpunished/. 语法和拼写上的错误都是原来的,这里没有引用回复者的名字,以保护无知的人。

8. Kyle Dropp, Joshua D. Kertzer, and Thomas Zeitzoff, "The Less Americans Know about Ukraine's Location, the More They Want U.S. to Intervene," *Washington Post*, The Monkey Cage. blog post, April 7, 2014, https://www.washingtonpost.com/blogs/monkey-cage/wp/2014/04/07/the-less-americans-know-about-ukraines-location-the-more-they-want-u-s-to-intervene/.

9. "Gunman Kills 6 at Sikh Temple Near Milwaukee," *New York Times*, August 6,

2012. http://www.nytimes.com/2012/08/06/us/shooting-reported-at-temple-in-wisconsin. html. 至于对锡克教徒的犯罪记录，见 Nick Carbone,"Timeline: A History of Violence against Sikhs in the Wake of 9/11," *Time*, August 6, 2012, http://newsfeed.time.com/2012/08/06/timeline-a-history-of-violence-against-sikhs-in-the-wake-of-911/.

10. 对于具有历史感的当代美国文化的挑衅性审视，见 Susan Jacoby, *The Age of American Unreason* (New York: Pantheon Books, 2008)。

11. 我把这个简短的定义看作一个被接受的、暂时的起点。一旦描述了无知的各种形式和含义，它将最终证明是不充分的。

12. 关于愚昧，一个想象力丰富、后现代的解释，见 Avital Ronell, *Stupidity* (Urbana: University of Illinois Press, 2002)。

13. Scott Adams, *When Did Ignorance Become a Point of View?* (Riverside, NJ: Andrews McMeel Publishing, 2000). 具有讽刺意味的是，亚当斯本人接受了这一观点，即他决定从民主党候选人转为共和党候选人。亚当斯写道：

> 有很多事情我不知道。例如，我不知道打败 ISIS 的最好办法。你也不知道。我不知道谈判贸易政策的最佳方式。你也不知道。我不知道最好的税收政策来拯救所有的船只。你也不知道。……在大多数政治话题上，我不知道如何做出决定。你也不知道，但你可能以为你知道。……考虑到每个候选人的不确定性——至少在我自己的想法中——我一直在说我不够聪明，不知道谁是最好的总统。当希拉里·克林顿提议提高房产税时，这种中立性改变了。我理解这个问题，我把它看作是政府的抢劫。(Scott Adams's blog, September 25, 2016, http://blog.dilbert.com/post/150919416661/why-i-switched-my-endorsement-from-clinton-to)

14. Stefan Halper and Jonathan Clarke, *The Silence of the Rational Center* (New York: Basic Books, 2007).

15. 有关这一现象的讨论，见 Lisa M. Heldke,"Farming Made Her Stupid," *Hypatia* 21, no. 3 (2006): 151–165。

16. Nicholas of Cusa, *On Learned Ignorance (De docta ignorantia)*, in *Renaissance Philosophy*, vol. 2: *The Transalpine Thinkers*, trans. and ed. Herman Shapiro and Arturo B. Fallico (New York: The Modern Library 1969), 4. 尼古拉(1401—1464)，别名为库萨的尼古拉(Nicholas of Kues 或 Nicolaus Cusanus)，他处于从中世纪世界到文艺复兴时期的过渡时期。

17. James Frederick Ferrier, *Institutes of Metaphysic: The Theory of Knowing and Being* (1856), reprinted in edited form in *James Frederick Ferrier: Selected Writings*, ed. Jennifer Keefe (Charlottesville, VA: Imprint Academic, 2011), 157. 亦见下面的注释20。

18. 以下著作分别在这些领域具有示范作用：Shannon Sullivan and Nancy Tuana, eds., *Race and Epistemologies of Ignorance* (Albany, NY: SUNY Press, 2007); Jonathan Mair, Ann H. Kelly, and Casey High, eds., *The Anthropology of Ignorance: An Ethnographic Approach* (New York: Palgrave Macmillan, 2012); Michael Smithson, *Ignorance and Uncertainty: Emerging Paradigms* (1989; New York: Springer Science & Business Media, 2012); Donald W. Katzner, *Time, Ignorance, and Uncertainty in*

Economic Models（Ann Arbor：University of Michigan Press，1999）；Erik Malewski and Nathalia Jaramillo，eds.，*Epistemologies of Ignorance in Education*（Charlotte，NC：Information Age Publishing，2011）；Bill Vitek and Wes Jackson，eds.，*The Virtues of Ignorance：Complexity，Sustainability，and the Limits of Knowledge*（Lexington：The University Press of Kentucky，2008）；Stuart Firestein，*Ignorance：How It Drives Science*（Oxford：Oxford University Press，2012）；Nancy Tuana，"Coming to Understand：Orgasm and the Epistemology of Ignorance，" *Hypatia* 19，no.1（2004）：194–232；and Nicholas Rescher，*Ignorance（On the Wider Implications of Deticient Knowledge）*（Pittsburgh：University of Pittsburgh Press，2009）。一组有用的多学科文章，被收集在 Matthias Gross and Linsey McGoey，eds.，*Routledge International Handbook of Ignorance Studies*（London：Routledge，2015）。

19. 罗伯特·普罗克特（Robert Proctor）告诉我们："我希望设计一个新的术语，提出……不知和未知的历史性和人工性，以及研究这些事物的潜在成果。1992年，我向语言学家伊恩·博尔（Iain Boal）提出了这个挑战，是他在那年春天提出了'比较无知学'（agnotology）一词。" Robert Proctor，"Agnotology：A Missing Term to Describe the Cultural Production of Ignorance（and Its Study），" in Robert N. Proctor and Londa Schiebinger，eds.，*Agnotology：The Making and Unmaking of Ignorance*（Stanford. CA：Stanford University Press，2008），27。正如这本书的序言所宣称的那样，它的目的是"为更广泛的探究领域打开一扇门"。

20. agnoiology 这个术语，是费里尔在他1856年的《形而上学概要》（上面的注释17）中杜撰的——他还创造了"认识论"一词。费里尔将 agnoiology（无知学）定义为"一种系统的无知学说"，并认为它作为一个连接认识论和形而上学（本体论）的独特领域起着重要作用。费里尔的概念属于哲学学科内的一个领域，普罗克特的比较无知学概念是一个新的学科或跨学科领域，其重点是社会建构的无知。

第二章　设想无知

1. 一篇产生了有关洞穴理论的有影响文章，是 D. K. Lewis and S. R. Lewis，"Holes，" *Australasian Journal of Philosophy* 48（1970）：206–212；reprinted in D. K. Lewis，*Philosophical Papers*，vol.1（New York：Oxford University Press，1983），3–9。

2. Jean-Paul Sartre，*Being and Nothingness*，trans. Hazel E. Barnes（London：Methuen，1957），9–10。

3. Timothy Williamson，*Knowledge and Its Limits*（Oxford：Oxford University Press，2000）。因此，他称之为"知识优先"认识论，知的心理状态是不可分析的，逻辑上是原始的，因此，比信念更基本。威廉姆森还声称，我们永远无法确定我们处于知的心理状态（或任何其他的精神状态）；因此，正如他所说的，所有的心理状态都是"不发光的"。

4. 威廉姆森给我的邮件写了一个简短但深思熟虑的答复。我请他对无知做出解释，因为他在这一点上并不明确（这个术语没有列在《知识及其限度》的索引之中）。威廉姆森确实允许这样的说法：从传统上讲，**无知**意味着知道是一种可能性；因此，他认为把状态归因于对象是真实但毫无意义的。

5. 当我想强调对无知的心理状态解释时，我会用连字符来表示**不知道**（not-

knowing）。

6. Shoshana Felman. "Psychoanalysis and Education: Teaching Terminable and Interminable," *Yale French Studies* 63 (1982): 21–44.

7. 我们可以直截了当地说，"他无知"或"他是一个无知的人"，而没有具体说明具体的对象，这是一个整体的、可能是侮辱人的归因。但其扩张的意思是"他什么都不知道——或者对许多重要的事情一无所知"。有许多类似的用法：例如，"愤怒"总是意味着一个对象，一个人必然对某事或某人生气，但人们也可以说"她生气（即她是一个生气的人）"，并意味着"她对任何事情都很生气"（或"……对许多事情"）——一种相对稳定和重要的性格或人格的归因。

8. 我用 X 而不是 p 来表示任何无知的对象——甚至整个主体，p 仅指命题。

9. 这是"A 知道 X 和 B 不知道"与"A 知道 X 和 A **知道** B 不知道"之间的区别。

10. 即使断言"我相信 p"也意味着"我知道我相信 p"。

11. 但是塞缪尔·约翰逊（Samuel Johnson）在他 1775 年具有里程碑意义的字典中加入了"无知"（to ignore）这个词条："不知道：一无所知。这个词博伊尔（Boyle）努力引入，但还没有被收录。"约翰逊引用博伊尔的话说："如果人们能更仔细地区分他们所知道的东西和忽略的东西，哲学就会牢固地建立起来。"引自 Jack Lynch, ed., *Samuel Johnson's Dictionary: From the 1755 Work That Dehined the English Language* (Delray Beach, FL: Levinger Press, 2004), 257。

12. 大型字典，如《牛津英语词典》（*Oxford English Dictionary*）或《韦氏第三版新国际英语词典》（*Webster's Third New International Dictionary*），皆列出"不知道"或"一无所知"作为无知（ignore）的一个古义。在意大利语中，"ignorare"这个词保留了以上两个含义。关于 ignoring 的进一步讨论，将在第五章进行。

13. 有人反对这种把无知等同于缺乏知识。我将分别在第八章和后记中讨论不同政见者雅克·朗西埃（Jacques Rancière）和里克·皮尔斯（Rik Peels）的观点。同时，使用简单的、以字典为基础的叙述是暂时的和无害的。

14. 例如，迈克尔·史密森（Michael Smithson）使用了一种类型学，无论是在他的《无知和不确定性》（*Ignorance and Uncertainty*），还是在他的题为《无知》（Ignorance）的 MOOC 材料中（由澳大利亚国立大学于 2015 年在 https://courses.edx.org 上提供），都将失误归类为一种无知类型。这种分类本身就是一个失误，我相信，这是一个严重的概念混淆。

15. 有关失误的一个挑衅性哲学检验，见 Nicholas Rescher, *Error (On Our Predicament When Things Go Wrong)* (Pittsburgh: University of Pittsburgh Press, 2009)。

16. 有关**知道某事实**与**知道怎样做**之间区别的介绍，见 Gilbert Ryle, *The Concept of Mind* * (New York: Barnes & Noble, 1949), 25–61。不可否认，这种对知的类型的明确区分受到了其他人的质疑。

17. 然而，参见还原论立场中最精致的辩护：Jason Stanley, *Know How* (Oxford:

---

*《心的概念》，吉尔伯特·赖尔著，徐大健译，商务印书馆 1992 年版；刘建荣译，上海译文出版社 1988 年版。——译者

Oxford University Press, 2011)。

18. 这个例子取自大卫·休谟(David Hume)的《人性论》(*A Treatise of Human Nature*)的第一节,他在这部著作中做出著名断言:"我们如果不曾真正尝过菠萝,对菠萝的滋味,便不能形成一个恰当的观念"。* David Hume, *A Treatise of Human Nature*, 2nd ed., ed. L. A. Selby-Bigge and P. H. Nidditch (1739; Oxford: Oxford University Press, 1978), 5。在18世纪中期,菠萝在英国更具有异国情调,这一事实无疑增强了他的观点,但现在并没有减弱他的观点。最近,另一种外来水果榴梿也被用来表达同样的观点:L. A. Paul, *Transformative Experience* (Oxford: Oxford University Press, 2014), 15。

19. **感受性**(qualia)是我们经验中的现象品质,可以通过内省获得——当我们闻到玫瑰的味道,看到它的颜色,或者被它的荆棘刺痛时,我们会感受到的。

20. 理解必然以知识为前提,还是相反?这是一个令人困扰的问题。对这一主题的感知性考察,见 Richard Mason, *Understanding Understanding* (Albany, NY: SUNY Press, 2003)。

21. 见 Josef Pieper, *Leisure: The Basis of Culture*, trans. Gerald Malsbary (1948; South Bend, IN: St. Augustine's Press, 1998)**, 40-41 的讨论。

22. 柏拉图将他的学说称为"学习就是回忆"(anamnesis,字面意思是"回忆"),他在几次对话中发展了这一观点,但在 *Republic*, Book X, 614b-621d 的最后一段中讲述了一个精妙的故事,即"厄洛斯的神话"。***

第三章 居于无知

1. Jean-Jacques Rousseau, *Emile, or On Education*, ed. R. L. Archer (Hauppage, NY: Barron's Educational Series, 1964), 56。在这一段中,**愚昧**的含义——根据我在第一章中的区分——最好用**无知**来表达。

2. Glen MacDonough and Victor Herbert, *Babes in Toyland* (New York: M. Witmark & Sons, 1903)。

3. *Republic*: Book Ⅵ, 514a-520a. 本节给出的引文,来自以下译文 C. D. C. Reeve, 3rd ed. (Indianapolis: Hackett, 2004)。除非另有说明,否则我使用这个译文。

4. Plato, *Republic*, 516d, 引自 Homer, *Odyssey*, Book Ⅺ, ll. 489-490. 笔者的译文。

5. 参见 N. Rescher. *Ignorance*, 2。

---

*参看《人性论》,休谟著,关文运译,商务印书馆1996年版,17页。——译者

**《闲暇——文化的基础》,约瑟夫·皮珀著,刘森尧译,新星出版社2005年版。——译者

***《理想国》,柏拉图著,郭斌和、张竹明译,商务印书馆1986年版,421-426页。——译者

6. Al-Ghazzali: *On the Treatment of Ignorance Arising from Heedlessness: Error and Delusion*, trans. Muhammad Nur Abdus Salam (Chicago: Great Books of the Islamic World, 2002).

7. 里夫(Reeve)将 phusei 翻译成 naturally("自然地"),但这个副词也意味着"偶然或碰巧",甚至是"意外地"。

8. 在其他对话中,特别是在《会饮篇》(*Symposium*)上,柏拉图暗示 eros(厄洛斯)提供了追求善、真和美的最初冲动和持续动机。

9. "因此无疑,这种人[囚徒们]不会想到,上述事物除阴影而外还有什么别的实在。"* *Republic*, Book Ⅶ, 515c.

10. *Republic*, 516c-d.

11. 一个激进的怀疑论者会断言这是我们的普遍状况——尽管她不能声称自己**知道**这一点。

12. 关于这一点的更多内容,将在第九章讨论。

13. 美国前国防部长拉姆斯菲尔德是在 2002 年 2 月 12 日的新闻发布会上说这番话的,他是在回答缺乏证据证明伊拉克拥有大规模杀伤性武器的问题,也许正是因为这一背景,他被批评使用了官样文章(gobbledygook)。然而,与他的意图无关,它是相当复杂的认识论问题的简洁和恰当的升华。更尖锐的批评是,拉姆斯菲尔德利用它诉诸无知的论证(见第九章)。关于这句话,一篇很棒的文章是 David A. Graham, "Rumsfeld's Knowns and Unknowns: The Intellectual History of a Quip," *Atlantic*, March 27, 2004, http://www.theatlantic.com/politics/archive/2014/03/rumsfelds-knowns-and-unknowns-the-intellectual-history-of-a-quip/359719/。

14. "**不可实例化**"一词是从尼古拉斯·雷舍尔(Nicholas Rescher)那里借用来的,他提供了总是存在未知之未知的一个证明:见 Rescher, *Ignorance*, 5。

15. Ann Kerwin, "None Too Solid: Medical Ignorance," *Science Communication*, 15(1993):166-185.

16. 尽管这个词后来成为一部关于美国前国防部长拉姆斯菲尔德的纪录片的标题: *The Unknown Known: The Life and Times of Donald Rumsfeld*, directed by Errol Morris (Los Angeles, CA: The Weinstein Company, 2013)。

17. 齐泽克写道:"如果拉姆斯菲尔德认为与伊拉克对抗的主要危险是'未知的未知',那就是来自萨达姆(Saddam)的威胁,我们甚至无法怀疑其性质,那么阿布格莱布监狱丑闻就表明,主要的危险在于'未知的已知'——我们假装不知道的抵赖信仰、猜测和可憎行为,即使它们构成了我们公共价值观的背景。"Slavoj Žižek, "What Rumsfeld Doesn't Know That He Knows about Abu Ghraib," *In These Times*, May 21, 2004, http://www.lacan.com/zizekrumsfeld.htm.

18. Michael Polanyi, *Personal Knowledge: Toward a Post Critical Epistemology* (Chicago: University of Chicago Press, 1958). 成功的骑自行车者所遵循的物理原理

---

*《理想国》,柏拉图著,郭斌和、张竹明译,商务印书馆 1986 年版,273 页。——译者

是(50页):"对于某一特定的失衡角度来说,每次转弯的弯度与骑车者前进的速度的平方成反比。"波兰尼在 *The Tacit Dimension*(New York: Anchor Books,1967)阐述了这一概念。

19. 关于内省的心理学研究,集中在 David Dunning, *Self-Insight: Roadblocks and Detours on the Path to Knowing Thyself* *(New York: Psychology Press,2005)。最强烈的哲学挑战之一,是在 William E. Lyons, *The Disappearance of Introspection*(Cambridge, MA: MIT Press,1986)中阐述的。

20. Diogenes Laertius, *Life of Pyrho*, 9.62, translated by Brad Inwood and L. P. Gerson, in *Hellenistic Philosophy: Introductory Readings* (Indianapolis: Hackett, 1988), 173. 就我们的目的而言,这一说法是否具有历史准确性并不重要——第欧根尼出了名地爱说闲话。这种描述可以看作一种思想实验,一种完全悬搁判断的实际后果。

21. 有关这种怀疑论的有力说明,见 Peter Unger, *Ignorance: A Case for Skepticism*(Oxford: Clarendon Press, 1979)。

第四章 天真与无知

1. 这个故事是在《创世记》2—3章。英文引文出自新国际版(NIV)。
2. 一些神学家追溯地把复数的"我们"作为三位一体的前奏。但是,关于这个问题的经典讨论,见 A. E. Whatham, "The Polytheism of Gen., Chap. 1," *Biblical World* 37, no.1(Jan.1911): 40-47。
3. John Milton, *Paradise Lost*, Book Ⅳ, 516-517 (Project Gutenberg, 2011), http://www.gutenberg.org/cache/epub/20/pg20.html (accessed October 2016)。
4. 当然,还有很多其他的解释。有些神学家认为,亚当和夏娃在堕落之前是永生的,尽管这似乎违背了他们的身体本性。其他人则区分肉体死亡和精神死亡。还有一些神学家说他们存在于一种不死的状态,但被赋予了死亡或永生的选择。由于他们被允许吃除一棵树之外的每一棵树上的果子,他们本可以从生命树上吃东西,并获得永生,不幸的是,他们屈服于诱惑。(这种解释使伊甸园成为一种游戏表演场景,如果他们碰巧从正确的树上摘果子,这对夫妻会得到回报。)我所阐述的观点让人想起诺斯替教徒、神学家保罗·蒂利希(Paul Tillich)的神秘主义,他说这种堕落在心理学上代表着"从梦中的纯真状态下的堕落",是从本质到存在的过渡、从潜能到现实的觉醒,以及人性发展的一个必要步骤。Paul Tillich, *Systematic Theology*, 3 vols. (Chicago: University of Chicago Press, 1963), vol.2, part 3. chap.1, sec. B, 33-36.
5. 有趣的是,夏娃有一丝觉知,因为她"见那棵树的果子好作食物,也悦人的眼目,且是可喜爱的,能使人有智慧",这仅仅是基于蛇的主张(《创世记》3:6)。
6. 本节的词源学讨论,引自 *Oxford English Dictionary*, Compact Edition, 2nd

---

*《为什么越无知的人越自信》(*Self-Insight*),邓宁著,刘嘉欢译,中译出版社2022年版。——译者

sub. ed., ed. E. S. C. Weiner and J. A. Simpson（Oxford：Oxford University Press，1991）。

7. 关于这个主题的一篇精彩文章，是赫伯特·莫里斯（Herbert Morris）的《失天真》（Lost Innocence），载于他的 On Guilt and Innocence: Essays in Legal Philosophy and Moral Psychology（Berkeley，CA：University of Califomia Press，1976）。罗杰·沙塔克（Roger Shattuck）在 Forbidden Knowledge: From Prometheus to Pornography（New York：St. Martin's Press，1996）中，对"被逐出伊甸园"在《创世记》中和在弥尔顿笔下的描述有着非常微妙的讨论。

8. 《牛津英语词典》对这种含义的完整定义是："从狡诈或诡计中解脱出来，没有罪过，没有伎俩，简单，因此缺乏知识或理智，无知，愚蠢。"

9. 我们对狡猾的矛盾心理，见 Don Herzog，Cunning（Princeton，NJ：Princeton University Press，2006）。

10. 努斯鲍姆在 Love's Knowledge: Essays on Philosophy and Literature（Oxford：Oxford University Press，1990）一书*，特别是在以下文章《有缺陷的水晶：詹姆斯的〈金碗〉和作为道德哲学的文学》（Jame's The Golden Bowl and Literature as Moral Philosophy）和《"细致的意识和丰富的责任感"：文学与道德想象》（'Finely Aware and Richly Responsible'：Literature and the Moral Imagination），以极大的敏感性讨论了这一现象。在后面一篇文章里（156 页），她写道："迟钝是一种道德失败。"

11. John Milton，Paradise Lost，Book Ⅳ，1.516.

12. 最近一次探索无知与脆弱性的关系，见 Erinn Gilson，"Vulnerability, Ignorance, and Oppression," Hypatia 26, no.2（2012）：308–332。

13. **认知共同体**一词的使用方式更为专门，特别是在国际关系和政策分析领域。见 Peter Haas，"Epistemic Communities and International Policy Coordination," International Organization 46，no.1（1992）：1–35。

14. Republic，Book Ⅱ，359a–360d.

15. Luhmann，Social Systems，trans. John Bednarz Jr. and Dirk Baecker（Stanford，CA：Stanford University Press，1996），especially chapter 3，"Double Contingency," 103–136.

16. John Rawls，A Theory of Justice（Cambridge，MA：Harvard University Press，1971），chapter 3.

17. 这个简明概括，录自 John R. Searle，"The Chinese Room," in The MIT Encyclopedia of the Cognitive Sciences，ed. R. A. Wilson and F. Keil（Cambridge，MA：MIT Press. 1999），115。塞尔在以下文章中引入了这个"思想实验"："Minds, Brains, and Programs," Behavioral and Brain Sciences 3，no.3（Sept. 1980）：417–424。

18. Frank Jackson，"Epiphenomenal Qualia," Philosophical Quarterly 32，no.127（1982）：127–136。这个思想实验产生了大量的阐述和回应，其中许多都收集在 There's

---

*《爱的知识》，努斯鲍姆著，李怡霖等译，广西师范大学出版社 2024 年版。——译者

Something About Mary: Essays on Phenomenal Consciousness and Frank Jackson's Knowledge Argument, ed. Peter Ludlow, Yujin Nagasawa, and Daniel Stoljar (Cambridge, MA: MIT Press, 2004)。

19. 更准确地说,杰克逊最先提出这一论点。后来他的观点发生了变化。

20. Harry Frankfurt, "Alternate Possibilities and Moral Responsibility," *Journal of Philosophy* 66, no. 23 (Dec. 1969): 829–839.

第五章 描绘我们的无知

1. 对**边境**和**边界**的简洁而丰富的处理,是 Massimo Cacciari, "Names of Place: Border," in *Contemporary Italian Philosophy: Crossing the Borders of Ethics, Politics, and Religion*, ed. Silvia Benson and Brian Schroeder (Albany, NY: SUNY Press, 2007), 277–283。卡恰里(Cacciari)对这两个词的定义不同,聚焦于**边境**;他认为边界是"僵化的"。

2. Ronald Duncan and M. Weston-Smith, *The Encyclopedia of Medical Ignorance: Mind and Body in Health and Disease* (Oxford: Pergamon Press, 1983).

3. 托马斯的这句话被他的前学生维特在"创始人问答"中引用。http://ignorance.medicine.arizona.edu/about-us/qa-founder (accessed June 2016).

4. 那是在 20 世纪 80 年代。今天,这个项目是由联邦政府资助的。

5. 这些项目的信息,来自他们的网站。CMI 的学习目标来自: http://msrp.medicine.arizona.edu/medical_ignorance/。有关 SIMI 的资料,请浏览 http://ignorance.medicine.arizona.edu/(都是 2016 年 10 月访问)。

6. 维特博士称自己为"无知的妈妈"。例如,可见亚利桑那大学的网站; http://ignorance.medicine.arizona.edu/ 和 http://womensplaza.arizona.edu/honor/view.php?id=405(2016 年 10 月访问)。

7. Donald Schoen, *The Reflective Practitioner: How Professionals Think in Action* (New York: Basic Books, 1984).

8. 这种觉知的需要,以及回忆和表达的能力,不仅适用于你所相信的命题,适用于你所拥有的保证或理由,而且适用于你知道自己知道的元层次的说法!

9. Sheldon Ungar, "Ignorance as an Under-Identified Social Problem." *British Journal of Sociology* 59, no. 2 (2008): 301–326,在 303 页。这篇开创性的文章塑造了我在下一节中对这个公众无知问题的介绍。

10. Ungar, "Ignorance," 301–302.

11. "Politically-Challenged: Texas Tech Edition," video posted by PoliTech (October 28, 2014), https://www.youtube.com/watch?v=yRZZpk_9k8E (accessed October 2016).

12. Ungar, "Ignorance," 321.

13. Daniel R. DeNicola, *Learning to Flourish: A Philosophical Exploration of Liberal Education* (New York: Continuum/Bloomsbury, 2012).

14. Ungar, "Ignorance," 301, 315–316.

第六章　被建构的无知

1. Aristotle, *Metaphysics*, Book I, chap. 1, 980b23, in *The Complete Works of Aristotle: The Revised Oxford Translation*, 2 vols., ed. J. Barnes (Princeton, NJ: Princeton University Press,1983).

2. 在文献中,无知的类型和术语各不相同。我试着在用法上保持主流,但偶尔我会注意到一些变体。所谓的固执无知是可变的;有些作者将后来我所说的"无意"却被建构的无知也包括在内。

3. 显然,这个词是安东尼·唐斯(Anthony Downs)在 *An Economic Theory of Democracy* *(New York:Harper & Brothers,1957)发明的。这个词具有误导性,因为它暗示了其他形式的无知必然是非理性的——这是错误的。可是,此种用法现在是标准用法。

4. 在《学会繁盛》中,我提倡将明智地决定不学习什么的技能作为当代通识教育的一个重要目标。

5. 一位朋友报告说,一位在小学时精通阅读的孙子要求她"翻译"他的生日贺卡。贺卡上的问候语是草书——这种写法在他的学校里不再教了。

6. 由于此种无知被巧妙地选择为对自己有利的策略,所以它不符合本章后面描述的**固执无知**的范畴。

7.《旧约·诗篇》139:4(新国际版)。

8. 公正的旁观者,在 Adam Smith, *The Theory of Moral Sentiments*, ed. D. D. Raphael (Oxford:Oxford University Press,1976)得到集中刻画。理想的观察者,是由罗德里克·弗思(Roderick Firth)在"Ethical Absolutism and the Ideal Observer," *Philosophy and Phenomenological Research* 12,no.3(1912):317-345 提出的。

9.《旧约·诗篇》139:6(新国际版)。

10. 第十章讨论了无知管理的技巧。蒙眼正义是一种管理我们缺乏全知的策略。

11. "科学史告诉我们,发现真理是困难的,但接受真理甚至会更加困难。" Lee McIntyre, *Respecting Truth: Willful Ignorance in the Internet Age* (New York:Routledge, 2015),1.

12. 在上文的词源学评论(第二章)中,我注意到"忽视"的用法在"无知"的意义上是过时的。其核心含义是一种拒斥或拒绝注意的行为,尽管一个人对这件事的觉知水平可能会上升或下降。

13. Charles W. Mills, "White Ignorance," in *Race and Epistemologies of Ignorance*, ed. Shannon Sullivan and Nancy Tuana (Albany, NY:SUNY Press, 2007), 35. 亦见 Charles W. Mills, *The Racial Contract* (Ithaca, NY: Comell University Press, 1997)。

14. Jennifer Logue, "The Unbelievable Truth and the Dilemmas of Ignorance," *Philosophy of Education Archive* (2008):54-62.

---

*《民主的经济理论》,唐斯著,姚洋等译,上海人民出版社 2017 年版。——译者

15. Harry Frankfurt, *On Bullshit* (Princeton, NJ: Princeton University Press, 2005).

16. 若要更充分地考虑隐私和亲密关系问题,参见 Ferdinand David Schoeman, ed., *Philosophical Dimensions of Privacy: An Anthology* (Cambridge: Cambridge University Press,1984),特别是 Robert Gerstein, "Intimacy and Privacy," 265–271。

17. 对这些概念和相关伦理问题的经典处理,是 Sissela Bok, *Secrets: On the Ethics of Concealment and Revelation* (New York: Vintage Books,1989)。我的定义跟她的不同。

18. 塔尔图图书馆馆藏的简况,可见于塔尔图大学网站:https://utlib.ut.ee/kogud(2016 年 10 月访问)。

19. 例如,见 Stanton A. Glantz et al., eds., *The Cigarette Papers* (Berkeley, CA: University of California Press, 1998); Naomi Oreskes and Erik M. Conway, *Merchants of Doubt: How a Handful of Scientists Obscured the Truth on Issues from Tobacco Smoke to Global Warming* (New York: Bloomsbury Press, 2010)。关于这场运动与无知建构的关系的讨论,见 David Michaels, "Manufactured Uncertainty: Contested Science and the Protection of the Public's Health and Environment," in *Agnotology*, ed. Robert N. Proctor and Londa Schiebinger, 90–107。

20. 例如,见 Andre Mayer, "Soft-drink Makers Accused of Using 'Big Tobacco Playbook,'" *CBCNews*: http://www.cbc.ca/news/health/soft-drink-makers-accused-of-using-big-tobacco-playbook-1.1362598(2016 年 10 月访问)。

21. 见 Bok, *Secrets*。

22. 例如,见 Nancy Tuana, "Coming to Understand: Orgasm and the Epistemology of Ignorance," *Hypatia* 19, no. 1 (2004): 194–232。

23. John Addington Symonds, *On a Problem in Greek Ethics: Being an Inquiry into the Phenomenon of Sexual Inversion Addressed Especially to Medical Psychologists and Jurists* (London: privately printed, 1883).

24. 有关这些实操的有趣研究,参见 Arthur M. Melzer, *Philosophy between the Lines: The Lost History of Esoteric Writing* (Chicago: University of Chicago Press, 2014)。

25. 转引自 *The Sacramento Daily Union*, October 25,1866。

26. Paul Berg et al., "Summary Statement of the Asilomar Conference on Recombinant DNA Molecules," *Proceedings of the National Academy of Science (USA)* 72, no. 6 (June 1975):1981–1984. 25 周年会议举行了,讨论"阿西洛马过程"在当代基因工程问题上的应用。见 Marcia Barinaga, "Asilomar Revisited: Lessons for Today?" *Science* 287 (2000): 1584–1585。

27. CRISPR 是"Clustered Regularly Interspaced Short Palindromic Repeat"(成簇的规律间隔短回文重复序列)的首字母缩写。对于该技术和论题的讨论,见 Hank Greely, "Of Science, CRISPR-Cas9, and Asilomar," Stanford Law School, *Law and Biosciences Blog* (April 4, 2015), https://law.stanford.edu/2015/04/04/of-science-crispr-cas9-and-asilomar/。

28. Bill Joy, "Why the Future Doesn't Need Us," *Wired Magazine* (April 2000);

reprinted in *Nanoethics: The Ethical and Social Implications of Nanotechnology*, ed. Fritz Allhoff et al. (Hoboken, NJ: Wiley, 2007). 47-75.

29. 出处同上,70页。

30. 出处同上,72页。

31. McIntyre, *Respecting Truth*.

第七章 无知的伦理

1. 这个分析术语,来自 Neil C. Manson, "Epistemic Restraint and the Vice of Curiosity." *Philosophy* 87, no. 2 (April 2012): 239-259。然而,曼森将这些术语应用于对认知倾向或品性的评价,而不是对知识或认知状态的评价。在第八章中,我将把这些术语应用于它们的原始语境:好奇心的道德评价。

2. G. E. Moore. "Moore's Paradox," in *G. E. Moore: Selected Writings*, ed. Thomas Baldwin (London: Routledge, 1993),207-212.

3. 对信念渎职的全面分析,见于 Jonathan E. Adler, *Belief's Own Ethics* (Cambridge, MA: MIT Press, 2002)。阿德勒(Adler)为一种"修正的证据主义"辩护。

4. W. K. Clifford, "The Ethics of Belief," in *The Ethics of Belief and Other Essays* (1876; Amherst, NY: Prometheus Books, 1999),77.

5. William James, "The Will to Believe" (1896), in *William James: Writings 1878-1899* (New York: The Library of America, 1992),457-479.

6. Clifford, *The Ethics of Belief*, 73.

7. 对于不可避免的无知来说,道德担忧是无效的。"**应当指可以**"是伦理理论中一项可敬重的原则,除了认识到它的存在之外,人们对不可避免的无知无能为力。

8. 令人困惑的是,这些命题也会有否定,否定之否定。因此,我们没有选项、没有需要或没有欲望知道等都会是假的,它们将分别被标记为 ~An 至 ~En。其蕴涵是复杂的。例如,如果我有权利不知道(~Dn)是假的,蕴涵是我有义务知道(E),即意味着我有权利知道(D)。

9. Rachel Carson, *Silent Spring* (1962; New York: Houghton Mifflin, 2002)。尤其参看琳达·利尔(Linda Lear)写的导言,E. O. 威尔逊(E. O. Wilson)写的后记。

10. 例如,见 George G. Lowry, *Lowrys' Handbook of Right-to-Know and Emergency Planning* (Chelsea, MI: Lewis Publications, 1989)。

11. R. Andorno, "The Right Not to Know: an Autonomy Based Approach," *Journal of Medical Ethics* 30, no. 5 (2004): 435-439,见435页。那位作者为笔者所概述的立场辩护:捍卫一种不知情权,为他人的认知权利所限定。

12. 芭芭拉会声称她选择了战略无知;感兴趣的其他人很可能会视其为固执无知。

13. 引用的文件和引自其中的段落,载于 Andorno, "The Right Not to Know"。

14. Alfred North Whitehead, *The Aims of Education* (1929; New York: The Free Press,1967), 14.

15. 有关这些事项的全面讨论,见 George Sher, *Who Knew? Responsibility without Awareness* (Oxford: Oxford University Press, 2009)。

16. Amy Davidson, "Did Edward Snowden Break His Oath?" *New Yorker*, January 5, 2014; http://www.newyorker.com/news/amy-davidson/did-edward-snowden-break-his-oath.

17. Aristotle. *Nicomachean Ethics*, Book 3, secs. 1–2, 1109b30–1112a17.

18. 我在这里对无知影响我们道德义务方式的讨论,是有所删节的。一个全面的(如果有争议的)分析,由 Michael J. Zimmerman, *Ignorance and Moral Obligation* (Oxford: Oxford University Press, 2014)给出。

19. Miranda Fricker, *Epistemic Injustice: Power and the Ethics of Knowing* (Oxford: Oxford University Press, 2007),7.

20. José Medina, *The Epistemology of Resistance: Gender and Racial Oppression, Epistemic Injustice, and Resistant Imaginations* (Oxford: Oxford University Press, 2013).

21. Barbara Applebaum, "Needing Not to Know: Ignorance, Innocence. Denials and Discourse," in *Philosophy of Education* 2015. ed. Eduarto Duarte,448–456,http://ojs.ed.uiuc.edu/index.php/pes/article/view/4529/1432 (accessed October 2016).

第八章　无知的德性与劣性

1. 事实上,赖欣巴哈引入这一区别是为了断言"认识论只用于建构辩护情境"。Hans Reichenbach, *Experience and Prediction: An Analysis of the Foundations and Structure of Knowledge* (Chicago: University of Chicago Press, 1938),7–8. 这本书的书名就体现了这种认识论观点,而赖欣巴哈在其主导地位方面具有影响力。

2. 更准确地说,知识是一组**不靠运气**获得的证成的真信念。第十一章和后记部分讨论了这一规定,旨在解决所谓的"葛梯尔条件",以及更宽泛的认识运气的概念。

3. Aristotle, *Nicomachean Ethics*, Book Ⅵ.

4. 参见论文集 Ernest Sosa, *Knowledge in Perspective* (Cambridge: Cambridge University Press, 1991),以及他最新的合集: *A Virtue Epistemology: Apt Belief and Reflective Knowledge*, vol. 1 和 *Reflective Knowledge: Apt Belief and Reflective Knowledge*, vol. 2(Oxford: Oxford University Press, 2009, 2011)。

5. Linda Zagzebski, *Virtues of the Mind: An Inquiry into the Nature of Virtue and the Ethical Foundations of Knowledge* (Cambridge: Cambridge University Press, 1996); Robert C. Roberts and W. Jay Wood, *Intellectual Virtues: An Essay in Regulative Epistemology* (Oxford: Oxford University Press, 2007).

6. P. G. Walsh, "The Rights and Wrongs of Curiosity (Plato to Augustine)," *Greece and Rome* 35. no. 1 (April 1988): 73–85.

7. P. G. 沃尔什(P. G. Walsh)注意到,《人驴卢修斯》[*Lucius the Ass*,一个匿名的短篇小说,与琉善(Lucian)的作品同时出现]与阿普列乌斯(Apuleius)的《金驴记》(*The Golden Ass*)有相同的主题。卢修斯的故事是轻松的,把他的错误描述为纯粹的社交失误,而阿普列乌斯"在故事中叠加了无信仰或不虔诚的好奇心的元素"。出处同上,75 页。

8. Thomas Hobbes, *Leviathan*, part 1, chap. 6。对其评注版的引证是: *Thomas Hobbes Leviathan*, vol. 2, ed. G. A. J. Rogets and Karl Schuhmann (1651; London:

Continuum, 2003), 47。

9. 有关好奇心的详细和可访问的历史,请参阅 Phil Ball, *Curiosity: How Science Became Interested in Everything* (New York: Vintage Press, 2013)。*

10. 请注意,**好奇心**也可以指在奇怪或令人费解意义上的**奇特**东西——再次是激发好奇心的奇异感——就像曾经在宏伟的"珍宝柜"中展示的那样。

11. Bertolt Brecht, *Galileo*, trans. Charles Laughton (1940; New York: Grove Press, 1966);这一段的所有引文,皆来自第 6 幕,85—86 页。

12. Manson,"Epistemic Restraint and the Vice of Curiosity."

13. 见 Jason Baehr, *The Inquiring Mind: On Intellectual Virtues & Virtue Epistemology* (Oxford: Oxford University Press, 2011)。关于智识勇气的讨论,见其中第 9 章,163—190 页。

14. Thomas Aquinas, *Summa Theologiae*, 2, Q167;转引自 Manson,"Epistemic Restraint,"250。

15. 在这种情况下,存在混淆善、权利和德行的风险,它们通常有不同种类的目标。如果我们认为德性或劣性是一种品性,我们就需要将注意力集中在具有令人钦佩或应受谴责的动机的倾向上,即分别追求道德上有价值或不值得追求的目的。

16. Manson,"Epistemic Restraint,"255.

17. Sissela Bok, *Lying: Moral Choice in Public and Private Life* (1978; New York: Vintage, 1999)**, 31n.

18. 罗纳德·里根 (Ronald Reagan) 总统使用俄罗斯谚语"信任,但核实"(Trust, but verify) 意味着,虽然对消息来源有适当的可信度,但这种情况下的信息是如此重要,因此应寻求更多的核查。

19. Bill Vitek and Wes Jackson, eds., *The Virtues of Ignorance: Complexity, Sustainability, and the Limits of Knowledge* (Lexington: The University Press of Kentucky, 2010)。

20. 将一项行动或政策建立在无知的基础上,就像亚里士多德的**出于无知而行动**(第七章),这很难成为一个良方。

21. Julia Driver, "The Virtues of Ignorance," *Journal of Philosophy* 86, no. 7 (July 1989):373—384.

22. Owen Flanagan, "Virtue and Ignorance," *Journal of Philosophy* 87, no. 8 (August 1990):420—428.

23. G. F. Schueler, "Why Modesty Is a Virtue," *Ethics* 107. no. 3 (April 1997):467—485;Julia Driver, "Modesty and Ignorance," *Ethics* 109, no.4 (July 1999): 827—834;

---

*《好奇心——科学何以执念万物》,菲利普·鲍尔 (Philip Ball) 著,王康友等译,上海交通大学出版社 2016 年版。——译者

**《说谎——公共与私人生活中的道德选择》,博克著,胡萌琦译,北京大学出版社 2022 年版。——译者

G. F. Schueler,"Why IS Modesty a Virtue?" *Ethics* 109, no. 4 (July 1999): 835–841.

24. Nicolas Bommarito, "Modesty as a Virtue of Attention," *Philosophical Review* 122, no. 1 (2013): 93–117.

25. 例如：Aaron Ben-Ze'ev, "The Virtue of Modesty," *American Philosophical Quarterly* 30 (1993): 238–246; Jason Brennan, "Modesty without Illusion,"*Philosophy and Phenomenological Research* 75, no. 1 (2007): 111–128; A. T. Nuyen, "Just Modesty," *American Philosophical Quarterly* 35, no. 1 (1998): 101–109.

26. Jacques Rancière, *The Ignorant Schoolmaster: Five Lessons in Intellectual Emancipation*, trans. Kristin Ross (Stanford, CA: Stanford University Press: 1991).

27. Jacques Rancière, "On Ignorant Schoolmasters," in *Jacques Ranciere: Education, Truth, Emancipation*, ed. Charles Bingham and Gert Biesta (New York: Bloomsbury, 2010), 1.

28. 该短语摘自以下文章：Gert Biesta, "A New Logic of Emancipation: The Methodology of Jacques Rancière." *Educational Theory* 60, no. 1 (February 2010): 39–59。这篇文章将朗西埃的教育理论置于其政治理论的情境中。

29. Richard Roriy, "Education as Socialization and Individualization," in *Philosophy and Social Hope* (London: Penguin Books, 1999), 114–115. 亦见 Richard Rorty and Eduarto Mendieta, *Take Care of Freedom and Truth Will Take Care of Itself: Interviews with Richard Rorty* (Palo Alto, CA: Stanford University Press, 2005)。

30. Rancière, *The Ignorant Schoolmaster*, 71.

31. 当然,对《鸟人》的这种解读是许多可能的解释之一——但已发表的评论通常忽略了影片神秘的第二个标题"无知的意外美德"。

32. 与我的批判性声称相反, 见 Charles Bingham and Gert Biesta, *Jacques Rancière: Education, Truth, Emancipation* (New York: Bloomsbury, 2010)中的分析。

33. "无知不是一种美德。"奥巴马总统 2016 年 5 月在罗特格斯大学毕业典礼上说。Associated Press (May 15, 2016): http://www.telegraph.co.uk/news/2016/05/15/barack-obama-mocks-donald-trump-ignorance-is-not-a-virtue/.

第九章　可知之限度

1. Immanuel Kant, *Prolegomena to Any Future Metaphysics* (1783; Indianapolis: Bobbs-Merrill, 1951), 101.

2. 命题 5.6,见于 Ludwig Wittgenstein, *Tractatus Logico-Philosophicus*, trans. C. K. Ogden (1922; London: Routledge & Kegan Paul, 1981), 149。

3. 然而,在过去的 10 年里,一门"嗅觉研究"的学科出现了,对历史气味的重建和气味在文化史上的重要性有着特别的兴趣。

4. Alfred North Whitehead, *Process and Reality: An Essay on Cosmology* (1929; New York: Harper & Row, 1960), 516.

5. 出处同上, 525 页。

6. 这只是一个由珍妮弗・迈克尔・赫克特(Jennifer Michael Hecht)在 *Stay: A History of Suicide and the Arguments Against It* (New Haven, CT: Yale University

Press，2013）追踪的论证。

7. 至于人工智能是否有能力"知道"（强人工智能），这不是解决该烦恼问题的地方。我们的兴趣是人类的知识和无知，不过我将在下一章中提及人工智能在管理无知方面的作用。

8. Viktor Mayer-Schönberger, in *Delete: The Virtue of Forgetting in the Digital Age* (Princeton, NJ: Princeton University Press, 2011)*，21，讨论了具有情感增盛记忆的"AJ"一案及其带来的问题。

9. Nicholas Rescher, *Unknowability: An Inquiry into the Limits of Knowledge* (Lanham, MD: Rowman & Littlefield, 2010)，特别是第6章；Rescher, *Ignorance*，特别是第2章。

10. 雷舍尔对以下声称提供了一个证明："事实的领域是取之不尽、用之不竭的；关于真实的事实是没有限度的"，以及"多个事实是超可数无限的"。*Ignorance*，49–51。

11. Farrier, *Institutes of Metaphysics*，160–161，prop. Ⅲ。

12. 那篇科学论文是 A. G. Manning, R. I. Khakimov, R. G. Dall, and A. G. Truscott, "Wheeler's Delayed-Choice Gedanken Experiment with a Single Atom," *Nature Physics* 11 (2015)：539–542，http://www.nature.com/nphys/journal/v11/n7/full/nphys3343.html。新闻报道包括 Richard Gray, "Does the Future Affect the Past? Physicists Demonstrate How Time Can Seem to Run Backwards," *Daily Mail*, June 9, 2015, http://www.dailymail.co.uk/sciencetech/article-3116792/Does-future-affect-PAST-Physicists-demonstrate-time-run-backwards.html。

13. Kurt Gödel, "On Formally Undecidable Propositions of Principia Mathematica and Related Systems" (1931), in *The Undecidable: Basic Papers on Undecidable Propositions, Unsolvable Problems and Computable Functionq*, ed. Martin Davis (Hewlett, NY: Raven Press, 1965), 5–38.

14. Rescher, *Ignorance*，48。

15. 出处同上，53页。

16. John Horgan, *The End of Science: Facing the Limits of Knowledge in the Twilight of the Scientific Age*, new ed. (New York: Basic Books, 2015).

17. 这是雷舍尔在《无知》(*Ignorance*)一书中的立场，但他在以下著作中对其有更为前沿的阐述：*Scientific Progress: A Philosophical Essay on the Economics of Research in Naturnal Science* (Pittsburgh: University of Pittsburgh Press, 1978)。

18. Horgan, *The End of Science*, 22. 雷舍尔著作的评论者是本特利·格拉斯（Bentley Glass）。

19. 我在以下文章里讨论了这些关系："Paradigms and Paraphemalia: On the Relationship of Theory and Technology in Science," in *New Directions in the Philosophy of Technology*, ed. Joseph C. Pitt (Dordrecht: Kluwer Academic, 1995), 85–94。

---

*《删除》，维克托·迈尔-舍恩伯格著，袁杰译，浙江人民出版社2013年版。——译者

20. Thomas Aquinas, *Summa Theologiae*, 1, Q14, art. 7.

21. 例如:"(全知)通常是根据对所有真命题的了解来界定的"。Edward Wierenga, "Omniscience," *The Stanford Encyclopedia of Philosophy* (winter 2013 ed.), ed. Edward N. Zalta, http://plaio.stanford.edu/archives/win2013/entries/omniscience/ (accessed August 2016). 维伦加(Wierenga)提供了一个优秀的论题总结。我在这一节中自由地从中得出,包括在选择示范性的哲学立场。

22. "开放有神论"是这样一种观点,即当我们做出选择时,上帝必须知悉我们的选择。这种观点的多个版本,在以下著作得到阐述和辩护:Charles Pinnock, Richard Rice, John Sanders, William Hasker, and David Basinger, *The Openness of God: A Biblical Challenge to the Traditional Understanding of God* (Downers Grove, IL: LnterVarsity Press, 1994)。

23. 例如,见 Norman Kretzmann, "Omniscience and Immutability," *Journal of Philosophy* 63(1966): 409–421。

24. 例如,见 Patrick Grim, "Against Omniscience: The Case from Essential Indexicals," *Noûs* 19(1985): 151–180。

25. 1963年,分析哲学家、逻辑学家弗雷德里克·菲奇(Frederic Fitch)引入了一个悖论,其蕴涵从此分裂了认识论者。[Frederic Fitch, "A Logical Analysis of Some Value Concepts," *Journal of Symbolic Logic* 28, no. 2 (June 1963): 135–142]。根据这一悖论,我们认为,每一个真理原则上都是可知的(**可知性命题**)——一个看似直截了当的说法——意味着每一个真理都是已知的(**全知原则**)——这是说不通的。假设有一个真理 *p* 是从未已知的:那么 *p* 是从未已知的真理,这是不可知的。不可知真理的存在性,否定了可知论命题。Jonathan L. Kvanvig, *The Knowability Paradox* (Oxford: Oxford University Press, 2006)提供了一个综合分析。关于菲奇的证明是否有效或其蕴涵是什么,并没有达成一致。

26. Douglas Walton. *Arguments from Ignorance* (University Park: The Pennsylvania State University Press, 1996)。

第十章 管理无知

1. John Israilidis, Russell Lock, and Louise Cook, "Ignorance Management," *Management Dynamics in the Knowledge Economy* 1, no. 1 (2013): 71–85, http://www.managementdynamics.ro/index.php/journal/article/view/4, at 76. 伊斯赖迪斯在他的博士论文中(并与后来的合著者),引用了亚利桑那大学的维特博士和她的同事的描绘无知的工作(见我的第五章)。

2. 见 Michael Smithson, *Ignorance and Uncertainty*; Donald W. Katzner, *Time, Ignorance, and Uncertainty in Economic Models*。

3. L. A. Paul, *Transformative Experience* (Oxford: Oxford University Press, 2014), 17.

4. 出处同上,178页。

5. 这些例子引自 Terry Wood, "11 of the Most Unusual Things People Have Ever Insured," US Insurance Agents, https://usinsuranceagents.com/unusual-insurance-

policies（2016 年 10 月访问）。

6. "做空市场"的作用大致是这样的：经纪商把股票借给客户出售，然后把收益贷给他们，就像他们拥有股票一样。但贷款是有条件的：客户承诺以市价回购股票，并"支付"他们"做空"的金额。当然，客户的希望在于价格已经下跌了，所以他们买的钱比卖出的要少。

7. 关于对冲基金风险的专家说明，见 Frank J. Travers, *Hedge Fund Analysis: An In-Depth Guide to Evaluating, Return Potential and Assessing Risks*（Hoboken, NJ: Wiley, 2012）。*

8. P. S. Laplace, *A Philosophical Essay on Probabilities*（1814; New York: Dover, 1951），6-7.

9. 选择最低抽样规模的公式，包括几个因素：**人口规模**（整个集合中案例的总数）；**误差裕度**（可接受的准确度范围）；**置信水平**或 **Z 评分**（对结果的预期信任程度）；**标准差**（预期答复的可变性的测度）；**答复率**（就调查研究而言，接受调查的实际答复者所占百分比）。

10. Elizabeth Arias, "United States Life Tables, 2009," *National Vital Statistics Reports* 62, no. 7（January 6, 2014）: 6, table 2, http://www.cdc.gov/nchs/data/nvsr/nvsr62/nvsr62_07.pdf.

11. 概率论有许多极好的历史；最近一部解释这些哲学问题的是 Herbert I. Weisberg, *Willful Ignorance: The Mismeasure of Uncertainty*（Hoboken, NJ: Wiley, 2014）。

12. 魏斯伯格（出处同上）称这种为**固执无知**。在我的类型学中，这是一种战略无知的情况，是蓄意无知的一种亚型。

13. 出处同上，73 页。

14. 我没有讨论鲁道夫·卡尔纳普（Rudolf Carnap）予以形式化的**逻辑解释**、C. S. 皮尔斯（C. S. Pierce）提出并由卡尔·波普尔（Karl Popper）阐述的**倾向解释**，以及戴维·刘易斯（David Lewis）最近提出的**"最佳系统"解释**。虽然每一种解释都很独特，但每一种解释都是从这三种解释中的一种派生而来的。关于完整解释名册的简要讨论，请参阅阿兰·哈耶克（Alan Hájek）写的"概率"（Probability）条目，载于 *The Stanford Encyclopedia of Philosophy*, http://plato.stanford.edu/entries/probability-interpret/（2016 年 10 月访问）。

15. 关于结果、程序和脚本，见 NPR Special Series, "Pop Quiz: 20 Percent Chance of Rain. Do You Need An Umbrella?"（July 22, 2014）, http://www.npr.org/2014/07/22/332650051/there-s-a-20-percent-chance-of-rain-so-what-does-that-mean.

16. National Weather Service, "Explaining Probability of Precipitation," August 2009, http://www.weather.gov/ffc/pop/（2016 年 10 月访问）.

17. 然而，严格地说，一个人对预测的置信度与计算机模型产生的频率概率之

---

*《对冲基金分析》，弗兰克·J. 特拉弗斯著，兴全基金管理有限公司译，上海财经大学出版社 2018 年版。——译者

间有很大的差别:例如,一个人可能对预测100%下雨的特定模型没有信心。

第十一章　无知的视界

1. Edmund L. Gettier, "Is Justified True Belief Knowledge?" *Analysis* 23, no. 6 (1963):121-123.

2. Duncan Pritchard, *Epistemic Luck* (Oxford: Oxford University Press, 2005), chapters 5 and 6. 普里查德引自 Peter Unger, *Ignorance: A Case for Scepticism*。

3. 普里查德还认为,第五种认知运气是有问题的:(5) **反思性认知运气**,在这种情况下,"考虑到行为人仅仅通过反思就能知道什么,那么她的信念为真就是一个运气的问题"[《认知运气》(*Epistemic Luck*),175 页]。这种类型是针对知识的内部主义解释——认为信念辩护仅仅是信者内部认知状态的一个问题。

4. 有关这些论题的敏锐分析,见 Israel Scheffler, *Science and Subjectivity*, 2nd ed. (Indianapolis, IN: Hackett, 1982)。

5. Stuart Firestein, *Ignorance: How It Drives Science* (Oxford: Oxford University Press, 2012)。

6. John Dewey, *The Early Works of John Dewey, 1882-1898*, vol. 2: *1887, Psychology*, ed. Jo Ann Boydston (Carbondale: Southern Illinois University Press, 1975), 261.

7. 理解超过知识的方式之一,是它对模态的理解;理解一件事物不仅是知道关于它的事实,而且是理解它的诸多可能性。

8. Michel Serres, *Genesis*, trans. Genevieve and James Nielson (Ann Arbor: University of Michigan Press, 1997), 23. 非常规标点符号是原有的。他的形象可能来源于海德格尔的主张:"人不是众生之主,而是存在之牧人。"Martin Heidegger, *Letter on Humanism* (1947), trans. Frank A. Capuzzi, in *Martin Heidegger: Basic Writings*, ed. David Farrell Krell (New York: Harper & Row, 1977), 210.

9. Plato, *Theaetetus*, 155d. 引自 Plato, *Complete Works*, ed. John Cooper and D. S. Hutchinson (Indimiapolis, IN: Hackett, 1997)。虽然这个"苏格拉底"是柏拉图后来的对话中的一个人物(因此作为历史上苏格拉底的准确报告,一般不那么可信),但柏拉图很可能记得直接甚至是反复地从他的导师那里听到了这个特别的说法。

10. 关于我所感激的关于惊异的丰富的哲学讨论,见 Mary-Jane Rubenstein, *Strange Wonder: The Closure of Metaphysics and the Opening of Awe* (New York: Columbia University Press, 2008)。

11. Aristotle, *Metaphysics*, Book I, chap. 2, 982b12-22.

12. 出处同上,982b29-30。

13. Peter Sloterdijk, *Spheres*, vol. 1: *Bubbles: Microspherology*, trans. Wieland Hoban (Los Angeles, CA: Semiotext(e), 2011), 48.

14. Ludwig Wittgenstein, *Tractatus Logico-Philosophicus*, prop. 7, p. 189.

15. Blaise Pascal, *Pensées*, trans. W. F. Trotter (1670; New York: E. P. Dutton. 1958), §206.

16. Dwayne Huebner, *The Lure of the Transcendent: Collected Essays* (Mahwah,

NJ：Erlbaum 1999），403.

后记　无知与认识论

1. 的确，许多语言对这些不同的形式使用不同的词，而英语把它们混为一谈。在德语中，wissen 用于**知道那个事实**；kennen 用于**靠亲知知道**。但是，使用不同的术语反映了它们的不同含义；并不要求只有一种是**知识**，而另一种必须被置于知识论的视野之外。

2. Richard Mason, *Understanding Understanding* (Albany, NY：SUNY Press, 2003); Catherine Z. Elgin, "From Knowledge to Understanding," in *Epistemology Futures*, ed. Stephen Hetherington (Oxford：Oxford University Press, 2006), 199–215.

3. Jonathan L. Kvanvig, *The Value of Knowledge and the Pursuit of Understanding* (Cambridge：Cambridge University Press, 2003), especially chapter 8.

4. 见第二章，注释3、4。

5. 见 Rik Peels, "What Is Ignorance?" *Philosophia* 38 (2010)：57–67, 57 页；"Ignorance Is Lack of True Belief：A Rejoinder to Le Morvan," *Philosophia* 39 (2011)：345–351；以及"The New View on Ignorance Undefeated," *Philosophia* 40 (2012)：741–750。有效的反驳需要比我在这里提供的更全面、更有分析性的答复，但我已经指出了部分复辩的方向。

6. Michael Polanyi, *Personal Knowledge: Toward a Post-Critical Philosophy* (Chicago：University of Chicago Press, 1958).

7. Clifford, *The Ethics of Belief*. 见我的第七章。

8. 有关这些角色的丰富和广泛的分析，见 Linda Trinkaus Zagzebski, *Epistemic Authority: A Theory of Trust, Authority, and Autonomy in Belief* (Oxford：Oxford University Press, 2012).

9. C. A. J. Coady, *Testimony: A Philosophical Study* (Oxford：Oxford University Press, 1995).

10. Alvin I. Goldman, *Knowledge in a Social World* (Oxford：Oxford University Press, 1999).

11. Kvanvig, *The Value of Knowledge*, 205, 声称这个问题是无法解决的。

12. Cynthia Townley, *A Defense of Ignorance: Its Value for Knowers in Feminist and Social Epistemologies* (Lanham, MD：Roman & Littlefield, 2011). 汤利是一位同路人，她注意到，即使在德性认识论和对认知共同体的讨论中，认知价值的一元理论也在继续。

13. 例如，见 Beritt Brogaard, "Intellectual Flourishing as the Fundamental Epistemic Norm," in *Epistemic Norms: New Essays on Action, Belief, and Assertion*, ed. Clayton Littleton and John Turri (Oxford：Oxford University Press, 2014)。然而，她对所提出的认知繁盛规范的描述，是在独自认识者的视角下进行的。

参考文献

Adams, Scott. *When Did Ignorance Become a Point of View*? Riverside, NJ: Andrews McMeel Publishing, 2000.

Adler, Jonathan E. *Belief's Own Ethics*. Cambridge, MA: MIT Press, 2002.

Al-Ghazzali, Abu Hamid Muhammad ibn Muhammad. *On the Treatment of Ignorance Arising from Heedlessness, Error and Delusion*. Trans. N. A. S. Muhhammad. Chicago: Great Books of the Islamic World, 2002.

Andorno, R. "The Right Not to Know: An Autonomy Based Approach." *Journal of Medical Ethics* 30, no. 5 (2004): 435–439.

Applebaum, Barbara. "Needing Not to Know: Ignorance, Innocence, Denials and Discourse." *Philosophy of Education* 2015: 448–456. Ed. Eduardo Duarte. http://ojs.ed.uiuc.edu/index.php/pes/article/view/4529/1432.

Aquinas, Thomas. *Summa Theologiae. Prima Secundae*. Trans. Fr. Laurence Shapcote. Lander, WY: The Aquinas Institute for the Study of Sacred Doctrine, 2012.

Arias, Elizabeth. "United States Life Tables, 2009." *National Vital Statistics Reports* 62, no. 7 (January 6, 2014): 6, table 2. https://www.cdc.gov/nchs/data/nvsr/nvsr62/nvsr62_07.pdf.

Aristotle. *The Complete Works of Aristotle: The Revised Oxford Translation*. Ed. J. Barnes. 2 vols. Bollingen Series. Princeton, NJ: Princeton University Press, 1983.

Ashaer, Atef. "Poetry and the Arab Spring." In *Routledge Handbook of the Arab Spring: Rethinking Democratization*, ed. Larbi Sadiki. New York: Routledge, 2014.

Baehr, Jason. *The Inquiring Mind: On Intellectual Virtues and Virtue Epistemology*. Oxford: Oxford University Press, 2011.

Ball, Philip. *Curiosity: How Science Became Interested in Everything*. New York: Vintage Press, 2013.

Barinaga, Marcia. "Asilomar Revisited: Lessons for Today?" *Science* 287 (2000): 1584–1585.

Ben-Ze'ev, Aaron. "The Virtue of Modesty." *American Philosophical Quarterly* 30 (1993): 238–246.

Berg, Paul, David Baltimore, Sydney Brenner, Richard Roblin III, and Maxine F. Singer. "Summary Statement of the Asilomar Conference on Recombinant DNA Molecules." *Proceedings of the National Academy of Sciences of the United States of America* 72, no. 6 (June 1975): 1981–1984.

Biesta, Gert. "A New Logic of Emancipation: The Methodology of Jacques Rancière." *Educational Theory* 60, no. 1 (February 2010): 39–59.

Bok, Sissela. *Lying: Moral Choice in Public and Private Life*. Updated ed. New York: Vintage Books, 1999. First published in 1978.

Bok, Sissela. *Secrets: On the Ethics of Concealment and Revelation*. New York: Vintage Books, 1989.

Bommarito, Nicolas. "Modesty as a Virtue of Attention." *Philosophical Review* 122, no. 1 (2013): 93–117.

Brecht, Bertolt. *Galileo*. Trans. C. Laughton. New York: Grove Press, 1966. First published in 1940.

Brennan, Jason. "Modesty without Illusion." *Philosophy and Phenomenological Research* 75, no. 1 (2007): 111–128.

Brogaard, Beritt. "Intellectual Flourishing as the Fundamental Epistemic Norm." In *Epistemic Norms: New Essays on Action, Belief, and Assertion*, ed. Clayton Littleton and John Turri. Oxford: Oxford University Press, 2014.

Cacciara, Massimo. "Names of Place: Border." In *Contemporary Italian Philosophy: Crossing the Borders of Ethics, Politics, and Religion*, ed. Silvia Benson and Brian Schroeder. Albany, NY: SUNY Press, 2007.

Carbone, Nick. "Timeline: A History of Violence against Sikhs in the Wake of 9/11." *Time*, August 6, 2012, http://newsfeed.time.com/2012/08/06/timeline-a-history-of-violence-against-sikhs-in-the-wake-of-911/.

Carson, Rachel. *Silent Spring*. With introduction by Linda Lear and afterword by E. O. Wilson. New York: Houghton Mifflin, 2002. First published in 1962.

Clifford, W. K. "The Ethics of Belief." In W. K. Clifford, *The Ethics of Belief and Other Essays*. Amherst, NY: Prometheus Books. 1999. First published in 1876.

Coady, C. A. J. *Testimony: A Philosophical Study*. Oxford: Oxford University Press, 1995.

Cremin, Lawrence. *American Education: The Colonial Experience*. New York: Harper & Row, 1970.

Davidson, Amy. "Did Edward Snowden Break His Oath?" *New Yorker*, January 5, 2014. http://www.newyorker.com/news/amy-davidson/did-edward-snowden-break-his-oath.

DeNicola, Daniel R. *Learning to Flourish: A Philosophical Exploration of Liberal Education*. New York: Continuum/Bloomsbury, 2012.

DeNicola, Daniel R. "Paradigms and Paraphernalia: On the Relationship of Theory and Technology in Science." In *New Directions in the Philosophy of Technology*, ed. Joseph C. Pitt. Dordrecht: Kluwer Academic, 1995.

Dewey, John. *The Early Works of John Dewey, 1882–1898*, vol. 2: *1887, Psychology*. Ed. Jo Ann Boydston. Carbondale: Southern Illinois University Press, 1975.

Downs, Anthony. *An Economic Theory of Democracy*. New York: Harper & Brothers, 1957.

Driver, Julia. "The Virtues of Ignorance." *Journal of Philosophy* 86, no. 7 (July 1989): 373–384.

Driver, Julia. "Modesty and Ignorance." *Ethics* 109, no. 4 (July 1999): 827–834.

Dropp, Kyle, Joshua D. Kertzer, and Thomas Zeitzoff. "The Less Americans Know about Ukraine's Location, the More They Want U. S. to Intervene." *Washington Post*, April 7, 2014, *The Monkey Cage*, blog post. https://www.washingtonpost.com/blogs/monkey-cage/wp/2014/04/07/the-less-americans-know-about-ukraines-location-the-more-they-want-u-s-to-intervene/.

Duncan, Ronald, and M. Weston-Smith. *The Encyclopedia of Medical Ignorance: Mind and Body in Health and Disease*. Oxford: Pergamon Press, 1983.

Dunning, David. *Self-Insight: Roadblocks and Detours on the Path to Knowing Thyself*. New York: Psychology Press, 2005.

Elgin, Catherine Z. "From Knowledge to Understanding." In *Epistemology Futures*, ed. Stephen Hetherington. Oxford: Oxford University Press, 2006.

Felman, Shoshana. "Psychoanalysis and Education: Teaching Terminable and Interminable." *Yale French Studies* 63 (1982): 21–44.

Ferrier, James Frederick. *Institutes of Metaphysic: The Theory of Knowing and Being* (1856). In *James Frederick Ferrier: Selected Writings*, Library of Scottish Philosophy, vol. 3. Ed. Jennifer Keefe. Charlottesville, VA: Imprint Academic, 2011.

Firestein, Stuart. *Ignorance: How It Drives Science*. Oxford: Oxford University Press, 2012.

Firth, Roderick. "Ethical Absolutism and the Ideal Observer." *Philosophy and Phenomenological Research* 12, no. 3 (1952): 317–345.

Fitch, Frederic. "A Logical Analysis of Some Value Concepts." *Journal of Symbolic Logic* 28, no. 2 (June 1963): 135–142.

Flanagan, Owen. "Virtue and Ignorance." *Journal of Philosophy* 87 (8) (August 1990): 420–428.

Frankfurt, Harry. "Alternate Possibilities and Moral Responsibility." *Journal of Philosophy* 66, no. 23 (December 1969): 829–839.

Frankfurt, Harry. *On Bullshit*. Princeton, NJ: Princeton University Press, 2005.

Fricker, Miranda. *Epistemic Injustice: Power and the Ethics of Knowing*. Oxford: Oxford University Press, 2007.

Gerstein, Robert. "Intimacy and Privacy." In *Philosophical Dimensions of Privacy: An Anthology*, ed. Ferdinand David Schoeman, 265–271. Cambridge: Cambridge University Press, 1984.

Gettier, Edmund L. "Is Justified True Belief Knowledge?" *Analysis* 23, no. 6 (1963): 121–123.

Gilson, Erinn. "Vulnerability, Ignorance, and Oppression." *Hypatia* 26, no. 2 (2012): 308–332.

Glantz, S. A., J. Slade, L. A. Bero, P. Hanauer, and D. E. Barnes, eds. *The Cigarette Papers*. Berkeley, CA: University of California Press, 1998.

Gödel, Kurt. "On Formally Undecidable Propositions of *Principia Mathematica* and Related Systems" (1931). In *The Undecidable: Basic Papers on Undecidable Propositions, Unsolvable Problems, and Computable Functions*, ed. Martin Davis. Hewlett, NY: Raven Press, 1965.

Goldman, Alvin I. *Knowledge in a Social World*. Oxford: Oxford University Press, 1999.

Graham, David A. "Rumsfeld's Knowns and Unknowns: The Intellectual History of a Quip." *Atlantic*, March 27, 2004. http://www.theatlantic.com/politics/archive/2014/03/rumsfelds-knowns-and-unknowns-the-intellectual-history-of-a-quip/ 359719/.

Gray, Richard. "Does the Future Affect the Past? Physicists Demonstrate How Time Can Seem to Run Backwards." *Daily Mail*, June 9, 2015. http://www.dailymail.co.uk/sciencetech/article-3116792/Does-future-affect-PAST-Physicists-demonstrate-time-run-backwards.html.

Greely, Hank. "Of Science, CRISPR-Cas9, and Asilomar." Stanford Law School, *Law and Biosciences Blog*, April 4, 2015. https://law.stanford.edu/2015/04/04/of-science-crispr-cas9-and-asilomar/.

Grim, Patrick. "Against Omniscience: The Case from Essential Indexicals." *Noûs* 19 (1985): 151–180.

Gross, M., and L. McGoey, eds. *Routledge International Handbook of Ignorance Studies*. London: Routledge, 2015.

Haas, Peter. "Epistemic Communities and International Policy Coordination." *International Organization* 46, no. 1 (1992): 1–35.

Hájek, Alan. "Interpretations of Probability." In *Stanford Encyclopedia of Philosophy* (winter 2011 ed.), ed. Edward N. Zalta. https://plato.stanford.edu/entries/probability-interpret/.

Halper, Stefan, and Jonathan Clarke. *The Silence of the Rational Center*. New York: Basic Books, 2007.

Hecht, Jennifer Michael. *Stay: A History of Suicide and the Arguments against It*. New Haven, CT: Yale University Press, 2013.

Heidegger, Martin. *Letter on Humanism* (1947). Trans. F. A. Capuzzi. In *Martin Heidegger: Basic Writings*, ed. David Farrell Krell. New York: Harper & Row, 1977.

Heldke, Lisa M. "Farming Made Her Stupid." *Hypatia* 21, no. 3 (2006): 151–165.

Helvétius, Claude Adrien. *Treatise on Man*, 2 vols. New York: Burt Franklin, 1969. First published in 1810.

Herzog, Don. *Cunning*. Princeton, NJ: Princeton University Press, 2006.

Horgan, John. *The End of Science: Facing the Limits of Knowledge in the Twilight of the Scientific Age*. New ed. New York: Basic Books, 2015.

Huebner, Dwayne. *The Lure of the Transcendent: Collected Essays*. Mahwah, NJ: Erlbaum, 1999.

Hume, David. *A Treatise of Human Nature*. 2nd ed. Ed. L. A. Selby-Bigge and P. H. Nidditch. Oxford: Oxford University Press, 1978. First published in 1739.

Israilidis, John, Russell Lock, and Louise Cook. "Ignorance Management." *Management Dynamics in the Knowledge Economy* 1, no. 1 (2013): 71–85, http://

www.managementdynamics.ro/index.php/journal/article/view/4.

Jackson, Frank. "Epiphenomenal Qualia." *Philosophical Quarterly* 32 (1982): 127–136.

Jacoby, Susan. *The Age of American Unreason*. New York: Pantheon Books, 2008.

James, William. "The Will to Believe." In *William James: Writings 1878–1899*, 457–479. New York: The Library of America, 1992. First published in 1896.

Joy, Bill. "Why the Future Doesn't Need Us." *Wired Magazine*, April 2000. Reprinted in *Nanoethics: The Ethical and Social Implications of Nanotechnology*, ed. Fritz Allhoff et al. (Hoboken, NJ: Wiley, 2007).

Kant, Immanuel. *Prolegomena to Any Future Metaphysics*. Indianapolis: Bobbs-Merrill, 1951. First published in 1783.

Katzner, Donald W. *Time, Ignorance, and Uncertainty in Economic Models*. Ann Arbor: University of Michigan Press, 1999.

Kerwin, Ann. "None Too Solid: Medical Ignorance." *Science Communication* 15 (1993): 166–185.

Kretzmann, Norman. "Omniscience and Immutability." *Journal of Philosophy* 63 (1966): 409–421.

Kvanvig, Jonathan L. *The Value of Knowledge and the Pursuit of Understanding*. Cambridge: Cambridge University Press, 2003.

Kvanvig, Jonathan L. *The Knowability Paradox*. Oxford: Oxford University Press, 2006.

Laertius, Diogenes. "Life of Pyrrho." In *Hellenistic Philosophy: Introductory Readings*, ed. and trans. B. Inwood and L. P. Gerson. Indianapolis, IN: Hackett, 1988.

Laplace, P. S. *A Philosophical Essay on Probabilities*. New York: Dover, 1951. First published in 1814.

Lewis, D. K., and S. R. Lewis. "Holes." *Australasian Journal of Philosophy* 48 (1970): 206–212. Reprinted in D. K. Lewis, *Philosophical Papers*, vol. 1 (New York: Oxford University Press, 1983).

Lockridge, Kenneth A. *Literacy in Colonial New England: An Enquiry into the Social Context of Literacy in the Early Modern West*. New York: W. W. Norton, 1975.

Logue, Jennifer. "The Unbelievable Truth and the Dilemmas of Ignorance." *Philosophy of Education Archive* (2008): 54–62.

Lowry, George G. *Lowrys' Handbook of Right-to-Know and Emergency Planning*. Chelsea, MI: Lewis Publications, 1989.

Ludlow, P., Y. Nagasawa, and D. Stoljar, eds. *There's Something About Mary: Essays on Phenomenal Consciousness and Frank Jackson's Knowledge Argument*. Cambridge, MA: MIT Press, 2004.

Luhmann, Niklas. *Social Systems*. Trans. J. Bednarz Jr. and D. Baecker. Stanford, CA: Stanford University Press, 1996.

Lynch, J., ed. *Samuel Johnson's Dictionary: From the 1755 Work That Defined the English Language*. Delray Beach, FL: Levinger Press, 2004.

Lyons, William E. *The Disappearance of Introspection*. Cambridge, MA: MIT Press, 1986.

MacDonough, Glen, and Victor Herbert. *Babes in Toyland*. New York: M. Witmark, 1903.

Mair, J., A. H. Kelly, and C. High, eds. *The Anthropology of Ignorance: An Ethnographic Approach*. New York: Palgrave Macmillan, 2012.

Malewski, E., and N. Jaramillo, eds. *Epistemologies of Ignorance in Education*. Charlotte, NC: Information Age Publishing, 2011.

Manning, A. G., R. I. Khakimov, R. G. Dall, and A. G. Truscott. "Wheeler's Delayed-Choice Gedanken Experiment with a Single Atom." *Nature Physics* 11 (2015): 539–542, http://www.nature.com/nphys/journal/v11/n7/full/nphys3343.html.

Manson, Neil C. "Epistemic Restraint and the Vice of Curiosity." *Philosophy* 87, no. 2 (April 2012): 239–259.

Mason, Richard. *Understanding Understanding*. Albany, NY: SUNY Press, 2003.

Mayer, Andre. "Soft-drink Makers Accused of Using 'Big Tobacco Playbook.'" CBC News, http://www.cbc.ca/news/health/soft-drink-makers-accused-of-using-big-tobacco-playbook-1.1362598 (accessed October 2016).

Mayer-Schönberger, Viktor. *Delete: The Virtue of Forgetting in the Digital Age*. Princeton, NJ: Princeton University Press, 2011.

McIntyre, Lee. *Respecting Truth: Willful Ignorance in the Internet Age*. New York: Routledge, 2015.

Medina, José. *The Epistemology of Resistance: Gender and Racial Oppression, Epistemic Injustice, and Resistant Imaginations*. Oxford: Oxford University Press, 2013.

Melzer, Arthur M. *Philosophy between the Lines: The Lost History of Esoteric Writing*. Chicago: University of Chicago Press, 2014.

Michaels, David. "Manufactured Uncertainty: Contested Science and the Protection of the Public's Health and Environment." In *Agnotology*, ed. Robert N. Proctor and Londa Schiebinger. Stanford, CA: Stanford University Press, 2008.

Mills, Charles W. *The Racial Contract*. Ithaca, NY: Cornell University Press, 1997.

Mills, Charles W. "White Ignorance." In *Race and Epistemologies of Ignorance*, ed. Shannon Sullivan and Nancy Tuana. Albany, NY: SUNY Press, 2007.

Milton, John. *Paradise Lost*. Project Gutenberg, 2011. http://www.gutenberg.org/cache/epub/20/pg20.html (accessed October 2016). First published in 1667.

Moore, G. E. "Moore's Paradox." In *G. E. Moore: Selected Writings*, ed. Thomas Baldwin. 207–212. London: Routledge, 1993.

Morris, Herbert. "Lost Innocence." In Herbert Morris, *On Guilt and Innocence: Essays in Legal Philosophy and Moral Psychology*. Berkeley, CA: University of California Press, 1976.

National Weather Service. "Explaining Probability of Precipitation." National Weather Center Weather Forecast Office, August 2009. http://www.weather.gov/ffc/pop (accessed October 2016).

Nicholas of Cusa (Cusanus). *On Learned Ignorance* (*De docta ignorantia*). In *Renaissance Philosophy*, vol. 2: *The Transalpine Thinkers*, ed. and trans. Herman Shapiro and Arturo B. Fallico. New York: The Modern Library, 1969.

Nussbaum, Martha C. *Love's Knowledge: Essays on Philosophy and Literature*. Oxford: Oxford University Press, 1990.

Nuyen, A. T. "Just Modesty." *American Philosophical Quarterly* 35, no. 1 (1998): 101–109.

Oreskes, Naomi, and Erik M. Conway. *Merchants of Doubt: How a Handful of Scientists Obscured the Truth on Issues from Tobacco Smoke to Global Warming*. New York: Bloomsbury Press, 2010.

Pascal, Blaise. *Pensées*. Trans. W. F. Trotter. New York: E. P. Dutton, 1958. First published in 1670.

Paul, L. A. *Transformative Experience*. Oxford: Oxford University Press, 2014. Peels, Rik. "What Is Ignorance?" *Philosophia* 38 (2010): 57–67.

Peels, Rik. "Ignorance Is Lack of True Belief: A Rejoinder to Le Morvan." *Philosophia* 39 (2011): 345–355.

Peels, Rik. "The New View on Ignorance Undefeated."*Philosophia* 40 (2012): 741–750.

Pieper, Josef. *Leisure, the Basis of Culture*. Trans. G. Malsbary. South Bend, IN: St. Augustine's Press, 1998. First published in 1948.

Pinnock, Charles, Richard Rice, John Sanders, William Hasker, and David Basinger. *The Openness of God: A Biblical Challenge to the Traditional Understanding of God*. Downers Grove, IL: InterVarsity Press, 1994.

Plato. *Republic*. 3rd ed. Ed. and trans. C. D. C. Greeve. Indianapolis, IN: Hackett, 2004.

Plato. *Theaetetus*. In *Plato, Complete Works*, ed. John Cooper and D. S. Hutchinson. Indianapolis, IN: Hackett, 1997.

Polanyi, Michael. *Personal Knowledge: Towards a Post Critical Epistemology*. Chicago: University of Chicago Press, 1958.

Polanyi, Michael. *The Tacit Dimension*. New York: Anchor Books, 1967.

PoliTech, Texas Tech University. "Politically-Challenged: Texas Tech Edition." Video. YouTube, October 28, 2014. https://www.youtube.com/watch?v=yRZZpk_9k8E (accessed October 2016).

Pritchard, Duncan. *Epistemic Luck*. Oxford: Oxford University Press, 2005.

Proctor, Robert N. "Agnotology: A Missing Term to Describe the Cultural Production of Ignorance (and Its Study)." In *Agnotology: The Making and Unmaking of Ignorance*, ed. Robert N. Proctor and Londa Schiebinger. Stanford, CA: Stanford University Press, 2008.

Proctor, Robert N., and Londa Schiebinger, eds. *Agnotology: The Making and Unmaking of Ignorance*. Stanford, CA: Stanford University Press, 2008.

Rancière, Jacques. *The Ignorant Schoolmaster: Five Lessons in Intellectual*

Emancipation. Trans. Kristin Ross. Stanford, CA: Stanford University Press, 1991.

Rancière, Jacques. "On Ignorant Schoolmasters." In *Jacques Rancière: Education, Truth, Emancipation*, ed. Charles Bingham and Gert Biesta. New York: Bloomsbury, 2010.

Rawls, John. *A Theory of Justice*. Cambridge, MA: Harvard University Press, 1971.

Reichenbach, Hans. *Experience and Prediction: An Analysis of the Foundations and Structure of Knowledge*. Chicago: University of Chicago Press, 1938.

Rescher, Nicholas. *Error (On Our Predicament When Things Go Wrong)*. Pittsburgh: University of Pittsburgh Press, 2009.

Rescher, Nicholas. *Ignorance (On the Wider Implications of Deficient Knowledge)*. Pittsburgh: University of Pittsburgh Press, 2009.

Rescher, Nicholas. *Scientific Progress: A Philosophical Essay on the Economics of Research in Natural Science*. Pittsburgh: University of Pittsburgh Press, 1978.

Rescher, Nicholas. *Unknowability: An Inquiry into the Limits of Knowledge*. Lanham, MD: Rowman & Littlefield, 2010.

Roberts, Robert C., and W. Jay Wood. *Intellectual Virtues: An Essay in Regulative Epistemology*. Oxford: Oxford University Press, 2007.

Ronell, Avital. *Stupidity*. Urbana: University of Illinois Press, 2002.

Rorty, Richard. "Education as Socialization and Individualization." In Richard Rorty, *Philosophy and Social Hope*. London: Penguin Books, 1999.

Rorty, Richard, and Eduardo Mendieta. *Take Care of Freedom and Truth Will Take Care of Itself: Interviews with Richard Rorty*. Palo Alto, CA: Stanford University Press, 2005.

Rousseau, Jean-Jacques. *Emile, or On Education*. Ed. R. L. Archer. New York: Barron's Educational Series, 1964.

Rubenstein, Mary-Jane. *Strange Wonder: The Closure of Metaphysics and the Opening of Awe*. New York: Columbia University Press, 2008.

Ryle, Gilbert. *The Concept of Mind*. New York: Barnes & Noble, 1949.

Sartre, Jean-Paul. *Being and Nothingness*. Trans. H. E. Barnes. London: Methuen, 1957.

Scheffler, Israel. *Science and Subjectivity*. 2nd ed. Indianapolis, IN: Hackett, 1982.

Schoeman, F. D., ed. *Philosophical Dimensions of Privacy: An Anthology*. Cambridge: Cambridge University Press, 1984.

Schoen, Donald. *The Reflective Practitioner: How Professionals Think in Action*. New York: Basic Books, 1984.

Schueler, G. F. "Why IS Modesty a Virtue?" *Ethics* 109, no. 4 (July 1999): 835–841.

Schueler, G. F. "Why Modesty Is a Virtue." *Ethics* 107, no. 3 (April 1997): 467–485.

Searle, John R. "Minds, Brains, and Programs." *Behavioral and Brain Sciences* 3, no. 3 (1980): 417–457.

Searle, John R. "The Chinese Room." In *The MIT Encyclopedia of the Cognitive Sciences*, ed. R. A. Wilson and F. Keil. Cambridge, MA: MIT Press, 1999.

Serres, Michel. *Genesis*. Trans. Genevieve and James Nielson. Ann Arbor: University of Michigan Press, 1997.

Shattuck, Roger. *Forbidden Knowledge: From Prometheus to Pornography*. New York: St. Martin's Press, 1996.

Sher, George. *Who Knew? Responsibility without Awareness*. Oxford: Oxford University Press, 2009.

Sloterdijk, Peter. *Spheres*, vol. 1: *Bubbles: Microspherology*. Trans. Wieland Hoban. Los Angeles, CA: Semiotext(e), 2011.

Smith, Adam. *The Theory of Moral Sentiments*. Ed. D. D. Raphael. Oxford: Oxford University Press, 1976. First published in 1759.

Smithson, Michael. *Ignorance and Uncertainty: Emerging Paradigms*. New York: Springer Science & Business Media, 2012. First published in 1989.

Somin, Ilya. *Democracy and Political Ignorance: Why Smaller Government Is Smarter*. Stanford, CA: Stanford University Press, 2013.

Sosa, Ernest. *Knowledge in Perspective*. Cambridge: Cambridge University Press, 1991.

Sosa, Ernest. *Reflective Knowledge: Apt Belief and Reflective Knowledge*, vol. 2. Oxford: Oxford University Press, 2011.

Sosa, Ernest. *A Virtue Epistemology: Apt Belief and Reflective Knowledge*, vol. 1. Oxford: Oxford University Press, 2009.

Stanley, Jason. *Know How*. Oxford: Oxford University Press, 2011.

Sullivan, S., and N. Tuana, eds. *Race and Epistemologies of Ignorance*. Albany, NY: SUNY Press, 2007.

Symonds, John Addington. *On a Problem in Greek Ethics: Being an Inquiry into the Phenomenon of Sexual Inversion Addressed Especially to Medical Psychologists and Jurists*. London: privately printed, 1901.

Tillich, Paul. *Systematic Theology*, vol. 2: *Existence and the Christ*. Chicago: University of Chicago Press, 1963.

Townley, Cynthia. *A Defense of Ignorance: Its Value for Knowers in Feminist and Social Epistemologies*. Lanham, MD: Roman & Littlefield, 2011.

Travers, Frank J. *Hedge Fund Analysis: An In-Depth Guide to Evaluating Return Potential and Assessing Risks*. Hoboken, NJ: Wiley, 2012.

Tuana, Nancy. "Coming to Understand: Orgasm and the Epistemology of Ignorance." *Hypatia* 19, no. 1 (2004): 194–232.

Ungar, Sheldon. "Ignorance as an Under-Identified Social Problem." *British Journal of Sociology* 59, no. 2 (2008): 301–326.

Unger, Peter. *Ignorance: A Case for Scepticism*. Oxford: Clarendon Press of Oxford University Press, 1979.

University of Arizona. *Q-Cubed: College of Medicine's Curriculum on Medical Ignorance* (CMI). http://ignorance.medicine.arizona.edu/about-us/home (accessed October 2016).

Unknown Known, The: The Life and Times of Donald Rumsfeld. Directed by Errol Morris. Film. Los Angeles, CA: The Weinstein Company, 2013.

Vitek, B., and W. Jackson, eds. *The Virtues of Ignorance: Complexity, Sustainability, and the Limits of Knowledge*. Lexington: The University Press of Kentucky, 2008.

Walsh, P. G. "The Rights and Wrongs of Curiosity (Plato to Augustine)." *Greece and Rome* 35, no. 1 (April 1988): 73–85.

Walters, John. "No Good Deed Goes Unpunished." *Vermont Political Observer*, January 19, 2015, https://thevpo.org/2015/01/19/no-good-deed-goes-unpunished/.

Walton, Douglas. *Arguments from Ignorance*. University Park: The Pennsylvania State University Press, 1996.

Weisberg, Herbert I. *Willful Ignorance: The Mismeasure of Uncertainty*. Hoboken, NJ: Wiley, 2014.

Whatham, A. E. "The Polytheism of Gen., Chap. 1." *Biblical World* 37, no. 1 (January 1911): 40–47.

Whitehead, Alfred North. *The Aims of Education*. New York: Free Press, 1967. First published in 1929.

Whitehead, Alfred North. *Process and Reality: An Essay on Cosmology*. New York: Harper & Row, 1960. First published in 1929.

Wierenga, Edward. "Omniscience." In *The Stanford Encyclopedia of Philosophy* (winter 2013 ed.), ed. Edward N. Zalta, https://plato.stanford.edu/archives/win2013/entries/omniscience/.

Wilde, Oscar. *The Importance of Being Earnest*. N. p., 1895; Project Gutenberg, 1997, https://www.gutenberg.org/files/844/844-h/844-h.htm.

Williamson, Timothy. *Knowledge and Its Limits*. Oxford: Oxford University Press, 2000.

Wittgenstein, Ludwig. *Tractatus Logic-Philosophicus*. Trans. C. K. Ogden, with an introduction by Bertrand Russell. London: Routledge & Kegan Paul, 1981. First published in 1922.

Wood, Terry. "11 of the Most Unusual Things People Have Ever Insured." US Insurance Agents, n.d., https://usinsuranceagents.com/unusual-insurance-policies (accessed October 2016).

Zagzebski, Linda. *Epistemic Authority: A Theory of Trust, Authority, and Autonomy in Belief*. Oxford: Oxford University Press, 2012.

Zagzebski, Linda. *Virtues of the Mind: An Inquiry into the Nature of Virtue and the Ethical Foundations of Knowledge*. Cambridge: Cambridge University, 1996.

Zimmerman, Michael J. *Ignorance and Moral Obligation*. Oxford: Oxford University Press, 2014.

Žižek, Slavoj. "What Rumsfeld Doesn't Know That He Knows about Abu Ghraib." *In These Times*, May 21, 2004, http://www.lacan.com/zizekrumsfeld.htm.

无知咋整？（译后记）

已经了解的知识与还没有了解的知识相比，如果把已知比作一个池塘，那么还没有了解的知识就好比浩瀚无际的大西洋。

——《未知百科全书》主编语

科学在无知中穿行，培养无知，受无知激励。

——《无知》

无知既可能是灾难，也可能是避难所，还可能是价值，甚至是德性的伴侣。或者我会这么说，简而言之，无知是一个美妙多姿的东西。

——《无知有解》

本文的题目，来自译者曾经为本书拟写书名的诸多选项《理解无知》《感悟无知》《无知种种》《无知之知》《无知之源》《无知之福》《无知之幸》《无知忧思》《无知之思》《无知之道》《无知之谜》《探求无知》《解码无知》《探秘无知》《揭秘无知》《祛魅无知》《破解无知》《寻觅无知》《无知有觉》《无知有畏》《无知与有知》《何以无知》《品无知》《解无知》《无知要紧么》《无知之茧》《无知茧房》《无知怎么理解》《无知何解》《无知咋解》《无知咋整》《无知有解》。

《论无知》这样的书名不难想到，不过鲍宗豪先生（曾任华东理工大学人文科学研究院院长）早在 1987 年就以其硕士论文"无知论"开始思考无知的认识论问题，国内首次把"无知"作为"一个认识域"，出版了专著《论无知》（上海人民出版社，1991 年，"上海市马克思主义学术著作出版基金资助")。最终,我经过反复斟酌推敲,考虑到源于"有透彻之悟,有但得一知半解之悟"(严羽《沧浪诗话》)有"一知半解"之说,如法套用,"无知"作为关键词必须出现,"无"与"有"对仗,"解"即"理解","无知"并非等同于"无解",遂定译名《无知有解》。

有一位爱读书的朋友说,读书只看"前言""后记",如此这般,书便读完。"后记"要是没有,宛如楼上的靴子一只落地,另一只不知所踪。于是,这书不知该读还是不该读。

开写这篇"译后记"的 11 月 14 日,碰巧是 86 岁的著名英国历史学家、剑桥大学文化史荣休教授彼得·伯克(Peter Burke,1937—)在第七届贡布里希纪念讲座(中国美术学院主办)开讲"无知的历史"(The History of Ignorance),第一讲"我们能否写就一部无知的历史"。实际上,这也许就是今年 2 月份由耶鲁大学出版社出版的《无知:一部全球史》(Ignorance:A Global History)的部分内容。写毕"译后记"的 11 月 28 日,偶然看到复旦大学哲学学院副教授王聚(1988—)刊于《社会科学》杂志 2023 年第 11 期上的论文《论无知的本质与规范性》。种种迹象表明,"无知研究"作为认识论(知识论)的"显学",呈方兴未艾、可以燎然之势。

本书对于译者,缘起于"无知三部曲"(作者不一样,但有承继关系)的第一部。1985 年 7 月 26 日,我在华中工学院大三暑假期间,购得《科学的未知世界》(上海科学技术出版社,1985 年 3 月第一版,责任编辑"未知")一书,[英]罗纳德·邓肯、米兰达·威斯登-司密斯合编(实为主编),黄绍元、赵寿元、苏汝铿译。英文原著 *The Encyclopaedia of Ignorance:Everything you ever wanted to know about the unknown* 于 1977 年由 Pergamon Press Ltd. 出版,曾经在科学界产生一定的冲击。中译本的内容简介坦言:"本书直译名应为《未知的百科全书》,在翻译过程中对个别内容略有删节。"直译名其实是《无知百科全书》。可了不得,"无知"还有"百科全书",副标题"你想知道的关于未知的一切"可惜没有译出。哪些"个别内容",出于什么原因,被"略有删节"?对照英文版和中译本发现,中译本删去了一篇文章《物理学中多个范式的冲撞》,足有 10 页。顿时,我就为"无知"着迷,一念 38 年。

"本书包括五十几位世界著名科学家探讨数理化天地生特别是物理和生物方面属于未知领域的一些重大问题的文章。"巧了,我当时最喜欢的课程是生物物理学(现在美国的老师王平明,指导我的毕业论文,给我极大启发,点拨我一席话"你应该去考自然辩证法方面的研究生",让我豁然开朗)。

如今重读此书,仍然不觉得过时,那些作者(英文版的封底,列出全书的撰稿人名单,其中有许多是皇家学会会士,包括诺奖得主鲍林、斯佩里)假如(未知之未知)都纳入"哲人石丛书",每人甄选一本书,"哲人石"早就超过了 200 种。科学发展一日千里,有些具体的内容难免会被新的进展替代,但是这本书提出的那些问题(40 多年前,两位主编认为"书中提到的问题,在今后十年里可能有许多会得到解决",也许有点过于乐观?),比如"自然界是复的吗"(彭罗斯撰写,2020 年因发现宇宙黑洞现象获得诺贝尔物理学奖)、"知识的本质""宇宙之谜""空间是弯曲的吗""引力之谜""进化论的谬误""脑的语言""意识""为什么我们不了解疼痛""药瘾""睡眠""生态学的困境"等,恐怕依旧存在。如今回看"复杂系统的涌现属性",其中专门介绍普利高津的工作,莫非预示着普利高津将要获得 1977 年诺贝尔化学奖?还介绍温弗里(A. T. Winfree)的研究,似乎预示我后来组织集体翻译《从摆钟到混沌——生命的节律》(上海远东出版社,1995 年)?

2008 年 8 月,离开"哲人石"基地,我调到上海辞书出版社,在完成《辞海》(第六版)编纂修订的同时,与时任社长彭卫国酝酿张罗"辞海译丛"。《无知——它怎样驱动科学》作为"无知三部曲"第二部纳入。

《无知》作者,斯图尔特·法尔斯坦(Stuart Firestein),哥伦比亚大学生物系教授,系主任。讲授神经系统科学,其实验室研究哺乳动物的嗅觉神经元。是美国著名新闻博客网站 The Huffington Post 的写手,也常年为《连线》《科学美国人》等杂志撰稿,致力于让科学走近公众,身任阿尔弗雷德·P. 斯隆基金会支持的公众理解科学项目的顾问。获 2011 年哥伦比亚大学伦费斯特杰出教师奖。这位老师,居然在哥伦比亚大学开了一门"无知"课,学生们踊跃选课,而老师则不知该如何判分。他反复强调:"问题比答案更重要。问题比答案更广阔。"

不难想见,《无知》的推荐读物里面,一定就有《无知百科全书》。"我不明白为什么这本书至今没有出修订版或者成为一份常规的期刊。"《无知》告诉我们,科学家拥有的最宝贵的资源,乃是"有知识的无知、有知觉的无知、有见地的无知"。于是,法尔斯坦邀请一批科学家到他的"无知"课堂讲述他们自己的"无知状态":他们想要弄明白什么,必须要整明白什么,怎样做才能够整明白,整明白了会怎样,没整明白又会怎样;什么事情可以弄明白,什么事情不可能整明白……

2015 年 8 月《无知》出版时,我已离开辞书社 2 年,在北京收到了印就的白皮样书,区区百把页的小册子,距我 1985 年起念,整整 30 年,不禁心潮起伏、感慨良多。

时光又过去 8 年,到 2023 年 11 月,《劳特里奇无知研究国际手册》(*Routledge International Handbook of Ignorance Studies*)英文版已然推出了第 2 版。嗅觉敏锐的中国出版人在推动学术界的"无知热"渐渐升温:《无知的教师》(西北大学出版社,2020 年);《无知》(北京联合出版公司,2020 年);《无知者》(广西师范大学出版社,2020 年);《为什么越无知的人越自信》(中译出版社,2022 年);《无知的力量》(中国科学技术出版社,2022 年);《无知的美德》(中信出版社,2023 年);《知识也疯狂——人类的求知、无知与幻想》(浙江人民出版社,2023 年)。《无知》似乎真的在驱动"无知研究"（无知学）？

2018年5月，"无知三部曲"的第三部《无知有解》英文版出版不到一年，我先是看到段伟文群发的英文版电子文本，后得到原版书。作者德尼科拉有感于"无知文化"（特别是在美国）大行其道，无知决策、行为比比皆是，阴谋论、伪科学（冒牌科学）甚嚣尘上，而传统的知识论论著的索引里面往往没有"无知"的一席之地，遂下决心写作《无知有解》。德尼科拉，哲学家、教育家、作家，著作不算等身，著书仅仅3种，此前的《学会繁盛——博雅教育的哲学探索》（2012年），此后的《道德哲学现代导论》（2018年）。作者极其低调，英文原版书的作者简介，就一句话："丹尼尔·德尼科拉是葛底斯堡学院哲学系主任、教授（笔者按：2018年5月退休，现为荣休教授），著有《学会繁盛》。"其实在2006年，德尼科拉获得了杰出教学奖（同法尔斯坦类似）。他所教的课程，有点"奇葩"：选择、机会、运气与命运；情绪；场所哲学；伦理与经济生活；颜色哲学。1996—2006年，他担任了10年葛底斯堡学院（美国排名前列的文理学院之一）教务长。

《无知有解》第一章"无知的影响"开篇，就引用《无知》第1页的话："知识是一个大课题。无知这一课题更大，而且更有意思。"第十一章"无知的视界"里的"自由、创造力与无知"一节，再次提及，"神经生物学家法尔斯坦在《无知——它怎样驱动科学》一书中指出，不仅科学研究是由无知推动的，而且科学的目标在于改善和改进无知"（第30页）。由此可见，这"三部曲"之间还是有点渊源关系的。

有趣的是，《未知百科全书》封底对两位主编的简短介绍，罗纳德·邓肯（Ronald Duncan）是著名诗人、剧作家，致力于跨越科学与艺术之间的鸿沟。米兰达·威斯登-司密斯（Miranda Weston-Smith）是大宇宙学家米尔恩（E. A. Milne）的孙女。这两位后来又主编了《医学无知百科全书》，于1983年出版。《无知有解》第5章专门讨论"职业无知"，认为"医学无知"有其价值。

有点奇怪的是，卡尔·波普尔（Karl Popper）的科学哲学名著《猜想与反驳——科学知识的增长》的导论，就题为"论知识和无知的来源"；约翰·齐曼（John Ziman）的科学社会学著作《可靠知识》论及"思维的限度"，指出"未来是未知的，由此我们无法评估我们现在的错误和无知"，诸如此类的论述《无知有解》根本没有提及。

不同于《无知百科全书》《无知》主要从科学角度出发，《无知有解》另辟蹊径，借助住所、边界、限度、视界四个隐喻（或称意象），即全书的四个部分，串讲近些年无知研究的诸多成果，剖析林林总总、形态各异的无知表现及其应对办法：个体无知，集体无知；无知时代，无知文化，公众无知；可补救的无知，无可救药的无知，应受谴责的无知；职业无知，政治无知，无知之网，"无知之幕"；固执无知，故意无知，幸运无知，"无知是福"；强加无知，扭曲的无知，公认的无知，简单无知，德性无知，人为的无知，建构无知；理性无知，战略无知，审慎无知，无知德性，德行无知；假装无知，真正无知；知情权，不知情权，无知权；知情举报，知情不报；浑然不知，一无所知，有所不知，无所不知，全知全能，无知的无知；已知的已知（显性知识），已知的未知（有意思的无知），未知的未知（元无知），未知的已知（默会知识）；识别无知，描绘无知，应对无知，管理无知。至于"科学与数学的限度""知识的终结"之类与科学有关的无知，只是限度隐喻的一部分。整明白知识（有知）、已知、应知、必知、真知（"实践出真知"）、假知、非知、不知、可知、不可知、禁知、私密、机密、保密、自知、他知、自我无知、未知、无知、失知（遗忘）之间的互动，如何摆脱认知困境，这里不再赘述。天知，地知，你知，我知。

在《无知有解》即将面世之际，特别要感谢帮助本书问世的"助产士"们：吴慧博士协助译者加工了译稿的初稿；段伟文研究员对译稿进行了修改润色；上海科技教育出版社社长张莉琴、总编辑王世平对此书非常重视，副总编辑匡志强、科普编辑室主任殷晓岚、责任编辑林赵璘都付出了辛劳。没有他们的关心、支持和鼎力相助，"无知"咋整也许都"无解"了。

潘涛

2023 年 11 月 28 日

图书在版编目(CIP)数据

无知有解:未知事物的奇妙影响/(美)丹尼尔·R.德尼科拉著;潘涛译.—上海:上海科技教育出版社,2023.12
(哲人石丛书.当代科普名著系列)
书名原文:Understanding Ignorance: The Surprising Impact of What We Don't Know
ISBN 978-7-5428-8038-3
Ⅰ.①无… Ⅱ.①丹… ②潘… Ⅲ.①哲学-普及读物 Ⅳ.①B-49
中国国家版本馆 CIP 数据核字(2023)第 221444 号

责任编辑　林赵璘　匡志强
装帧设计　李梦雪

WUZHI YOUJIE

无知有解——未知事物的奇妙影响
[美]丹尼尔·R.德尼科拉　著
潘　涛　译

出版发行　上海科技教育出版社有限公司
　　　　　(上海市闵行区号景路159弄A座8楼　邮政编码201101)
网　　址　www.sste.com　www.ewen.co
经　　销　各地新华书店
印　　刷　上海商务联西印刷有限公司
开　　本　720×1000　1/16
印　　张　18.25
版　　次　2023年12月第1版
印　　次　2023年12月第1次印刷
书　　号　ISBN 978-7-5428-8038-3/N·1200
图　　字　09-2023-0585号
定　　价　68.00元

Understanding Ignorance:
The Surprising Impact of What We Don't Know
by
Daniel R. DeNicola
Copyright © 2017 Massachusetts Institute of Technology
Names: DeNicola, Daniel R., author.
Title: Understanding ignorance: the surprising impact of what we don't know /
Daniel R. DeNicola.
Chinese translation copyright © 2023
by Shanghai Scientific & Technological Education Publishing House Co., Ltd.
ALL RIGHTS RESERVED